让
我
们

一
起
追
寻

译莱茵丛 Rhein

〔德〕卡尔·施勒格尔 著

丁 娜 译

铁幕欧洲之新生

GRENZLAND EUROPA: UNTERWEGS AUF EINEM NEUEN KONTINENT

歌德学院（中国）
翻译资助计划

社会科学文献出版社
SOCIAL SCIENCES ACADEMIC PRESS (CHINA)

The translation of this work was financed by the Goethe-Institut China
本书获得歌德学院（中国）全额翻译资助

目　录

| 当下欧洲！ |

人们针对欧洲所进行的争辩从未如此严肃与激烈。发生在当前众所周知的危机中的新一轮辩论不仅仅关乎金融、银行、债务或欧元危机领域，而且关乎欧洲去向何处：1945 年战后的欧洲和 1989 年分裂结束以来的新欧洲面临着新风险。尽管形成于负面情境和危机压力下，但欧洲公共领域看来确实存在。辩论和抉择的对象不是什么可有可无的"试验"或"项目"，而是质疑欧洲大陆各民族迄今尚属成功的共存与合作，询问 20 世纪末的欧洲该如何继续发展。几乎没有任何人可以想象，在铁幕消失后新边界的划定是怎样严酷，而这又会引起何种新的扭曲与迁徙，这要求欧洲大陆的居民具有极高的克制和自律能力。但是纵观欧洲历史，难道可以说欧洲的重整是件易事吗？欧洲不再仅仅意味着舒适和美好的未来，也意味着要面对危机、牺牲和放弃。自始至终显而易见的是：政治和政治精英们面对当前局面已然束手无策，只有社会作为整体共同面对当前局面，才有赢的希望。任何人都没有魔咒或处方，也不可能有。众所周知，事态不可能自然而然地发展为皆大欢喜的结局。但是有一种经验是难能可贵的，即我们经历过的 1989 年后东欧对危机的掌控。没错，南斯拉夫的内战曾在很长时间内令我们目瞪口呆；但是更有数以百万计的人口在体制崩溃后一夜之间被甩出了他们的生活轨道，他们必须重新"安身立命"。如果说这种弃旧迎新的转变虽然不无艰辛，但基本上没有在大范围内发生武力冲突，而是完成了和平转变，那是因为没有发生恐慌反应和暴发社会癔症，尽管困境重重，人们还是保持了冷静。1989年后危机能够成功被掌控的关键在于：人们没有乌托邦式的幻想，而是在看上去毫无出路的境况中仍能找到应对办法。东欧当时展现出惊人的冷静和对动乱与危机的掌控能力。老百姓日复一日所实践着的凑合度日的方法，在克服危机方面被证明胜过任何幻想或教科书中所开列的良方。在熟悉的常规不复存在时，随机应变才是当务之急。把欧洲从战后的分裂局面解救出来的水滴石穿的渐进过程显示了欧洲到底有多强大的底蕴。现在的情况依然如此，因为西欧也开始清理旧局面了，不得不承认的是：这个过程会更加困难，在持续时间很长的一个黄金时代中我们已然习惯了高水准的生活，告别这种曾被认为是理所当然的生活方式并非易事。在危机局势中被唤醒的不光是恐惧，还有平稳时期不那么受到重视的道德与能力。现在发生的很多事是平凡时期难以想象的。这里是罗陀斯，就在这里跳吧！（Hic Rhodus，hic salta！）[①]

当下欧洲！关于蚂蚁商人、廉价航空公司和其他欧洲人

"当下欧洲"，这听起来有些矫情！我喜欢这种说法，感觉自己受到挑战，在普遍谈危色变的情况下并不人云亦云、悲天悯人，何况这类哀叹往往既来得太晚，又于事无补。但它听起来也像是一种固执反应，犹如小孩子常常在夜幕笼罩下的森林中吹口哨给自己壮胆一样。它听起来如同借助魔法的召唤，召唤的对象往往是不存在或尚不存在的东西，要通过召唤才能出现。但作为中等智力、对时局感兴趣，而且对经济问题也有一定了解的人，他对欧元危机又能说些什么呢？我对欧元危机有自己的见解，但看不透，特别是我没有解决危机的办法。这有点儿糟，可也没有那么糟，因为就连那些了解金融、金融交易、货币流通秘密的大腕们以及经济生活机构的负责人也失去了洞察力。否则他们就会挺身而出，用自己的专业知识为公众和客户启蒙。如果内行专家感到自己对公共福利负有责任的话，他们本该起到早期预警系统的作用，这是人们对他们的起码期待。然而当我们急需他们来解惑的时候，他们中的大多数都隐身并失语了。专家们抛弃了我们，我们必须依赖自己对局面的判断，无论

[①] 此话源出伊索寓言《说大话的人》，该人吹嘘自己曾经在罗陀斯岛上跳得很远很远，人们就对他说了这句话。此处的意思是，现在该是你一显身手的时候了。——译者注

这种判断是在家中的写字台前、在专题讨论会上做出的，还是晚上跟朋友们在普伦茨劳贝格（Prenzlauer Berg）或夏洛滕堡（Charlottenburg）①的餐饮聚会上做出的。我琢磨明白的是：显而易见，"我们"，即贷款人、消费者、社区、文化和科学界人士、各州、联邦德国、欧盟成员国和欧元区，一直在超前消费。现在到了紧要关头，我们渐渐明白，这种局面不能再继续下去了。这是一种相当具有戏剧性的见地，承认我们遇到了紧急情况，但这既非世界末日，也不意味着西方的灭亡。我所能提供的并非阿基米德支点，凭借它可以应付令人看不透、从而让人不安的局面，或是能对局面进行高屋建瓴式的解释；我说的这些不过是一系列所观察到的现象而已。人们也可以把它叫作自我观察，在观察中我们得知局面的真相和我们的处境，如同危机之前卡珊德拉（Kassandra）②的预警，这类警告因其简单明白的优势总是容易做出，不像纷繁复杂的当前局面，即"黑暗的生活瞬间"（恩斯特·布洛赫［Ernst Bloch］语）那么让人理不出头绪。这种观察所涉及的欧洲是不会出现在有关欧元的言论中的，我提到这个欧洲并非因为我在其中看到了拯救的希望和"阿基米德支点"，而是因为这个欧洲不容忽视。首先人们应该把观察的视野扩大，有一些东西，无论是在布鲁塞尔欧盟总部办公楼的走廊中，还是在拯救欧元的方案中都未受到应有的

---

① 均为柏林市行政区名称。——译者注
② 古希腊、罗马神话中特洛伊的公主，阿波罗的祭司，因神蛇以舌为她洗耳或阿波罗的赐予而有预言能力，又因抗拒阿波罗，其预言往往不被人相信。——译者注

重视。我对欧元拯救方案一窍不通，但对欧洲的其他事情还是略知一二的，同时我也相信自己对这些事情有一定的判断力。有时我有一种印象，我或"人们"生活在完全不同的世界中。早晨听新闻时——播报的都是最新指数和数字：道琼斯、日经指数、纳斯达克、达克斯、最新的经济报告、公司结算——我问自己：这些消息是给谁听的？谁听得懂又用得上它们？是否我们大家现在都成了股票持有人、知情人和分红利者？这些消息到底是真的有用，还是只起着背景和衬托音乐的作用，就像人们在商厦和飞机场的洗手间都能听到的音乐，不过是为了烘托气氛，营造一种与一体化世界的调子合拍的氛围？就我个人而言，我不相信人们工作和生活的好坏要靠交易所急剧变化的股票状况来衡量。一个昨天还可靠地进行生产的企业，第二天一早其股票就大跌，甚至会破产。我觉得这好像是个头足倒置的世界，与我所观察到的相去甚远。在我所分析的矩阵中，被分析的对象和结果都完全不同。

我多么希望能说说我在自己观测站的所见所闻啊！但说来话长，特别是对一些场面还得"详细描述"和分析，人们才能理解。这些观察均是我在游历"欧洲群岛"时偶尔进行的，观测站包括：过境关卡、申根国家各领事馆签证部门前的长队、办理登机手续的窗口、房地产价格的变动、欧洲长途汽车公司的行车时刻表、边境工作人员的统计数据、城市游的目的地、杂货市场、报纸的报道、节日与文化活动、渡船的频率，总之就是那些把欧洲凝聚在一起的潜流。

在此我先说明论题：有一个运转正常的欧洲，但在所有有关危机的言论中它都未曾出现过。人们可以举出数月前由丹尼尔·孔 – 本迪（Daniel Cohn-Bendit）和乌尔利希·贝克（Ulrich Beck）发起的倡议书作为欧洲危机讨论中现实欧洲缺席的例子，许多公众人物、其中也包括我尊敬的公众人物都在上面签了字。[1] 该倡议书要求引进欧洲年作为对抗欧洲疲软和欧元危机时期不作为的措施之一：学生、大学生、成人，也包括老人，应该有机会在欧洲逗留或工作一年，作为一种服务于欧洲的和平队①，其目的是了解他人，核查偏见，同时也可以做一些有意义的事。所有孔 – 本迪和贝克提出的建议其实早就有人在做了：但不是装模作样，而是逼上梁山；不是作为教育教学活动，而是作为生活与职业实践；不是作为需要某个新创建的官僚机构来推行的事情，而是人们必须自发去做的事。欧洲要比许多自诩为欧洲人的人们所能想象的更为博大，欧洲确实存在，无须——哪怕是出于好意——重新推出。

此欧洲的疆域也要大于欧元区，甚至超越所有申根国家的边界。欧洲歌唱大赛时，欧洲人甚至将目光投向巴库的水晶宫，它建造在里海海湾旁，从而让人们得以领略欧洲另一侧的建筑、风土人情以及人权和公民权的状况。[2] 举行欧洲杯足球赛时，欧洲许多国家成千上万的球迷起身前往很多地方去助威，别的哪怕是再精巧的启蒙活动也不可能吸引这么多人上路。通过看足球赛，他们对哈尔科夫（Charkiw）和顿涅茨克（Donezk）有所了解，同样也对古老的加利西亚大城市伦贝格（Lemberg）、"城中之城"基辅或是新兴城市

---

① Peace-Corps：根据 1961 年 3 月 1 日美国政府 10924 号行政命令成立的一家志愿服务组织，目前和平队在 70 多个国家有活动。——译者注

华沙有了印象。³可以说，新近在伦敦举行的奥运会也起了类似的作用：在危机和困难的时刻，这座伟大城市成功举办的这次盛会展示出文化的鼓舞与凝聚力量，它让人们——不仅仅是欧洲人——相聚在一起。但此处不是要列举所有的精彩盛会，而是要让人们意识到，有一些事件是欧洲性的，尽管从狭义上说，它们与有关欧洲的言论没有关系，但它们增强或削弱着欧洲的统一。在此人们可以补充其他重要的"欧洲事件"：经过多年的寂静与撤退后，莫斯科和其他俄罗斯城市的"社会"又回来了，它机智、顽强，对自己的事充满信心。一些集会与游行，如反对审判暴动小猫（Pussy Riot）乐队成员这类事情自然与欧洲公共领域的形成有关，尽管它们是在有关欧洲的话语之外发生的。总而言之，欧洲在其存在未被意识到的地方也存在。这一点特别适用于以下一些我只能简短提及的事。

大学生们很久以来一直在路上，也许在路上的时间太多了。他们往返于柏林洪堡大学或奥得河畔的法兰克福欧洲大学与克拉考（Krakau）、卑尔根（Bergen）和萨拉曼卡（Salamanca）大学之间，欧洲近代早期的学术朝圣（peregrinatio academica）传统又得到了恢复。现在年复一年有十万名伊拉斯莫斯（Erasmus）大学生在按计划流动，哪怕他们拿不到学分，但带回家来的往往是生活中更重要的东西：语言知识、友谊和配偶。没有一个年轻人不熟悉航线网和那些省钱的飞行可能性。瑞安（Ryan）航空公司、维茨（Wizz）航空公司、易捷（Easyjet）航空公司以及许多区域性航线形成了一个网，它持续改变了我们头脑中与心目中的欧洲地图。无论是出差需要还是计划休假旅行，每个人都熟悉这个网。大不列颠工人阶级的儿子们乘这类飞机来到里加（Riga）或塔林（Tallinn），往往都不知道他们到了哪儿，对此人们自然可以报以偷笑或进行嘲讽。但多少总会留下一些印象的，哪怕——除了别的许多经验——仅仅体验了一个大陆的无国界性。这些航线并非出于教育目的而存在，而是出于商业目的。它们获利，显然还是双赢，公司和客户都得到了好处。只要有需求，公司就开辟航线，需求不再，航线就取消。分析一下最近一二十年的航线网，我们就能获悉那些最有吸引力的目的地：那些能够赢得什么的地方，还有那些重新被人遗忘的地方。它们可以说是重新测量欧洲相当好的指示器。舍内菲尔德（Schönefeld）机场和莫斯科机场间的航班频率体现了莫斯科与柏林间往返交通的密度。从慕尼黑可以前往的乌克兰境内的新目的地则说明，其双边商贸一片繁荣。人们惊奇地获知：夏季从慕尼黑哈克尔桥长途汽车站开往布雷斯劳（Breslau）和伦贝格的票提前两周就售光了，显然西里西亚（Schlesien）和加利西亚（Galizien）正在成为热门的旅游目的地。廉价航空公司不可逆转地改变了欧洲。它们让几十万波兰人穿梭往返于英国中部地区与格但斯克（Gdańsk）、波兹南（Poznań）和华沙之间，从而让新的跨国联盟出现。它们使大面积移居成为可能：英国与荷兰的退休者在冬季前往西班牙或保加利亚海滨，或是托斯卡纳派①

---

① 通常指德国和奥地利一些爱去托斯卡纳休假的左派政治家和知识分子。——译者注

当下欧洲！

这代人从柏林和科隆飞往锡耶纳（Siena）或佩鲁贾（Perugia）附近。欧洲地区成为最好的度假区：在海边的沙滩上欧洲人得以彼此接近，在那儿他们仅仅以人的身份出现，冷战时克罗地亚海滨和巴拉顿（Balaton）湖岸的情况就是如此；现如今在安塔利亚（Antalya）与特内里费岛（Teneriffa）就更是这样了，在那里俄罗斯和乌克兰的游客早就成了德国人的竞争对手，无论是在情场上还是在房地产市场上。文化和艺术运作使美学行情与时尚同步。行走在博物馆、节庆活动和画廊的人，总是周旋于一直熟悉与不断更新的东西之间。被欧化和同步化的还有各种纪念日、节日和周年纪念日：无论是 9 月 1 日、10 月啤酒节、第一次世界大战 100 周年纪念日、D 日①、6 月 22 日，也许还该算上 5 月 1 日。柏林的爱的大游行②或波兰科斯琴（Kostrzyn）的伍德斯托克节③的开始都是同步的。欧洲博物馆、欧洲纪念地、欧洲文化都市——我们总是嵌入欧洲框架——或者我们应该说：我们已无法逃脱整体的欧洲文化。但当欧洲化运转状态良好时，人们从不谈论它，因为它一向被视为基本前提，甚至根本不值一提。这同样适用于欧洲的交通，以及货物、人员和思想的交流，它们每日、每周、每月、每年都在周而复始地进行。人们必须想象一下，一旦这些把欧洲维系

---

① 在军事术语中经常作为表示一次作战或行动发起的那天，也常用来指代 D 日计划，即诺曼底登陆。——译者注
② 电子音乐界的国际盛会，1989 年由德国柏林数位 DJ 发起，每年吸引 100 万~150 万人参加，2010 年在杜伊斯堡发生踩踏事件后被宣布永久停止举办。——译者注
③ 世界上最著名的系列性摇滚音乐节。——译者注

在一起的交通和交流中断了，假设中断了一周，那会发生什么情况？那就是紧急状态，那时人们才会意识到那些默默无闻运转着的常规交通和交流有多重要。埃亚菲亚德拉冰盖（Eyjafjallajökull）的火山爆发导致火山灰进入大气层，中断了航运，各飞机场都变成了受阻乘客的临时救急收容站。在这种时刻人们才突然明白，什么是我们文明的基石：正是平时不值一提、默默运转的日常工作。欧洲的日常生活正是靠这种日常工作和实践来维系的，当然还有选举、议会、委员会和那里做出的各项决议。让欧洲长存不灭的正是长期的日常工作和体现它们的基础设施。欧洲离不开货运商，没有铁路就不会形成 19 世纪的欧洲文化；没有廉价航空公司和互联网，也谈不上 21 世纪的欧洲文化。尽管有危机，但是到处都在出现新的轴心、新的大都市集结区、新的中心。面对欧元危机束手无策的欧盟委员会委员在散会后纷纷搭乘法国高速列车，一小时或三小时后他们就能返回阿姆斯特丹或巴黎。尽管对计划中的导弹防御系统产生了争执，但是从鹿特丹运往莫斯科的货物仍能按时到达。因此俄罗斯和欧洲铁路连接——解决早该解决的宽轨与窄轨的轨距统一问题——就是一种划时代的进步，其意义要远远超过北大西洋公约组织的所有扩张，没有人知道这类扩张如今还有什么必要，比如针对谁和为了谁。新的走廊地带把一些国家连接在一起，让一些城市成为友邻：巴黎－科隆、巴黎－伦敦、米兰－罗马、维也纳－布达佩斯、柏林－华沙，许多年前布鲁塞尔和斯特拉斯堡的欧洲人就高瞻远瞩地设计了这类欧洲跨国网。地理上的远近亦发生了变化：工程师们的艺术杰作，如连接哥本哈根与马尔默（Malmö）的大桥、新的圣哥达隧道和横跨博斯普鲁斯海峡的吊桥，它们就像铰链和夹子一样把欧洲紧密地联系在一起，比任何时候都更加紧密。看起来，它们运转良好。

人们只消在柏林逛逛，就会发现这座城市正在大兴土木。它是年轻人以及欧洲各种俱乐部和各类艺术家喜欢沉迷其中的地方，是剩余和短期资本投资的好地方，也是那些有很多时间却没有同样多钱的人的乐园，他们在此过日子的开销不像在伦敦或莫斯科那么多。[4]柏林，特别是东柏林回归欧洲怀抱之后，欧洲人又能重游这座时空长期遭到阻隔的城市。欧洲有一些地区很长时间以来依赖于能源、人力和技能的不断流动，比如每个柏林人的熟人圈子中都有人用过波兰工匠。那些如今帮人组织花园聚会的人都会多种语言，他们来自拉脱维亚、加里宁格勒地区和布科维纳（Bukowina）。有时来装修的施工队成员会持有四个不同国家的护照。医疗保险体系在估算护理人员力量时，不像过去那样指望来自韩国的护理人员，而是打起了东欧护理人员的主意。每个人都在进行自己的观察：俄罗斯保姆，她们照看着在柏林维尔默多尔夫（Wilmersdorf）成长的、莫斯科中产阶级的后代；健身房和温泉浴池里那些俄罗斯顾客，他们肆无忌惮地高声做着生意。在夏洛滕堡的社区服务中心，人们有时会以为俄语现在已经成了第二官方语言，这对居住着二三十万名讲俄语居民的首都来说也不奇怪。还有一些地方俄裔居民的密度更高，如巴登－巴登（Baden-Baden）、卡尔斯巴德（Karlsbad）、基茨比厄尔（Kitzbühel）和昂蒂布（Antibes）。

这种现象甚至在革命前的旅游热时期和 20 世纪 20 年代俄国的移民潮时期都没有出现过。

这一切仅仅是异国情调，还是因为柏林与巴黎或伦敦不同，长期脱离了国际交流，所以才对此大肆张扬？也许吧。但我之所以在此提到这些现象，是因为它们都反证了欧洲的衰亡，或者说它们是一个受到重创的大陆重新结合与再生的明证。对我而言，哪怕是在 2011 年 9 月 11 日事件和阿拉伯革命后的全新背景因素下去考量，欧洲分裂的终结和克服这种分裂的工作都是 20 世纪末的重要事件。在我眼中，2008 年的金融危机是 1989 年开始的大动作的第二部分，在第一部分行动中我们西方扮演了观众角色，第二部分轮到我们自己行动了。在第一部分我们可以进行评论，想象自己是进程的主人，现在我们注意到，有比当权者更有权力的势力，有一些事情的演变是不能在立法会议任期内来衡量的，而是该听从大历史的安排，对此我们无权评说，还是留给后人去评说。我们自认为能给别人出的主意，现在自己用得上了。现在发生的许多事情都好像似曾相识：一个又一个的回答被证明是借口，各种救助处方也被证明无济于事，那些弄潮儿忽然黔驴技穷了，他们承认自己束手无策。这是"英雄末路"的时刻（汉斯·马格努斯·恩岑斯贝格尔［Hans Magnus Enzensberger］语），在这种关头，"自我克制的革命"（雅德维加·斯坦尼斯基［Jadwiga Staniszkis］语）要胜过狂热的姿态。[5]如今的许多事都让人忆起某一政治阶级的枯竭，如同上了岁数的老人那样疲惫和消瘦。这是泡沫破灭的时候，人们恍然大悟，突然看到事物的真相。这种泡沫不是斯洛特戴克（Peter Sloterdijk）意义上的，而是傲慢自大、虚幻经济和杜撰投机。一些游戏仍在上演，参演对手们在作秀，或是他们以为可以蒙骗观众。这是人们在情况危急之前允许自己做的那些搔首弄姿的动作和恶作剧。但总有一天纸包不住火，那些假博士学衔、无抵押贷款、充斥市场的假艺术品、马克勃兰登堡的健康中心和修建后无法投入使用的飞机场纷纷曝光，它们都是用借别人的钱建造的。我们大家都有自己的希腊和自己投资失败的废墟，当初修建的时候我们以为经济形势会一直这么好。以前腐败一直是别人的事，特别是另外一种"体制"的事，现在却发生在我们眼皮子底下。这种局面摧毁了信任，让理所当然的事也丧失了其理所当然性。

　　一个国家走到了尽头，统治阶级放弃权力、辞职，领导层集体退休，这种局面在1989年出现在很多地方。这是20世纪末人道政治的真正进步，因为从前遇到这种情况就会发生清洗与处决。人们可以研究1989年和其后的历史，看看实施统治的政治阶级失去对社会的控制、国家破产、政治精英弃阵而逃时，社会是如何重打鼓另开张的。许多人觉得那就是末日，甚至是世界的末日。1989年和其后在以苏联为首的东欧集团各国也掀起了一波自杀浪潮。1989年和其后一些人的生活计划彻底泡了汤。数十万人必须重新辨别方向，重新站起来，就像人们所说的，重新站住脚。这场革命的"社会开销"几乎难以估算。整整一代人——有输家有赢家——的毕生事业都被毁了。在这里所有这一切不能也不该全部展现出来，我只关心一点：社会是如何克服危机、避免一场所有人反对所有人的战争的？如果没有了大师和总体规划，大家一筹莫展的时候会发生什么情况？西方许多人——而且不仅仅在西方——已经准备迎接一场核大战，却没有料到南斯拉夫会陷入战争以及在俄罗斯地区会爆发高加索战争。只要这一受到控制的苏联被削弱和解体的历史没有得到讲解，我就会继续将其称为"奇迹"。在此我要强调一些方面，在我眼中正是它们帮助东欧人在清算旧状况时以非灾难性方式控制了局面。这些经验弥足珍贵，尽管人们无法重复它们。

人们一向认为国家社会主义体制下被社会化的公民是冷漠和被动的，但与此相反，人们看到这些公民在被国家遗弃后自己行动起来。20世纪80年代供给体系崩溃后，他们的反应是展开自救：作为过渡，他们进行商品交换，以物易物。他们没有等待天上掉馅饼。黑市这种在旧制度末期出现于东欧集团国家所有首都的现象，被证明是渡过危机和维系社会屡试不爽的手段，就像德国在1918年或1945年离不开黑市一样。黑市也是市场发展的雏形，无论黑市是出现在莫斯科卢比扬卡广场、华沙文化宫前的阅兵广场还是出现在柏林墙倒塌前波茨坦广场的"波兰市场"，它都是城市化活力的诞生地。它是自给自足的自然经济，以物易物，避免了社会的解体。因此20世纪八九十年代涌现的集市、购物旅游和蚂蚁商人就不只是一种微不足道的现象。这是未来企业家迈出的第一步，过去封闭的社会借此与遥远的世界建立起联系，资本的积累就这样从少到多，它们是世界主义的最初学校。社会转型研究基本上以芝加哥或哈佛大学研究人员的理论模式为导向，所使用的官方统计数字也多是不可靠的，这种研究从未能真正理解上述集市对战胜危机和改变一个国家的重要意义。出现在华沙、布达佩斯、罗兹（Łódź）、布加勒斯特的集市是伟大的学校，它们是边干边学之人的聚集地。此阶段早已结束，曾经是波兰最大年市的地方如今建起了国家体育馆——欧洲杯足球赛的举办场地。[6] 这同时也展示了形式的演变：从自发的杂货市场、黑市到一个民族展示自己的具有象征与代表意义的场所。对我来说，在现实社会主义经济匮乏条件下，数不胜数的集市和杂货市场自始至终训练了人们随机应变的能力。社会主义培育了人们的机智，让人保持本能，学会八仙过海各显其能。当一切分崩离析、无规矩可循、无政府主义横行时，这种能力就越发可贵。运转良好的社会——分工精细、任何需求均能得到满足——不仅更容易遭受危机，而且令人丧失本能、警觉与果断。我们成长的环境一切井井有条，对任何情况都有应急措施，一旦出现故障，我们就大为惊讶，因为我们已经失去了镇定面对风险的能力。对过去东欧集团国家的公民来说，需要弄到一些东西是再正常不过的事了，他们抱着能买到什么的侥幸心态，随时准备拿着网兜去排长蛇阵。这是一种特殊的时间管理与自主行为管理，人们对任何意外情况都有心理准备。所以20 世纪 90 年代人们才能看到几十万、上百万的人在路上，他们意味着巨大的能量和自主性：往返于伊斯坦布尔和明斯克（Minsk）的蚂蚁商人，在敖德萨（Odessa）、巴勒莫（Palermo）、叶卡捷琳堡（Jekaterinburg）和天津穿街走巷的购物旅游者。曾经荒芜的边境成为人们接触和搭建杂货市场的区域，如德国与捷克边境、的里雅斯特（Triest）与戈里齐亚（Gorizia）之间的地带以及德国与波兰沿奥得河（Oder）的边境。走上经商之路的不仅仅有一些冒险家，而且还有丢了工作的工程师、为孩子们衣食操心的父亲们。他们不再像以往那样每天去上班，而是每月三次把二手车从乌珀塔尔（Wuppertal）开往考那斯（Kaunas），女人们每周乘汽车从考那斯前往华沙，在那儿的集市上出售装在塑料口袋里的琥珀。把这种即兴活动仅仅看作经济活动是错误的，其意义要大得多：体验没有边界的世界，消费主义带来的震惊，以及随之而来的代价，即进入时间即金钱的区域，这里没有人有时间，却个个有压力，无情竞争让人们失去了闲暇。人们学得彬彬有礼，同时这种礼貌却来自距离，而尔虞我诈则到了无以复加的地步。欧洲民主革命后旅游业成了生意繁荣的行业，其营业额说明人们渴望自由，愿意享受新赢得的出行自由、出门去看世界以及拍摄美丽风景。旅游成为快速启蒙的方式。这种启蒙是悄无声息、不引人注意和低调的，尽管也有高调的：就欧洲作为"价值体系"或类似题目所进行的国际学术研讨会。在开通连接热舒夫（Rzeszów）和法兰克福/哈恩航线时，瑞安航空公司在广告中提到了另一更为广阔的欧洲：热舒夫属于加利西亚，这片土地有自己的历史，却消失在战争与冷战的阴影中。瑞安航空公司在《法兰克福汇报》刊登的半版广告让人们重新忆起了加利西亚。柏林街头广告柱上贴的广告也起着同样的作用，那是波罗的海航空公司在招揽游客去里加、克拉考、但泽（Danzig）[①] 或布

① 即波兰格但斯克，此为其德语旧称。——译者注

鲁塞尔度周末。这种度假同时也意味着速成课程，去温习我们业已生疏的历史与文化。正是这种场景的不断交替及其持续，新走廊与新跑道的生成，对欧洲的新测量和所绘制的欧洲新地图让这个大陆在物质和精神层面紧紧联系在一起。正是这种人们几乎觉察不到的潜流，让欧洲大陆重新融合并形成了新局面。把新欧洲的形成仅仅描绘成伟大的男人们或者也包括伟大的女人们的杰作，并对起过作用的基本力量视而不见，这是一种不可饶恕的狭隘性。

如果说人们对欧洲一体化之事抱有信心的话，那是因为历史经验证明欧洲人有战胜危机的能力。问题是：西欧人在处理他们所熟悉但无以为继的局面时，能否像东欧人那么冷静？很多现象说明他们不能。西欧人，特别是核心区域的西欧人，对应对危机缺乏经验，除了间或发生的经济衰退和失业人数时有增加外，他们已不习惯面对危机了。他们无须学习随机应变，因为他们的国家和政体一般来说组织良好、可靠，并且出台的举措也有可预见性。服务业与基础设施高度发达，甚至发达到极易出现故障。各种机构和各类装置的效率与可靠性让人以为：只消按动按钮，任何时候都没有办不到的事。针对任何情况都有一套应急方案，没有人会遇到不测风云。一个社会长期以来在如此高的水准上所习惯的都是日常工作的可靠性、一切运转正常，这种社会怎么能应对突然无章可循的局面？决策者和领头者变得束手无策，循规蹈矩已经无济于事，现在需要的不是对屡试不爽的东西的信任，而是应变能力，即冷静掌控未曾预料到的局面的能力。现成的处方并不存在，但或许有紧要关头的行为依据和规则。现在令人诧异的新事物其实早就在生成中。苏联和东欧集团的解体引发了大规模移民，北方一些无法维持的城市被放弃，欧洲内部开始了移民。现在轮到另一批人了。东欧集团内许多职业群体彻底消失了，那里曾经有太多的政治老师，但十分缺少法律工作者。类似的情况现在又继续发生在更西部或更南部地区。计划经济曾建起自己的海市蜃楼：不经济、浪费和毫无意义。更西部或更南部地区的投机生意导致许多无人问津的高速公路和一些无人居住的房地产"鬼城"的产生。法制国的规则和许多人的利己主义——据说这种利己主义本可令所有人受益——在西方亦未能阻止"不负责任的经济"（鲁道夫·巴罗［Rudolf Bahro］语）。众所周知，危机是真相大白的时刻，因为去幻想化作为幻想的丢失是自我启蒙的一种形式。所以它是不可避免的，而且人们还必须感谢它。它不过是揭露了迄今一直被隐藏的事情，就连我们的专家和早期预警系统都不愿这种事情曝光和被人们意识到。放眼四望，我看不到解决办法。我甚至惊异于在谈话节目中所看到和听到的专家们的描述与解释，它们是如此平庸和小儿科。人们一眼就可以认出那些大事化小、小事化了之人和煽动者。对他们来说问题并不存在，所以他们的抉择是快刀斩乱麻。如果说能从对旧状态的清理中学到什么东西，那就是快刀斩乱麻和英雄姿态都于事无补。我赞成稳扎稳打，全面了解各方面情况，避免恐慌和歇斯底里，这样才能保护欧洲文化的成就。只要没有令人信服的答案，就摸索着前进，权衡方方面面，避免过激行为，争取时间。适宜的行动模式不是快刀斩乱麻或空想性项目，而是摸索前进，适者生存。人们不该给孤注一掷的煽动者机会。但那些张口最后通牒、闭口骇人听闻者——似乎欧元的崩溃即是欧洲的末日——亦不利于弄清真相。我们大家缩着脑袋坐在那里准备迎接可能发生的事情，这是个好迹象，说明雷蒙·阿隆描绘过的颓废的欧洲成熟了。[7] 假以时日，良策必至，如果能有的话。

（2012 年 9 月 14 日柏林国际文化节开幕式演讲）

给欧洲航线颁发查理曼奖！

底层的历史并非要抵消重大的历史和国家行为的历史，这种对立看起来像过时的游戏。如今我们之所以不会这么做，是因为我们知道，二元与二分结构是不可允许的简化。我们不想解构统治者的话语，同时用魔法召唤出其所谓真实的对立面——人民、社会。简言之：不存在对立的两极，也没有阿基米德支点，现在人们无法凭借它对历史重新进行阐述，甚或对历史予以定义。历史是开放的，我所能提供的不过是从自己长期形成的视角出发所做的一些观察和匆匆几瞥而已。因为我喜欢把中等高度而不是高处的观景台作为观察的出发点，所以这类观察不提供概貌，一般战略都是从观景台高度制定的；当然我也不喜欢在最底层的一片骚乱中进行观察，那是产生自身偏见和专业的狭隘性的土壤。我的观点提供的既不是结论，更谈不上是什么理论，它们仅仅是一些全景式的观点，但了解这些有时比在一无所知的基础上开出的处方更管用。一句话：历史瞬间和历史事件不该被放到与真实的大历史的对立位置上，而是应该作为大历史的补充。人们需要更多地关注出于各种原因而被忽视了的生活本身，这种忽视一方面是因为生活的方方面面的轰动效应不够，另一方面也是因为人们对这类事情的感知力已经很不敏锐了。

巴黎—莫斯科快车或过境练习

柏林墙倒塌得确实有些出人意料，就连一些感觉敏锐的人都没想到，但此事也并非毫无前兆和演练，正是这些演练才让那个瞬间最终成为可能。这些准备工作包括：领导人进行政治雄辩时所使用的词汇在语义方面发生的转移，那些若在十年前还会掉脑袋的坦诚之言以及旨在缓和早就过时的阵营间剑拔弩张局面的象征性政策。这些加在一起才促成了这种态势，使得后来发生的事情犹如水到渠成。这些先决条件中也包括对新的、不同寻常的东西进行演练的实践，柏林墙的倒塌其实在 11 月 9 日该墙真正倒塌之前就已经开始了。

在我的记忆中，对 1989 年作为一个旧时代的终结的感觉不是和 11 月 9 日柏林墙的倒塌联系在一起的，那个"疯狂"的夜晚仅仅是最终的认证。解体是事先和在别处开始的，墙倒不过是对已经了断的事情的认可。我把一个时代的结束与其他数据、其他地点和其他人员联系在一起，而这种观点尚没有出现在最新的杰出的论述作品中。

柏林墙倒塌前经历了很长一段时间腐蚀和风化的过程，对我来说该过程和行驶于东西方的火车有关，这趟火车也叫巴黎—莫斯科快车。20 世纪 80 年代后半期，这趟火车往返行驶于莫斯科与西柏林之间，柏林动物园火车站从一个充满

当下欧洲！

异国情调的长途火车站变成了当时刚起步的做东西方小本生意的蚂蚁商人的货物集散地。动物园火车站是西柏林最有名的纪念性地点，这里有来自西德各地的年轻人、大学生、形形色色在路上的人，这里是最后一个远途火车站，把孤岛西柏林与欧洲大陆其他部分连接在一起。这里驶过的列车上的标牌充满了异国情调：华沙（Warszawa）—荷兰角港（Hoek van Holland）—伦敦维多利亚车站（London Victoria Station），巴黎—莫斯科，奥斯滕德（Oostende）—列宁格勒，亚琛（Aachen）—基辅。但除此之外，对许多人来说它就是一个火车终点站，克里斯蒂安·F.（Christiane F.）在《我们是来自动物园火车站的孩子们》（*Wir Kinder vom Bahnhof Zoo*）一书中描写过那里的故事：它越来越堕落，吸毒者和妓女云集，许多西柏林人一辈子都避免走近那个地方。但 20 世纪 80 年代中期这里出现了一些状况，说不上是世界历史大事，而是那种分子运动，但世界史也是由这种运动构成的。第三世界的大学生们，尤其是在莫斯科帕特里斯·卢蒙巴（Patrice Lumumba）大学读书的大学生们——他们是未来的工程师、农业科学家、建筑师和水利专家——利用新的出行自由、其护照赋予他们的特权和"西柏林作为独立的政治单位"的特殊身份（那里通行的不是西德法律，而是盟国法律）前往那个孤岛。该过程本该得到"浓墨重彩"地展示，但我在此只能根据表象和回忆来描述。倒买倒卖看来是很赚钱的买卖，否则也不会有人去做。他们用手里的外汇——苏联和波兰公民不太容易搞到外汇——在西柏林购买一些很抢手的东西，比如电子娱乐产品、冰箱、时髦的装饰品，还有书籍。回到莫斯科后这些东西被加价出售。这些东西供不应求，学生们从中赚的钱不仅可以满足上大学的一应开销，而且也许甚至能让他们过上富裕的生活。在西柏林一个杂货市集应运而生，整条康德大街，包括新康德大街店铺林立，其繁荣期从 20 世纪 80 年代末一直持续到 20 世纪 90 年代。一家电器店紧挨着另一家，货物堆放在人行道上，不久后进出口公司就像雨后春笋一样涌现，从动物园火车站到康德大街，买东西的人络绎不绝。最早的顾客是卢蒙巴大学的学生——他们来自黑非洲、莫桑比克、古巴，接着苏联人也接踵而至，最后到来的是那些"俄罗斯新富"，他们在这里开起了咖啡馆、房地产公司、赌场和时装店。西柏林人就这样被粗暴地从他们的孤岛生存方式中唤醒。[1]"本地居民"抱怨一向清静的康德大街现在人声鼎沸，在街上走都得从堆得像山一样高的包装箱和随处可见的购物小车中夺路而行。新生事物伴随着混乱无序出现，当地小报纷纷报道西柏林人因不安全和混乱而产生的各类新旧恐惧。新一轮关于刑事犯罪的话语开始出现。康德大街上突然出现了西柏林人从前几十年都没有听到过的外国话。远途火车站站台上的场面是自难民潮以来所罕见的：成堆的纸箱子和行李等待运往卧铺车厢，这并不仅仅和物流组织能力有关，而且形成了新的日常工作与生活的节奏。东欧集团居民头脑中出现了新地图：新地址是西柏林的康德大街；而西柏林的岛上居民也得习惯去承认一个事实，即世界并不仅仅由西德和马略卡岛（Mallorca）组成。当数千波兰人在荒凉的波茨坦广场的沙土地上建起巨大的集市时，显而易见，西柏林的孤岛状态即将结束。那些日子里一直叫西柏林的那座城市开始重组。所有这些都是在演练新的活动，让大规模过境成为家常便饭，而此前过境还属于少数人的冒险行为。新时代的到来不是像老虎的奔袭般风驰电掣，甚至不是像猫迈步般突然，它的到来几乎悄无声息，它是乘着小商贩们的购物车降临的。在柏林墙倒塌前，它就穿墙而过了。早在边境卫兵荷枪实弹地在国会大厦废墟和弗雷德里希大街车站间巡逻，丝毫没有料到柏林墙就在他们眼皮底下开始瓦解时，新时代就从边检人员身边擦肩而过了。人们至今都没有在动物园火车站给卢蒙巴大学那些无名的蚂蚁商人修建一座纪念碑，相反倒是计划在恰恰什么都没有发生过的地方建起一座自由纪念碑（我想该是在被炸毁的宫殿和被拆除的共和国宫①那儿的空地上吧）。

波茨坦广场的集市或杂货市场标志着城市的重建

11 月 9 日在我的记忆中并未占据中心地位，因为此前发生的一些事情吸引了我的注意力，它们的魅力无穷，所以那个传奇性的夜晚对我来说更该是系列事件的一种延续。那些带来翻天覆地变化的事件之一就是波兰集市，它是一夜之间冒出来的。波兰人凭他们的护照可以来西柏林旅游，他们坐夜车、开私家车或是搭车来。他们让东柏林人、西柏林人和盟国管理机构同样感到吃惊。1989 年春季的报纸中满是令人担忧的报道：杂货市场正在向全市扩张，那里出售的食

---

① 东德著名建筑。——译者注

品不符合卫生标准，文化论坛、国家图书馆、柏林爱乐厅和国家画廊等建筑中的洗手间人满为患，而且卫生水准大为下降，刑事犯罪率上升，市内各区的管理部门对交通混乱束手无策，等等。几十年来西柏林都是个与外界隔绝的孤岛，面对从东边潮水般新涌入的人群，它既惊讶又无力对付。未被柏林墙挡住的人流被视为一种危害，过了相当长一段时间，人们的情绪才平静下来，这座城市也才出台了应付新局面的对策。但波茨坦广场往日废墟上建起的杂货市场在周末吸引了成千上万的人。从经济角度看，杂货市场自有其魅力，货物本身也不乏审美价值。总之它不同于超市或是卡迪威（KaDeWe）百货大楼，它是非正规、不受控制和无政府主义的，有人在那儿买东西，也有人只逛不买。首先是土耳其移民家庭从这种新机遇中得到了好处。从前是杂货市场的地方，现在是波茨坦广场，周边有伦佐·皮亚诺（Renzo Piano）、格哈德·雅恩（Gerhard Jahn）和汉斯·科尔霍夫（Hans Kollhoff）的建筑。凡事都有其内在的逻辑。[2]

　　杂货市场是出现在东欧的一种主要现象。它应运而生是因为：计划经济寿终正寝，人们自己出动去寻找日常生活所需的货物，以便建立一张新的供货网去代替已被撕破的旧网。他们这么做是出于自己的创意和点子，也是自负盈亏，自己承担风险。杂货市场的鼎盛场面已经不复存在，它将会成为未来某些学科博士论文的研究对象，这些学科——如社会学、人类学，也包括历史学——在必须展示果断力的时刻不幸错过了时机。唯一一些洞察其进程的人大概就是那些商贩，外加那些对公共秩序负责的机构，首先是警察，其次是边境、市场所在街道和新商道上的稽查人员。20 世纪 80 年代末和 90 年代初几乎没有一座城市没有集市和杂货市场，几乎没有一道边境是人们不可以利用两边货币汇率差来赚钱的。几乎每个港口或每个边界城市都从这种经商新潮中——无论是购物旅游还是蚂蚁商人——获了利。[3]

当时我到过罗兹/图申（Tuszyn）、维尔纽斯（Vilnius）、切尔诺维兹（Czernowitz）、敖德萨、赫梅利尼茨基（Chmelnyzkyi）、华沙与布拉格等地的集市，并走过那些经商路线：考那斯—华沙、塔林—赫尔辛基、敖德萨—伊斯坦布尔、明斯克—伊斯坦布尔、布达佩斯—中国。被贩运的商品包罗万象，从内衣、假名牌服装到果汁、烈酒、汽车和家具。大杂货市场中的存货清单和一排排货架真实地反映了人们的需求以及不同时期的抢手货。

整个市区的外观和功用都起了变化：体育场变成了商贸中心，林荫大道成为购物中心，市中心人头攒动，成千上万人都来逛黑市，就像 20 世纪 90 年代初莫斯科的景象。

社会主义体制的终结让许多职业消失，同时又产生了很多新职业。过去培养了太多的教师、钢琴家、办公室主管和调度员，却缺少法律工作者、编程员和各行各业的专家。在新老职业交替的过渡期间出现了一些身兼数职的生存现象，这是人们在旧的生活世界崩溃后适应新生活的主要功绩。在杂货市场我们到处可以遇到一些有双重或多重身份的人，他们身兼数职，往往干着低于自己受教育水平的工作：记者当起了行商；警察现在穿上黑制服，看管杂货市场上的简易售货棚；教师为了养家糊口，干起了把汽车从鹿特丹开往马里扬泊列（Marjampole）的营生；女校长们超前地在叶卡捷琳堡和中国天津之间做起了单帮。

杂货市场象征着旧经济形式的崩溃，同时它们——在最佳情况下——也是新市场经济的开路先锋。在市场上人们不仅讨价还价，而且也在学习。前后二十年间，成千上万甚至数百万人跨越了边境，他们逛了伊斯坦布尔、巴勒莫、那不勒斯、赫尔辛基和乌鲁木齐的集市，也在那里住宿。他们见了世面，其中一些人学会了经商。乘坐柏林—华沙或是克拉科夫—维也纳火车跑来跑去的不是波兰的清洁女工，而是女职员或女教师，许多曾经当过波兰清洁女工的人，如今都成了身价不菲的女企业家。[4]

这类变化也有其发展历史。我能忆起那些波兰旅游团，游客多数是男人，他们去蒙古甚至是朝鲜旅游，然后从那里带着矿物甚至是宝石回家。我也能忆起最早从莫斯科飞往阿布扎比（Abu Dhabi）的游人，当时还根本没有人谈及这个旅游胜地的"后起之秀"。我还记得20世纪90年代中期一本介绍斯维尔德洛夫斯克（Swerdlowsk）/叶卡捷琳堡的旅游指南书上印着："联合酋长国印制。"伊斯坦布尔和天津，德里和沈阳都是旅游目的地，这在以前的苏联和东欧集团都是不可能出现的事。购物旅游不仅仅是商业行为，它还与其他事有关：越境、物流、见世面、掌握外语以及世界主义。每一次旅游人们都会把新经验带回家乡，每次在外国逗留都让人觉得家里的老样子更加令人惊奇与难以忍受，当然了，也有人觉得那是失去了的天堂。这类实践和知识是任何有关市场经济和资本主义的教科书都传授不了的，它们就这样生效了，先是在头脑里，然后是现实中。这方面也有成千上万的例子：咖啡馆怎样如雨后春笋般破土而出，服务意识如何逐渐形成，旅行社怎样成为最重要的行业之一，汽车又是怎么成为出行与权势象征最重要的手段之一。

新路线、新坐标、新网络

在分裂的欧洲许多路都被阻断，曾经的交通枢纽变成了终点站。1989 年情况彻底改观：咫尺天涯又成为比邻而居，中心与周边的关系发生了位移。一些新开通的道路其实只是古老路线和道路的重新启用或现代化，不少人根据自己的亲身体验都可举出例子：柏林—布雷斯劳、布拉格—纽伦堡、维也纳—布拉迪斯拉法（Bratislava）、维也纳—萨格勒布（Zagreb）、华沙—考那斯、塔林—赫尔辛基、赫尔辛基—圣彼得堡、敖德萨—伊斯坦布尔等。这不仅仅代表这些通道在技术层面恢复了使用，而且也往往意味着中断了近一个世纪的古老文化纽带重新连接到一起，焕发了活力。蔚为壮观的是，过去在边境被叫停和延缓的交通，如今如何畅通无阻地通过，在沿着过去铁幕蜿蜒的老边防站这一点特别明显，现在它们都旧貌变新颜了。随着欧盟的扩展，这些边境也消失或东移了，从奥得河畔的法兰克福移到波兰与白俄罗斯交界的泰雷斯波尔（Terespol）。现在甚至一些老的边境与检查设施都被拆除了，人们过境无须停留与出示护照。20 年前人们根本无法想象，这一切来得这么快。无须很多想象力，只要稍微注意观察，就能明白如今跨越边境的力度有多大。过境不是个别行为，也不是示威游行，而是再也不会中断的活动，它们每小时、每天、每周都在发生，年复一年。货物、人员和思想的流通成为我们尚属正常运转的日常生活的基础。这需要精确的估算，时间、风险和距离，一切都得在掌控之中。这是可以想象的最稠密与最可靠的网络，没有欧洲范围的物流就谈不上欧洲文化，没有交通与通信网络欧洲话语也就无从谈起，没有中介专家也就没有互相理解的可能性。

观察这种发生在边境的活动会让人心潮起伏。我有时会让自己奢侈一下，到奥得河畔的法兰克福的德国和波兰边境处去观看来往商客，他们穿行于乌拉尔与鲁尔区、鹿特丹与德黑兰、里昂与赫尔辛基之间。尽管这些游客随身带着电视机和导航仪，但这些现代商客和传说中走在丝绸之路上的商队相比在趣味性方面毫不逊色。[5]

办手续窗口的所见所闻

人们在一些地方能特别观察到新动向，比如火车站，新近也包括长途汽车站，当然还有人们去申请签证的大使馆和领事馆。有趣的还有过境边界，那儿也是语言和货币发生转换的地方，人们试图从货币差价中获利。最近十年肯定还包括廉价航线办理登机手续的窗口。廉价航线改变了欧洲的航线图，先是在现实中，然后逐渐在人们头脑里。收集一下这些航空公司宣传小册子中的航线图，有时我们坐飞机时出于无聊会信手翻翻，就能得到最近十年来欧洲空运范围变化的概貌，与此同步，我们对欧洲的概念也随之发生了转变。那些受到称赞的廉价机票中出现了一些全新的目的地：格但斯

克、热舒夫、锡比乌（Sibiu）、利沃夫（Lwiw）、顿涅茨克
（Donezk）、蒂米什瓦拉（Timişoara）和卡托维兹（Katowice）。
历史地域如加利西亚或波美拉尼亚（Pommern）被与莱茵—
美因经济区连接到一起。人们在贝尔加莫（Bergamo）和伦
贝格、基辅和第聂伯罗彼得罗夫斯克（Dnepropetrowsk）间
穿梭飞行。人们从克拉考飞机场各办手续窗口就能看出，曼
彻斯特和谢菲尔德（Sheffield）每周工作日的起止时间以及
那里的暑假什么时候结束。圣诞节前特雷勒堡（Trelleborg）
与萨斯尼茨（Saßnitz）渡船入口处总是挤满数千人，他们
只有一个心愿——回家，他们的家在凯尔采（Kielce）、弗
罗茨瓦夫（Wroclaw）、比亚韦斯托克（Bialystok）、卢布林
（Lublin）①。所出现的这种大流动一方面导致这些人的家乡
没有了手工匠人、电气技师、木匠和水管工，另一方面在其
他地方形成了新的城市与村镇，它们出现在英国中部、爱尔
兰和法国。同时，这也产生了分居家庭，孩子们常常由祖父
母带大。几乎没有一个地方没人在外面打工，打工地点分别
是：阿利坎特（Alicante）、米兰、伦敦或哥德堡
（Göteborg）。人们从这些地方把钱寄回家，这些钱让中部波
兰的村庄边缘地带盖起了一座座新房。从意大利、德国、西
班牙和斯堪的纳维亚寄回的钱也促进了许多新地区的生成。
人们对这种活动已经不再感到新鲜，而是司空见惯。这些流
动人口非常熟悉情况，对伦敦的维多利亚区和汉堡的火车站
了如指掌。他们发展出一套打包行李和在路上的窍门，这些

---

① 此四座城市均在波兰。——译者注

窍门只有动身上路成了家常便饭的人才能掌握。就连返乡也带来了变化。人们在波兰各地，包括南部波兰最偏远的省份，都能遇到讲一口流利英语的年轻人，在摩尔多瓦（Moldawien）甚至会有人用瑞士德语或葡萄牙语同外国人打招呼。

尽管德国或斯堪的纳维亚一些爱喝酒的人在纳沃纳广场（Piazza Navona）或里加和塔林的老城闹事确实很让人烦，但是人们没有理由嘲笑新的廉价航线带来的旅游热。虽然他们没有相应的历史知识，但他们起码能够知道欧洲有值得一看与值得经历的事，这对他们之中的大多数人来说是新鲜事，对一些人来说肯定也是有趣的。其实这正是人们认识世界的方式，总之要胜过仅仅通过教科书来了解世界。

微妙的转变

在边境不复存在之后，旧的图像世界也随之崩溃并构成了新的图像世界。遭到中断的交往又得以恢复，无论愿意与否，这种接触都硕果累累：头脑中的世界观与图像世界已经定型的那一代人又得到机会，重新脱离旧窠臼，形成新看法。这可以通过旅游来完成，旅游现在才变为可能或有趣的事；这也可以通过阅读来完成，现在人们终于有了阅读的理由；或是通过以前没有机会的意外接触。人们听到或学习一种语言，人们在迄今为止从未去过的陌生城市东瞧西看，了解这些城市的文化背景，过去——只要人们只能在自己那半边走动——这些则没什么意义。现在一切都不一样了。现在有了图像世界、声音世界、语调、联想和思想交换。这些甚至也有了机构特征：人们在机构活动中相逢，讨论会或会议使从前的各说各话变成了对话，普林斯顿高等研究院中的新面孔和新题目层出不穷。现在的划分不再按东西，而是按年长年轻，或是看独树一帜还是因循守旧。这很早就开始了，现在成长起来的一代人已经对 1989 年以前的日子没有印象了，他们经常甚至无法想象当时的情况，也根本不知道一些名字和人物。他们从来不必跨过我们记忆犹新的边境，我们讲起的许多发生在 1989 年以前的事，对他们来说都已经成为史前史了，古老得如同古希腊罗马时期，若是他们对此还感兴趣的话。这样他们的头脑就可以接受全新的图像和形象塑造。很晚出生是一种特权，据此所积累的生活见识和预期眼界是老一辈人根本无法想象的。

地下新城

学术话语中的"转型"是看得见、摸得着的。柏林这座城市吸引着来自四面八方的陌生人。在机场大巴上我听到有人在我身后说波兰语，在韦格特连锁店、电脑商店，尤其是在卡迪威百货大楼则到处可以听见俄语。我在克珀尼克（Köpenick）区的大街上看到挂着里加、维尔纽斯、卡托维兹或保加利亚各地车牌的汽车。克罗伊茨贝格（Kreuzberg）①

---

① 德国首都柏林的一个著名区域，以高比例的移民和第二代移民而著称，具有繁荣的多元文化。——译者注

则更是吸引着来自世界各地的人们：来自都柏林的民间歌手；来自巴西的吉他手；来自瓦拉几亚（Walachei）的吉普赛人的孩子；来自施瓦本地区的游客；来自斯堪的纳维亚的游客，他们在此有第二套住房。虽然来的人越来越多，但柏林足够大，因此游客们也就分散开来。人们在此逗留的时间也长短不一：来购物的人一般只待几天，在这座旅馆不是很贵的城市里总能找到住处；也有的人住在熟人家或别的什么地方，这种人逗留时间较长；更有留下来打工的，这儿挣的钱在家乡很值钱，这类人不再是旁观者或发现者，而是变成了柏林通，从新手变为被接纳者。人们学着在这座陌生的城市中走动，说不定什么时候总会出现机遇，人们会抓住它，城市也从中受益。一切都是自愿的，每个人都在为自己争取优势。出游变成了较长逗留，单纯花钱变成了赚钱。人们加入一个网络，从而也使这个网络变得更强。就这样，在现实的城市旁边与它的地下又生长出一座新的城市，柏林现在处于双城阶段。在柏林本地人的城市中开始出现了外地人的柏林，这个柏林开始了自己的生活与工作。现在它的历史还不长，在现实存在的老柏林的晶状结构中它还处于隐蔽状态；但有朝一日它会公开存在，打破柏林这座城市迄今为止理所当然的状态。柏林将成为另外一座面貌一新的城市，它与柏林墙倒塌前的柏林仅仅名称相同而已。国际化改变了颜色：两种势力对垒的封闭式国际化不同于开放式国际化，这座城市现在才发现自己曾经是多么与世隔绝。建造了约翰·福斯特·杜勒斯林荫道（John-Foster-Dulles-Allee）、国会大厅、洛杉矶广场、贝尔萨林广场（Bersarinplatz）、列宁林荫道以及格林卡和普希金大街的国际化属于一个时代，在那个时代，广场与大街都得卷入世界观之争。

若是看看华沙与莫斯科，那变化更彻底。从那里的角度看，柏林就像是一个大疗养胜地：住房便宜，有奢侈的老式住宅和三座歌剧院，宽阔的大街不愁没有停车位，大学林立，旅馆不贵，乘 20 分钟轻轨就能到达绿森林湖区。这里简直就是非常有吸引力的游乐园。

到处都在变化。21 世纪初格奥尔格·齐美尔（Georg Simmel）若在欧洲各大都市搞社会调查肯定忙不过来。

欧洲新形象如何在头脑中生成

有些人会感到失望，在此对欧洲那些最核心的东西谈得不多：价值体系、整体传统，特别是统一的文化。也许有些人会问，为什么在此大谈货运，而不说说人道主义、宗教改革、欧洲启蒙运动的成果、中产阶级、自由民主，总之那些能让欧洲骄傲与自命不凡的东西。人们完全有理由坚持认为欧洲文化有特点与魅力，但如果人们去过欧洲以外的地方，在世界各地见过世面，那他的看法往往马上就会不那么绝对。欧洲是一个无穷尽的话题，几乎像上帝与世界一样总是被人重新谈及。欧洲之所以成为欧洲，其本质是自我反省、怀疑、多元、宽容等，这几乎让人难以琢磨 20 世纪文明的断裂怎么能够发生，又是以什么名义发生的。许多大会、研讨会、演讲和博物馆都以欧洲为议题。存在着专业的欧洲人和欧洲雄辩术，无须开口，人们就能理解。也存在一定程度的疲劳，这并不一定是欧洲人的疲劳，而是与不再令人感兴趣的老生常谈的题目、一成不变的欧洲形象、缺乏亲历经验以及欧洲话语中的概念僵化有关。这总是标志着什么结束了，语言变得空洞了。这同时也意味着，新经验还有待形成，语言也会随之得到调整。许多欧洲话语都是多余的，因为它们仅仅是自我肯定，而不是对不同经验的叙述，是一种建立在"共同基础"上的交谈，而不是很多无法统一、令人迷惘的历史的展开。人们为什么要跟一个从未见过科索沃修道院的人谈论塞尔维亚呢？如果某人从未去过圣彼得堡，为什么要与他谈论俄罗斯与欧洲呢？只要还不了解克拉考或敖德萨，西部与东部的文化差异从何谈起呢？

有很好的理由禁止某类欧洲话语。西欧超前消费，现在是时候打住了，先要仔细看看进入经验的原始积累过程，收集一些画面。吹毛求疵之前先要了解情况、实事求是、观察感知，讲述一下战后 50 年来没有时间或机会讲述的故事。

因此欧洲疲劳并不是十分确切的说法，而是一种老生常谈的话语失去了魅力。这种话语的题目是众所周知的：欧洲是梦想还是噩梦？欧洲的边界走向如何？欧洲作为文化空间等。这类话语中断一下并非什么损失，我们花时间去外面走一走、看一看。这么做是值得的。人们能够看到意想不到的事物：那么多美不胜收的城市。有一个统一的欧洲，其版图要早于 1945 年、1938 年甚或是 1914 年。那些我们只在发黄的老照片上看见过的风景，它们是切切实实存在的。切尔

当下欧洲！

诺维兹不仅仅是文学史中的名称，而且是人们可以游览的一座真实存在的城市的名字。若非一切都是错觉，人们对这个欧洲的兴趣非常巨大，也许没有大得像那些狂热者们最初所希冀的，但无论如何要大过某些人所相信的，这些人只用加入欧盟国家的数据来衡量人们对欧洲的兴趣。欧洲是比尔森（Pilsen），那里是生产斯柯达/大众汽车的地方。欧洲是"盖勒特旅馆"①，奥地利或荷兰有钱的退休老人在那里的温泉浴池中游来游去。欧洲是欧洲大学（Europa-Universität Viadrina），那里约三分之一的学生来自国外，大部分来自东部。欧洲是：柏林的大学生决定前往伦贝格或罗兹。欧洲是：服民役②者在圣彼得堡或喀山（Kasan）照料老人，他们返回时所拥有的当地语言和风土人情知识是我那一代的教授都无法具备的。欧洲是：布加勒斯特玛格鲁（Magheru）林荫大道书店、布达佩斯安德拉什大街书店和莫斯科环球书店（Biblio-Globus）同时推出某位作家的作品。欧洲是：贝尼多尔姆（Benidorm）、瓦尔纳（Warna）或雅尔塔（Jalta）的海滩上的人同样来自四面八方。欧洲当然也是对发生在武科瓦尔（Vukovar）、萨拉热窝和格罗兹尼（Grosny）的暴行的不敢正视。欧洲是：当在此区域内产生了共同的经验后，数代人开始借助相同的概念和语言来交流，而不存在翻译问题。欧洲也是拥有统一标准的豪华宾馆。欧洲是：人们有欧元，但不知道如何解决日常生活中出现的大问题，如失业、

---

① 位于布达佩斯的著名旅馆。——译者注
② 因健康、信仰或是政治原因拒绝服兵役者，可在非营利性质的政府机构如康复中心或养老院进行的一种替代役。——译者注

反工业化、排斥非欧洲移民。这意味着：好坏两个方面的欧洲已密不可分了，其程度远远超出起誓仪式与未来憧憬所允诺的。成长中的欧洲有许多共同点，大大超出预言家们所愿意承认的。卡珊德拉从来都不是一个出色的诊断者，她的职业决定了她得预言未来，而未来是无人知晓的。对错综复杂和难以看透的当下，即恩斯特·布洛赫所说的"黑暗的生活瞬间"，她没有太多发言权。现实欧洲要比出现在教科书中的丰富得多，现实欧洲也比所有事出有因的梦想都更激动人心。

给欧洲航线颁发查理曼奖！

若没有水滴石穿的渐进作用，历史叙事中的精彩瞬间根本不可能出现。没有名不见经传的普通欧洲人，那些为欧洲说话办事的欧洲职业政治家和外交家根本不值一提。我们大家都知道布鲁塞尔、斯特拉斯堡、巴黎或马斯特里赫特（Maastricht）的舞台，"欧洲的代表们"在这些舞台上活动。我们仅仅了解这些人每天如何登场以及他们说了些什么还不够，因为那里总是出现同样的名字、面孔和手势。亚琛的一些市民——堪称最早具有欧洲意识的欧洲人——创立了查理曼奖，奖励"对欧洲政治、经济和思想一体化做出贡献的名人"。1950 年以来的获奖名单中不乏欧洲各界名人，从康登霍维-凯勒奇伯爵（Graf Coudenhove-Kalergi）[1] 到瓦茨拉

---

[1]　Richard Nikolaus Eijiro Graf Coudenhove-Kalergi（1894 – 1972），奥地利政治家、地缘政治学家、哲学家。他是欧洲一体化的倡导者，创建了国际泛欧联盟并担任其主席达 49 年。——译者注

当下欧洲!

夫·哈维尔（Václav Havel），从让·莫内（Jean Monnet）到欧元。人们可以毫不费力地继续补充这份名单。然而人们也可以为那些人和机构颁发此奖项，没有他们的努力，欧洲在1989年后不可能迅速融合到一起。有资格获得该奖项的候选人不少：交通部长和其工程师，他们修桥铺路、开辟铁路线，缩短了欧洲人之间的距离，为新欧洲的形成奠定了基础。应该考虑的还有货运商和物流人员，他们致力于缩短距离，营造邻里关系。当然不应被忘记的还有旅行社和廉价航线的创建人，他们彻底改变了我们头脑中的欧洲地图，所以如今我们不仅知道巴勒莫和里斯本在哪儿，而且知道塔林、里加和敖德萨在哪儿。正是这些航线做出了贡献，才使人们在莱因－美因地区与加利西亚之间、华沙与英国中部地区之间、伦贝格与那不勒斯之间的往返穿梭成为可能。廉价航线让柏林与莫斯科变成近邻，人们眼界大开，不再是井底之蛙。克拉考如今与都柏林也紧密相连，没有工作人员的往返穿梭，整个国民经济都不能正常运转。在离边境很远的城市中的房屋装修、对老弱病残者的照顾都有赖于这些往返流动的人员。亚琛查理曼奖评选委员会在今后评选过程中若是看看那些相关航空公司的时刻表、价目表和订票方式，很容易就能明白这类候选人为什么应该得奖。委员会将会发现，欧洲任何一个地方都能马上被找到。每一次搜索过程都成为进入新欧洲的愉快的视觉之旅。然而这类欧洲航线公司的职责并不是让人靠想象来望梅止渴，而是让人前往一个真实存在的欧洲。多年来欧洲航线夜以继日地进行着这项工作，按部就班、踏实可靠，不受政治气氛、大选和议会任期的影响，其特点是：跨国、覆盖全欧、数以百万计的分子运动。让欧洲这架发动机运转不衰的正是这种潜流。在迄今为止的获奖者中，几乎没有任何人能像如欧洲航线这样的事物那样有权这么讲。

（2011 年 9 月 24 日在伯尔尼"绝对中心"①大会的发言）

测量：一位昨日欧洲人的观察

对出生于 1989 年之后的人来说，前朝遗老遗少分析问题的角度根本不存在，他们关心的是其他问题。

令人奇怪的是，迄今尚未有针对前朝遗老遗少的面相学和类型学。在精神面相学方面我们的研究囊括告密者、特工、内奸、间谍、随大流者、难民、流亡者和叛教者。这些形形色色有代表性的人物足以构成众多肖像画廊和图片库，在那里他们的类型和性格特点等得到描绘，自然还有那些常用来形容他们的词汇。

20 世纪盛产前朝遗老遗少。每一次突变、每一次转折、每一次改朝换代都有整整一代人被甩出局，他们因跟不上时代的步伐而落伍，或是被历史的车轮碾压，失去了自己的职位，遭到了清洗，从此在被遗忘的角落苟延残喘。这种命运在世界史中屡见不鲜：当希腊不再是世界的中心并成为罗马帝国的边缘

---

① 关注新欧洲之文化与社会的一个欧洲项目于 2011 年 9 月 15～25 日召开的学术讨论会。——译者注

省份时（那是一个反思、放松和文化繁荣的幸福时代）；当罗马帝国自身成为蛮族放牧山羊和鹅群的牧场时；作为难民逃往意大利或莫斯科公国的拜占庭后裔；在收复失地运动①中得以幸存的塞法迪犹太人②；在自己的领土上被白人征服的土著，从此他们只能仰视新世界；逃往科布伦茨（Koblenz）和圣彼得堡宫廷的法国贵族，他们是法国旧秩序的真正代表，也是现代早期恐怖的异常珍贵的见证人，他们是法国旧秩序文化的集大成者；俄国革命的输家，无论他们留在俄国、背井离乡或遭驱逐，他们都详细描述了发生在自己周围的事，他们之所以能够描写这一切，是因为他们的眼睛对差异十分敏感。在俄国历史中"前朝遗老遗少"——（原有人）byvšie ljudi——找到了最确切精辟的代表，这并非偶然。这类人在认识方面享有特权。他们的认知角度是与众不同的，也许甚至可以说其角度就是一种特权：这种角度处于一种既属于体系又不（再）属于体系的状态。这类人知情并了解内幕，他们比后来人在认知上肯定占有优势。他们是知情者，往往认识活跃分子本人，知道环境是如何起作用的以及它们是如何改变自己的（直至到让人无法辨认的程度）。他们了解内幕，即使不知道整个帝国的秘密，也知道某些特定行当的猫腻。他们熟悉名流不为公众所知的那一面，在一定程度上他们是

---

① 公元 718~1492 年，位于西欧伊比利亚半岛北部的基督教各国逐渐战胜南部穆斯林摩尔人政权的运动。——译者注
② 15 世纪被驱逐前那些祖籍为伊比利亚半岛、遵守西班牙裔犹太人生活习惯的犹太人，属犹太教正统派的一支，约占犹太人总数的 20%。——译者注

从钥匙孔窥视世界历史者。他们了解"时代的喧嚣"（奥西普·曼德尔施塔姆［Ossip Mandelstam］① 语），所以他们能更好地察觉到颜色的渐变、声调的转换、噪音的强度以及风俗习惯和交往方式的改变。他们是自成一格的见证人：他们并非简单叙述自己的所见所闻，而是思索己之所见与同时代其他人之所见的差异何在。

　　属于前朝遗老遗少的有 19 世纪知识阶层成员，他们是"昨日世界"之代表。例如其中的左翼革命者，他们遭到十月革命的碾压与超越，因此只能作为失败者从下面或侧面观察与评价这场革命。当自己落伍成为边缘人物后，他们看到从前的同志超过了自己，成了气候。处于这种位置难免产生怀恨、偏见和妒忌，让人无法更全面与更公正地进行感知。这种情况下人很容易落入疯狂改变信仰和刚愎自用的陷阱。然而这时人亦可获得格外犀利的认知能力，这是与贴近、亲密以及熟悉分不开的。反革命营垒中前朝遗老遗少更是不胜枚举，他们依次成为势必沉沦的旧世界分崩离析时的碎片：贵族、大庄园主、神职人员、知识阶层、工人革命者、军官、流亡者和富农。从他们看事物的角度出发会得出完全相反的结论，这样人们可获得全面概貌。变节分子的目光也很锐利，他参与一件事至某一时刻，然后叛逆。但他对环境仍旧是熟悉的，他要能为自己的参与和脱离辩解，这需要必不可少的圈内人的相关知识，即通过若即若离而了解到的知

---

① Ossip Emiljewitsch Mandelstam （1891 – 1938），俄罗斯白银时代最卓越的天才诗人，著有诗集《石头》、《悲伤》和散文集《时代的喧嚣》。——译者注

识。社会主义晚期持不同政见者们亦是一种"自成一格的前朝遗老遗少"。这些 1989 年被碾压、遭清除和被忽视的人们看到了一切：那些阿谀奉承者的飞黄腾达、重大希望的破灭、自杀、早逝、大变革时期的解体与重组。

我所进行的思考，其方式与其说是世界史式的思考，不如说是长时期的实地思考与测量。我总是不断前往一些敏感地点，去记录那里发生了多大变化。这些测量都是些选择性的例子，不具全面性，不能以点概面，它们总是一个地方的数据，不具备放之四海而皆准的普遍性，但它们不仅仅是名不见经传的小地方所发生的事情，而是以微观世界的状态让人感兴趣。这种穷其一生的测量汇总在一起就构成了对某些地带与空间的重新测定。许多人觉得这太微不足道，但有时候见微知著。这些不断被测量的领域包括：作为结晶体的城市，40 多年来城市在其面貌、气氛、居民构成、风格、速度以及交通状况方面的不断变化。这些变化体现在街道、交通路线、交通工具的快慢、观光客的构成或所运输的货物的变化等。当然还有戏院和歌剧院的节目单、商店和超市所供应的货物品种、旅游路线和休假计划、室内装潢的变化以及新品牌对迄今封闭区域内的市场的占领。

由此构成的分析矩阵与通常进行政治评估的言论没有多大关系。后者的内容有限，这一点人们从电视访谈节目中总是同一些人不断出场即可看出，这种节目中的经验之谈都是来自相应的渠道。与这类话语相反的并非那些充满异国情调的权威人士——专家，这些人对某个国家或行当了如指掌，他们因专业知识而成了书呆子。真正有发言权的人应该类似于民族学者，他既在场同时又有局外人的身份，他有足够的时间观察，而不是像大会的节奏那样匆忙或是要遵守编辑部为出版物规定的截稿时间。他的媒介不是社论，而是报告文学，其所报道的世界不是我们熟悉的，而是要花很多时间与精力才可以进入的。

从这种视角既可洞察，亦可曲解。长期观察的结果是一定程度的信任，这种信任则源于对各种力量与其累积过程的了解，这是人们在日常纷繁的政治生活中靠匆忙的指手画脚和政治宣传所无法获得的。

需要事先说明的一点是：我的出发点不是 2008 年的金融危机，而是 1989 年，更确切地说是从东欧集团解体到西方金融危机这 20 年。旧状态的结束始于 1989 年的东欧，现在也波及西欧。"老的"东欧与西欧已经不复存在。力量与坐标已发生位移，该过程至今尚未结束。在这种世界史转变的大潮中欧洲打拼得不错，其辞旧迎新的过程整体来说无可指摘。最大的失误和新欧洲的堕落是在南斯拉夫崩溃时它的不作为。欧洲当时不够警醒，未能阻止南斯拉夫陷入战争。尽管如此，欧洲总的来说还是控制住了局面，从政治、文化、精神和机构各个方面扬弃了旧边界，创造了新空间。今日欧洲是一种新的经验与生活空间，虽然不尽如人意，但还算运转正常。对此做出贡献的有：布鲁塞尔欧盟管理机构、货运商、建桥者、伊拉斯莫斯大学生、公司创建者和外来打工仔、"波兰女清洁工"和柏林附近的柏林高等研究院、欧洲足球杯赛和城际旅游、易捷航空公司和申根公约、欧盟补贴和罗马尼亚籍老人看护者。最近 20 年出现的这种人员、思想和货物的新交织是非常强大的，所有的谅解备忘录和宣言与此相比都相形见绌。当然，人们不该神化这种"脚踏实地的欧洲"，把它弄成意识形态。夸张是要付出代价的。但人们也要指出这些情况，因为它们是真实的事实，尽管它们一般不会出现在我们的"雷达屏幕"上。只有发生大灾难和意外事件时，震耳欲聋的崩溃才会吸引人们的耳朵与眼球。人们一般不谈论普通按部就班进行的事情，只有当它们中断或受阻时才成为话题。我这样阐述的意义不在于绘制出一幅相反的画面，在普遍烦恼的气氛中提供一种引人乐观的说法、一种解药。为了让人对起作用的各种力量获得更精确的图像，我要在我们的感知图上加入一些东西。

贝尔加莫。从前北大西洋公约组织的军用飞机从北意大利机场，如阿维亚诺（Aviano），飞往贝尔格莱德和科索沃，去那里扔炸弹；现在其他飞机在贝尔加莫升降，那里是米兰和整个北意大利廉价航空公司的空港。航行业务 24 小时不间断，因为贝尔加莫不仅是意大利最漂亮的城市之一，而且是购物者的天堂，人们从英国中部和德国均可前往，购物中心就在机场对面。更重要的是人们可以在大显示屏上看到众多目的地：许多航班飞往罗马尼亚和乌克兰。这说明，在劳动力缺乏的意大利北部富有工业区和劳动力过剩的区域之间已经形成了有规律的往返运输。每天都有飞机穿梭于贝尔加莫与利沃夫/伦贝格、基辅、第聂伯罗彼得罗夫斯克、蒂米什瓦拉和克卢日（Cluj）之间。意大利北部能够正常运转，全依赖其餐馆、养老院和疗养院——此系老龄化社会的基础设施——得到上述各地的人力支援。异地的新伦理关系和生活世界正在形成，如今这些都已不再是问题了：看电视、孩子们由祖父母带大、大量货币流动。汇往家乡的钱让布科维纳或特兰西瓦尼亚（Transsilvania）建起了新的居民区，使新的社团和新的多元社会得以生成。此外还有其他连接：虔诚的香客和朝圣者前往卢尔德（Lourdes）或特拉维夫（Tel Aviv），去瞻仰圣母或圣地。这种远距离往返穿梭发生在许多区域之间：波兰东南部与莱茵－美因地区、波美拉尼亚与英国中部、乌克兰与爱琴海诸岛、罗马尼亚与阿利坎特周边区域。从这些往返交通中——其频率、密度和取消过程——可以看出经济形势。它们标志着一个大陆的正常化，这个大陆在两大阵营界线消失后重新"站住了脚"并获得了新生。

慕尼黑哈克尔桥长途汽车站。每个人都可以在他居住的城市测试一下，看看自己置身于什么网中。欧洲的地图得到了重绘，在新地貌——先是在交通领域，然后是在人们的头脑中——形成过程中最有力的推手是运输和长途汽车公司。每当过度疲劳的司机把一辆车开到迎面而来的车道上，一趟回波兰的行程结束于一场重大车祸时，这些公司都能登上报纸头条。但从不见有人报道那些成千上万、数十万日复一日行驶在路上的车辆，正是它们保障了欧洲境内人员与货物的正常运送。每个人都可以去柏林广播发射塔旁、多特蒙德总火车站旁或慕尼黑新建的长途汽车公司试试：在那里生活在罗马尼亚的德裔少数民族人和乌克兰人相遇，他们乘车经布雷斯劳前往伦贝格；去上阿玛高（Oberammergau）看耶稣受难剧的人与前往布拉格进行年度游的音乐协会的人邂逅，后者中途在此停留。这些都不是什么充满异国情调的联系，而仅仅是普通人建立和利用的日常联系。

欧洲杯赛，欧洲歌唱大赛。不仅布鲁塞尔代表着欧洲，如今的欧洲随时随地都可见到。"欧洲文化之都"——如伊斯坦布尔、鲁尔区、锡比乌和维尔纽斯——不仅仅是为了开发旅游业和基础设施而搞的补贴宣传手段，而是那里确实值得一看。这一点人们很容易从欧洲范围种类繁多的大型活动中看出，无论是索波特（Sopot）的欧洲杯赛还是巴库的欧洲歌唱大赛。欧洲是一个云集着歌唱家、乐队和观众的大舞台，这些人利用这一舞台并在上面庆祝。欧洲不仅存在于政治与管理层面，不仅体现在交通运输上，不仅是一个有高度文化的区域——雅典和拜罗伊特（Bayreuth）①、莫斯科大剧院和米兰斯卡拉歌剧院，而且是用来举办大型活动的区域。波兰人和英国人前往柏林动物园一带参加爱的大游行，他们每周都飞来这里度周末，为的是在各种俱乐部消磨时间。欧洲的日常生活与庆祝活动都是有特点的，不仅仅局限于节日演讲或星期日布道。举办足球赛时，一旦那些从国外专程赶去的球迷们把球场变成名副其实的斗兽场，届时的欧洲经历既可以是美好的，亦可能是可怕的。

哥达隧道。还有一些改变欧洲的大事并非随着议会任期的节奏发生，而是要间距几代人之久。挖掘阿尔卑斯山隧道就是这样一件欧洲级别的大事。它几乎改变了自然史，让欧洲人几百年来铭记在心的那座山的全貌彻底改观：一条隧道打破了要隘的特权，它是物流与工程艺术的杰作，将改变欧

---

① 以每年一度为瓦格纳的音乐剧举办的拜罗伊特音乐节而闻名。——译者注

洲。其目的不仅仅是缩短苏黎世和米兰之间一小时的运行时间，而是欧洲心脏地区的地理战略位置的凝聚与改变，它肯定将产生意义深远的影响，如瑞士在我们心中的形象，当我们渴望前往柠檬花开的故乡时能更快地如愿以偿，改变阿尔卑斯山另一侧的土地价格等。

伊拉斯莫斯。学术朝圣无须重新发明，从中世纪盛期起它就存在于索邦学堂和帕多瓦大学，以及萨拉曼卡大学和克拉考的雅盖隆大学之间。但伊拉斯莫斯大学生交流计划是让人经历欧洲的新模式，校际学生交流已成为课程安排的有效组成部分。无论大家是否都利用这一机会，所有人都可以去外国大学进行为期一年的学习，这已然是件平常事了。这样欧洲就变小了，变成了学习的地方，人们在这些地方流动或被送往这些地方交流。这意味着，掌握多种语言将会成为一件现实的事，100多年前伦贝格集市上女摊主们就会用五种语言兜售自己的货物，这种语言能力将不再是无法企及的范例。极为有益的是，如今的年轻人一开始就可以进行双语学习，英语则成为通用语，一种像曾经的拉丁文一样的第三方语言，中立而可靠。正是借助这第三方语言，欧洲人可以就所有在这块大陆上产生分歧的问题进行谈判，远离猜忌。

堵车，交通瘫痪。民间智慧普遍认为，拥有汽车与文化无关。但人们很少真正涉及的题目是自由，也包括出行与越境自由，它恰恰是与灵活性，即如今最重要的行动媒介汽车分不开的。汽车身份的转变——在东欧集团国家从公共交通工具过渡为私人与个人交通工具，这让人们赢得了更多的独立和自由，尤其是行动自由。人们无须拜物和替汽车康采恩做免费宣传，作为开车一族——我自己也开车——人们尤其不该看不起那些终于能享受独立与无阻碍出行的自由之人。私家车的普及体现了灵活性与独立性的增长，是个性化的表现形式和公民生活方式必不可少的组成部分。一个大家都待在家里不挪窝的社会不可能拥有公共领域。从交通方式的演变中亦可看出普通交往方式与政治交往方式的改变。在公共交通中不能顾及他人者，在政治交往中更不会考虑别人。遵守游戏规则，尊重别人的优先行驶以及左右转弯权——若非在大街的交通中，日常生活中人们如何还能对生死攸关的问题进行更高程度的演练？街道交通的文化与其实践体现着顾及他人的文化。后社会主义国家的大都市，如莫斯科的交通混乱就是一个相当明显的标志，说明那里所有的规则都不算数了，缺乏自我组织、自我立法与社会自治能力，这将会导致原先运转不灵的社会瘫痪。

启蒙之路——城际旅游。启蒙有自己的路，有时几乎难以辨认，往往不是壮观的国王大道或主要街衢，而是秘密路径。未经宣布的启蒙常常与自命的启蒙同样重要。人们可以在柏林、慕尼黑或法兰克福的广告柱上看到招贴画，那是为波罗的海海岸、里加的青春艺术风格建筑或塔林老城做的广告。土耳其航空公司想载我们去参观小亚细亚的古城风貌，西班牙旅行社想向我们展现阿尔汗布拉宫的魅力。瑞安航空公司为新航线——目的地是波兰与乌克兰边界附近的热舒夫——做的半版大的广告，给我们提供了有关加利西亚的基本信息。启蒙无处不在：各航空公司的航线图上，飞机上，自然还有旅行社和德国铁路的小册子中。它们向我们介绍了但泽的魅力、布达佩斯的温泉浴场和布拉格的名胜古迹，经常包括所有重要的基本信息：旅馆、前往途径、网页、城市交通图、文化节目以及酒吧和夜总会。感谢互联网，人们事先即可了解要去的地方，他们知道哪里有最好的饭馆和最激动人心的俱乐部。这样产生的文化空间其实是没有国界的，欧洲城市的风光就这样被创造，人们在其间行走自如。欧洲人不光飞往普吉或马尔代夫度假，而且发现了近处的奇遇——自己所在大陆的空前丰富与美丽。

柏林—布雷斯劳。人们会感到绝望：多年以来这段铁路就在修，但几乎毫无进展。从柏林前往弗罗茨瓦夫/布雷斯劳仍旧需要五六个小时，这段路程战前曾只需要不到三个小时。欧盟定义过欧洲境内的水陆空交通线路，对新交通空间的描绘给人留下深刻印象。这些蓝图在有些地段很快得到实施，但在很多地方鲜有突破。人们到处发现，被战争毁坏、冷战时又遭废弃的基础设施，现在必须维修或彻底重建。堵车一方面是运输与交通大大加快的明证，另一方面也反映出现有基础设施的超负荷与落后。这大概就是 1989 年至 1990 年期间那个得天独厚的时刻所错过的时机之一：决定建设横贯欧洲的大项目——把新欧洲连在一起的交通路线。倘若新建了从鹿特丹和汉堡到符拉迪沃斯托克（Wladiwostok）[1] 和上海的交通路线，那这对未来而言肯定是比改组过时了的北约更好的投资。货运商与货运公司这一群体的理智有时会胜过各国党派与议会的理智。

---

① 又译海参崴。——译者注

当下欧洲！

克拉考—都柏林间的穿梭往返。从克拉考机场办理登机手续的柜台可以看出欧洲的状况：繁荣与停滞，这里劳动力稀缺而那边劳动力过剩，收入与生活水平的落差，以及货币的兑换率与稳定性。从排队的人数则可看出都柏林什么时候是工作日，什么时候是周末，孩子们的学校何时放假和圣诞节回乡潮何时开始。迁徙决定了成千上万人的生活——家庭和爱情生活、健康和心灵、建造私宅和未来的养老金。在某些区域许多行业与某个年龄段的人都消失了，留下来的都是些没有一技之长的人。这是一个此消彼长的过程，所有欧洲国家都被卷入这个无声的变动过程，许多这类变动都是交织在一起的：波兰人前往英国与爱尔兰打工，同时波兰人又让乌克兰和白俄罗斯人到波兰打工。当俄罗斯人涌向世界各地时，莫斯科的一座座摩天大楼正由摩尔多瓦、阿塞拜疆、乌兹别克斯坦和塔吉克斯坦的外籍劳工们建造。旅游旺季时，在蒂罗尔为游客提供管理与服务的人来自德国东部。目力所及到处是相互依存与社会化。[1]

玛丽亚广播电台的喋喋不休。开车时，这家波兰电台播出的连祷、《玫瑰经》和布道让我感到很不安，虽然我没完全听懂，但多少也懂了点儿。那是天主教会的声音，我当学生时听过梵蒂冈电台。那是一种虔诚、恭顺的喋喋不休，间或会穿插些不俗的雄辩和辛辣的词语。教化、划界、诅咒和回头是岸的呼唤，后者充满了恐吓。令我不安的是它离我近，至少比我听不懂并只能在报纸上阅读的阿訇的致辞近得多。

马斯特里赫特、尼斯、里斯本等。只要一提到"布鲁

49

塞尔"就能听到嘲讽或看不起的评论，其中大多数都是完全不恰当的。在马斯特里赫特、尼斯、里斯本——也许还有博洛尼亚——条约得以签订，这凝聚了大量心血：经年累月所召开的数百次会议、协商、咨询，各种级别的代表团碰头会，数千小时的谈判和经常的彻夜不眠。它们是以条约形式凝成的欧洲结晶，它们是我们理智和妥协能力的客观化与条款化，它们暗示着我们既不头脑发热也不麻木不仁。对这些条约嗤之以鼻是不公正的。首先，没有它们就没有我们如今所置身其中的欧洲：穿越国境不会这么容易，超市中的商品不会这么琳琅满目，也不会有让我们的日常生活变得如此快捷与方便的欧元。[2] 因此也不难理解，为什么这么多民族都热衷于参与这些条约：条约不是雾里看花，不是条款组成的海市蜃楼，而是能让我们在多民族的联盟或联邦中和睦相处的规则。

阿塔蒂尔克国际机场。一再令人惊叹的是：现代土耳其将聪明才智、管理技能和稳健品味结合得多么好。我认为这得益于以下几种因素的完美结合：数千年来小亚细亚所产生的古老商业与工匠文化、奥斯曼帝国传承的管理天赋以及美国式的北约实用主义。到达阿塔蒂尔克国际机场后人们马上就能感受到这一切：来自世界各地的人潮，特别是来自老奥斯曼帝国区域——从斯科普里（Skopje）到撒马尔罕（Samarkand），从开罗到麦加——的人潮，在还未引起飞机抵达后的混乱之前就被马上分散开来。需要签证的人——如不久前蜂拥而至的俄罗斯人——交五美元，几分钟之内就可以在相关窗口拿到签证。事情就这么简单：落地签。一切进行得有条不紊、彬彬有礼，巨大的到达大厅的地面一尘不染。伊斯坦布尔/君士坦丁堡/拜占庭——这座拥有 1500 万人口的城市——人们从飞机上看到它坐落在黑海与马尔马拉海海滨——是欧洲最大的城市。人们必须找到用条约方式明确规定和睦相处的方法，类似于现代汉萨同盟或是城市共和国联盟。欧盟方式并非智慧的最终定式。

柏林和其他地方的俄罗斯人。柏林的俄罗斯人变成了通俗文学中的主题，不再引起轰动，除非重新出现忠诚大街那样的枪击事件。他们无处不在：超市里有专门供应俄罗斯食品的专柜，游戏场上陪伴幼儿玩耍的是俄罗斯保姆。人们在健身房和桑拿场所能听见俄罗斯人大嗓门地谈生意，在特快列车上他们则在不断地和世界各地联络——莫斯科、伊尔库茨克（Irkutsk）和海法（Haifa）。他们无处不在：土耳其或法国海滨，巴登－巴登和卡尔斯巴德温泉浴场，或是爱尔兰任何一个小村庄。人们觉得所有俄罗斯人都在出游途中，但不再以代表团或旅游团的形式，而是自由行，自己挑选路线，事先经互联网预定旅馆。他们取代美国人成为各地的观光客。但这并非一般意义上的旅游，而是一种漫游，强度各异，逗留的时间也不同：从短暂访问和购物游、学术逗留到最终安家，其中混合着度假、寻找安全落脚点与逃脱的成分。这是往返于第一住宅与第二住宅间的旅行，在不稳定和明显随时会发生什么的日子里，旅行成为权宜之计。人们从年轻人身上首先可以看到，他们不是第一次来这里，而是轻车熟路、举止得当、见过世面。但这对一方来说是人才流入（brain gain），对另一方则意味着无可挽回的损失，哪怕两代人都无法弥补的损失：人才流出（brain drain）。

图书市场、思想市场。 对此人们如何才能做出综合评论呢？东边回归到古登堡印刷术时代，结束了自制图书——秘密出版物的时代，出版业重新步入正轨；在西边人们则说，纸质书将被互联网和电子书取代。书店里的景象也各不相同：书籍铺天盖地或是寥寥无几，老式的书店中书籍杂乱无章地堆放着，新式的书店中则井井有条。图书业可以反映出所有偏移，它是非当代共存性存在的地方：一方面是东边的图书市场与世界其他地方的接轨，另一方面也有倒退，即破烂货和取悦大众的书籍越来越多。但这也是一种正常化：经典的（国营）出版社消失了，这就像久旱之后降下第一场雨，草地上百花齐放就成了不争的事实。

讲述历史与创建博物馆的良苦用心。 人们到处都想甩掉20世纪的幽灵，一种强烈的意志——至少是精英们——想降服幽灵，把不体面的事彻底埋葬。但这并不意味着不存在其他倾向：释放凶恶的幽灵，让死者服务于当前的日常小政治，让他们为自己效劳。自己无法应付现实，就上演对幽灵之战。这种现象到处都有，特别是那些召唤民族神化即可带来选票的地方。可另一种发展趋势亦很强大：布鲁塞尔创建欧洲博物馆只是例证之一，它是这类创意的集大成者。格但斯克/但泽的第二次世界大战博物馆和波兰的犹太人博物馆则是另外的例子。柏林修建逃亡、驱逐与和解历史中心证明，要想让一段历史最终能成为历史，就得讲述它、陈列它、展览它。在欧洲几乎到处都可以观察与分析这一过程。一段长期被塞在地窖中讳莫如深的历史，需要其特定的时间，才能被揭示和讲述。历史在被叙述前需要时间的沉淀，但首先是：要耐心倾听历史的叙述，不要一味条件反射地进行反抗。

周年纪念日、重大纪念日、回忆政治等。欧洲从战争中重新恢复过来了。这一点也体现在它又可以具体地回忆这段历史了，在那场灾难刚刚过去时，人们是做不到这一点的。当时人们仓皇地从过去逃入现在，一心扑在建设上，所解决的也都是些当务之急。对此仅仅回避是不够的。如今人们有了相反的印象：欧洲上了年纪，它躺在功劳簿上睡大觉，它对自己的历史多少已经释然了，而且它以这段"已经解脱了的过去"为戒。过去的事都已清清楚楚，而现在的事则模糊不清、悬而未决，或至少是含糊不定的。当前的事比过去的事难办，过去的事毕竟已然过去而无法改变了。遗忘历史与热衷历史都是对现实的回避，是对当代处理问题不当的一种代偿。庆祝周年纪念日的浪潮、用纪念日时间来代替现实时间、用回忆与纪念文化来替代亲历文化，这些都是令人震惊的征兆，大概是源于现实损失与对现实的逃避。这里很可能也存在西欧与东欧的不对称性。

欧元奇迹并非魔术。新货币迅速且顺利地被引入，我们大家很快就习惯了在整个欧洲区域使用它，这不能不说是一个奇迹。各国货币是民族文化元素，几乎起着认同作用，有很强的象征意义——马克、法郎、里拉和德拉克马等都是如此。但欧元就这么顺便地登上了欧洲货币的舞台，我们已经根本无法想象再退回到使用各国货币的日子。还有什么能比欧洲新货币的流通更能证明欧洲化的可行性呢？即使是希腊危机也不能提供相反的证据，而且该危机从根本上说并非共同使用一种货币所引起的。欧元是成功实现欧洲化过程的润滑剂。

吉卜赛人引起的恐慌——宽容的界限。欧洲，特别是西欧，一向为其民主与自由的原则感到自豪。那是在富有和稳定的时期，许多想在阳光下争得一席之地的民族彼此间保持着安全的距离。一旦欧洲陷入战争，人人"为活命而奔逃"，又会出现什么局面呢？对此无人知晓。此间发生了一些紧急情况，人们从中可以看到欧洲的宽容度到底有多大，对差异能容忍到什么程度。欧洲的人种中吉卜赛人无疑仍旧是最令人觉得陌生、最不愿也最无法适应环境的族群，他们不在任何地方定居，而是毫无顾忌地跨境四处迁徙，他们所从事的职业也常有悖于多数社会的一般规则。奥西希（Aussig）／拉贝河畔乌斯季（Ústí nad Labem）[1]建起的城墙、匈牙利对吉卜赛人的袭击以及法国和德国对吉卜赛人的大规模驱逐与遣送，都表明人们的心理承受力是多么的有限。

消费主义作为平民宗教。一旦在很短时间内全社会都更换家具、室内布置和生活环境，那就是一种深刻的（文化）变化。在过去 20 年中这种情况以一定方式发生在东欧，各国程度不同，有时很奢侈，有时较浅薄，但所有国家都出现了这种现象。从在商店前排长蛇阵买东西到作为顾客和买主的人到处受到招揽，从商品匮乏到商品过剩，

---

① 捷克地名。——译者注

从光有钱、没有关系许多东西仍旧买不到，变为有钱能使鬼推磨，这种文化转变意味着什么？这是冲蚀的关键时刻，重新塑造了数百万人的生活世界。这里提出的问题是：不受禁锢、包罗万象的消费以及人们对此的相应态度在人际关系的重组中起着什么作用？我认为，其作用是极为和平、个人化和去政治化的，那是财富形成和人们变得富有的时刻，是充满魔幻和魅力的时刻，舍此则社会变革不可能成功。当超市如雨后春笋般涌现，当一个国家的商品供应琳琅满目、应有尽有，我们的反应常常是嗤之以鼻和保持距离。这是一种概念的残存表现，即革命是英雄们的事，也只能由他们来完成，没有英雄主义、禁欲主义的激情革命无法想象。但如今人们更该说：没有商品的魅力就没有平民社会的繁荣。"经商者不开枪"，对我而言这是 20 世纪 90 年代初期报纸上的通栏大标题，其内涵对整个时代都富有教育意义。和平力量包括商业、市场以及消费。消费者不打仗，不打内战。消费者不愿过物资匮乏的日子，不想让商品流通被打断，而是希望市场运转正常，不受外界政治干扰。谁有了自己的财产，都不愿意再放弃。有可能失去什么的人不会再对一切无动于衷，要是有人想夺走他的东西，他也许会奋起反抗。没有所有权、财产和对财产——无论是生产资料还是消费资料——的享用，这样的平民社会完全是痴人说梦。在中欧和东欧国家出现的购物中心同时也是世俗主义的庙宇。

欧洲的公共领域：莫斯科审判。我们到底生活在何处！一年多以来莫斯科在审一个案子，两个被控告者——企业家米哈伊尔·霍多尔科夫斯基（Michail Chodorkowski）[①] 和普拉东·列别杰夫（Platon Lebedew）——坐在一个玻璃笼子里，一年多来那里日复一日、周复一周地宣读了数千页案卷。尽管有相反证词和证据，他们还是被宣判为有罪。对此西方公共领域没有发出呐喊。冷战时期敌友分明，必须支持谁和反对谁也是一清二楚。如今一切都变得扑朔迷离了。

从外面归来。如果人们从外面回到欧洲——如经 8 个小时飞行从上海或北美归来，对欧洲的感受就最深刻。事情就是如此，我们马上能认出它来：从人们行走的方式、房屋的间距、车流、一辆有轨电车以及摆出的种类繁多的报纸。与东亚城市中密集的人口冲击力相比，欧洲显得空旷、生活节奏缓慢。这里的城市看上去古老沧桑，像玩偶之家，是想参观古老世界的旅游者们的必经之路：漂亮，但不是最现代化的。可它却是强有力的。人们知道它不是外强中干的，如有需要，它是能有所作为的。我们有点儿分裂，时而自我怀疑，时而自我信任。再多也说不出来了。二者皆有：镇定自若与歇斯底里，人们倾向于虽身处逆境仍决心冒险奋斗、不平则鸣，在悠久的历史长河中人们积累了很多睿智的社会经验。有时人们受到诱惑，寻找简单甚至可以说是过于简单的解决办法；但人们也知道，通过协商与妥协所得到的结果最

---

① Michail Borissowitsch Chodorkowski（1963 –　），俄罗斯企业家、政论作者和公众人物，1997 ~ 2004 年任尤科斯石油公司总裁，2005 年因欺诈和逃税被判刑八年，2010 年底又因被控洗钱和盗取石油被加判六年徒刑。莫斯科地方法院裁决，霍多尔科夫斯基获减刑，只需服刑至 2014 年。——译者注

终要比一锤定音式的雄辩或过程好很多。在世界史的动荡与骚乱现实中，这里的五亿多人如今能和睦相处，回顾历史，不能不说这是一种进步。历史的教训仅仅是：什么事都不能强迫和揠苗助长，而是要静待时机成熟。这是一场不断变化的游戏，局面由各种力量制衡。不可或缺的是自信和应付自如，不可受社会癔症和惊慌失措的影响，尽管这看上去有些迟缓和缺乏动力。

（2010 年 11 月 6 日美因河畔的法兰克福罗马广场聚会发言《不堪重负的大陆》删节版）

欧洲地缘

疆界（Grenze）这个词——俄文和波兰文中写作granica——是为数不多进入德语的几个斯拉夫词语之一。这必然事出有因。[1] 欧洲中部的居民是边境与过境这类事情的专家。他们一生中的很多时间都用在出入境和办理必要的相关手续上了。他们几乎是职业比较者，在进行实地研究时他们精神高度集中、全神贯注。他们比较了柏林弗里德里希大街的过境点与多佛尔－加来海峡[①]通道的区别，以及后者与敖德萨和伊斯坦布尔间边界的差别。我们过境时往往要等很长时间，足够我们记下自己的感受。我们懂得了存在数百年的设施完备的边界不同于新建的人为边界。我们在那里进行

---

① 加来海峡（Pas de Calais）是法语对多佛尔海峡（Strait of Dover）的称呼。该海峡位于英吉利海峡的东部，介于英国和法国之间，是连接北海与大西洋的通道。——译者注

了长期研究，学到的东西受益终身。世界政治气候的任何大变化都会对边界产生直接影响，在那儿我们能找到一连串的新措施，它们都是边界官僚主义想象力的体现：让过境许可与退休年龄挂钩，创设新的旅行主力的类型，实施连坐法，进行搜身和 X 光检查。我们不应忘记这类经历：过境过去是、现在仍旧是一种别具一格的通过仪式。

有边界的国家是幸运的

中欧人的过境经验并非到处适用。我记得 1992 年加里宁格勒地区对外国人开放后不久我第一次前往加里宁格勒/柯尼斯堡的情景。我坐汽车从维尔纽斯经考纳斯来到边境城市苏维埃茨克（Sowjetsk），即梅梅尔（Memel）① 河畔旧称蒂尔西特（Tilsit）的老城，横跨那条河的桥叫路易丝女王桥。当时立陶宛刚独立不久，边境检查还属于即兴发挥，边检人员的动作还不够理直气壮。水泥路障让汽车不得不以障碍滑雪的方式前行。边检人员穿的崭新制服上面有新主权国家的标志并走上车来验护照。对大多数乘客来说这是一种全新的体验：他们一辈子都在从维尔纽斯、考纳斯或克莱佩达（Klaipėda）驶往加里宁格勒，还从来没有人向他们要过护照，他们中的大多数也根本没有护照。两位女人愤怒无比，出于无助她们开始抱怨和哭泣："什么？我们到这儿为什么需要护照呢？这里从未有过边界，也没有边检。真让人没法相信。"这两位说俄语的妇女是来加里宁格勒拜访亲戚的，

① 即尼曼河。——译者注

58

对立陶宛公民来说这儿突然就成了国外。最后她们只好下车，打道回府。她们无法理解，一个幅员辽阔、里面没有带边界的主权国家的大国突然就不存在了。她们迄今一直生活在这样一个国家，那里有一百多个民族、几十种语言和宗教信仰，但没有边界，除非是圈起来的不开放的城市和军事禁地。这意味着：苏联虽然事实上被无法逾越的"铁幕"包围着，但边界和越境是一种全新的体验。对有的人来说这是一种无与伦比的解放，对另一些人则意味着压抑和恐惧的感受，总之是一种动摇其所熟悉的生活习惯的过程。

疆界是所能想象的定义清楚的事物，它们区分了内外，它们位于这边与那边之间。它们是分隔文明世界与野蛮世界的界墙，它们告诉人们谁属于这里，谁不属于这里。边界是最重要的空间体验，其对立面无边界亦然。它们告诉人们：这里有什么结束了，这里有什么开始了。它们划分了领土，没有它们土地就仅仅是一片无形的空旷地域。它们提供了形态，没有边界我们无法生活，没有边界我们就会迷失自我。然而边界往往又令人联想到限制、约束和受到限制。边界是不自由、障碍和狭窄的密码；相反，越境、无边界甚至是无限制在语义上更有价值，而且具有积极含义。尽管人们清楚，不尊重边界的文化与不许越界的文化都无法存在，却从未有过对边界的歌颂。

我们每个人眼前都会浮现这类清晰可辨的边界——柏林墙，这道边界没有商量的余地，它是既成事实，它分开了东西两大阵营，多方位地展示着其象征力量。随便越过它是要受到惩罚的。谁无视国家主权，随意越境或是企图叛逃，谁就会遭到枪击。它是独特的建筑物,把一座城市像做外科手术般精确地一分为二,犹如用笔画在地图上一样。墙前艺术性地留出了开阔地带,配有照明和警告装置,数千人负责其维修、优化与使用,自然也有隔离与检查设施。它是一种安全工具,用于阻止不受欢迎者和控制人们的出入境。

哪儿有尖锐冲突,而且这种冲突短期内难以解决,哪儿就有这类边界。矛盾无法克服、对立必须延续的地方总是需要这类设施。这类墙并非总是艺术性的或高科技的,比如城墙或中国的长城。在相当不稳定的国家彼此反目为仇屡见不鲜的一个世纪中,疆界的划分通常采取了更现代化、更灵活,几乎可以说是普遍可行的方式。除了把互相争斗、正处于冲突中的各方或各国分割开来的界墙——柏林的东部和西部、塞浦路斯/尼科西亚的土耳其和希腊,把北美与墨西哥分开的现代边界设施——还有可移动的特殊形式的临时铁丝网。它不那么昂贵,需要时可随时随地拉起,紧张局势缓和后可以再拆掉。用铁丝网隔开的地方更标志着战线、冲突线。这类界线可以迅速改变性质:从区分线变为战线,从战线变为前线;相反,前沿阵地不知何时又可变回休耕地和无关紧要的区域,让人看不出这里曾经是区分着善恶、左右、自由与束缚等的边界。[2]

区分线和边界边缘区

一般的边界是一道线,它区分着不同国家的领土和主权。这种界线标志着统治权和这种权力的有效性。边界界定的是领土、疆域和统治区域。一般而言,界柱,或许一个岗楼或格栅栏足以标志边界走向。然而世界上绝大多数的界线都是看不见的界线——绿线，它们存在于我们头脑中的隐形地图上，显示着我们的从属性和对谁忠诚。世界上大多数边界是看不见的：它们在海上，区分着公海与领海，或是穿过荒山野岭与沙漠，那里没有区分领土的界柱。格外坚硬而无法实际跨越的界线同时是想象出来的、看不见的界线，它们只以习俗的形式存在于我们的脑海中。

边界的极端形式是体现为地图上明确清晰的线路，特别是那种像用剃须刀在纸上分割出来的、确定世界各殖民地的线路。它们标识的是影响力范围，定义的并非本国领土的直接扩张。这种势力范围通常是在没有炮声的国际会议上经协商决定的。它们都是从外部被强行决定的，常常是抽象几何形的，有时照顾到某条河道的走向或是某种资源的存在，总之这些边界勾画出的是一种领土主权，这种主权与部落社会、氏族或游牧民族的领土没有关系。这是建立在无限制基础上的限制。殖民国家的领土主权凌驾于部落社会的领土主权之上，部落的地图制作要遵从帝国的制图学。正如美利坚合众国的概念范畴将印第安部落的狩猎地据为己有一样，这种事发生在世界各地白人站住了脚的地方。[3] 只要被压迫的"社会"不要求独立，这种疆界就平安无事，"死气沉沉"。在反殖民主义的解放大潮中，一旦殖民地要求独立，包含和排除、从属和外来的坐标系就会彻底变化，这种挣脱"人为枷锁"的诉求就会表现为武力冲突，让殖民地成为泡影。一连串风起云涌的反抗旨在推翻现存殖民地疆界。在发生反抗的地方，纯粹在纸上划分殖民地势力范围已不可能，人们必须考虑当地民族与社会的自我意识和自主权。边境调控若想达到长治久安的目的，就应顾及"现有状况"、历史传统、语言和文化背景。

东欧——划界的实验室

20 世纪前所未有的巨大权力更迭就体现在边界变动上，而且是以它为后盾的。欧洲历史恰恰可以根据其边界的变动来书写，也就是不从首都和中心的角度来看欧洲，而是从边界、从边缘地带的角度来观察它。新近兴起的边疆学和边界拓展学在中欧和东欧找到了异常丰富的资料，可供人们细致入微地研究划界的多种形式、变体和功能变化。纸上划分——多少以精准和聪明的方式——在此也起着重要作用。20 世纪在欧洲出现了许多巨大和痛苦的边界变动，而且大多数情况下这些变动甚至还有可以精确说出的先例或首创者，这种人可因其创意而沾沾自喜，他们也因此被载入了史册。

中欧和东欧地区在历史上就因为它是典型的"边界移动"区域而引人注目，该术语出自中欧小说家约瑟夫·罗特（Joseph Roth），他生活在奥匈帝国解体前的战前欧洲。同样并非毫无意义的是边界的称谓还有多重色彩：国家和地区如乌克兰、波兰前东部领土（Kresy）①；民族自画像如"基督教的壁垒"②；时代性标签如"铁幕""柏林墙"。欧

---

① Kresy 本意为"边疆"，是指波兰东部历史边界附近的一片区域，该地区现属乌克兰、白俄罗斯和立陶宛。——译者注
② 这是教皇利奥十世 1519 年对克罗地亚人的赞誉，因为他们抵抗了奥斯曼帝国向欧洲的扩张。——译者注

洲重组的密码与划界联系在一起：“寇松线”、“波兰走廊”、“维尔诺问题”、“切申问题”和“奥得河－尼斯河线”。边界和边界制度的所有形式与状态——软边界和硬边界、人为的临时边界和神圣的永恒不变的自然边界——在此均有体现。[4] 作为导致边界移动的交点而被称为重大转折点的事件有：战争、革命、国家解体和国家建立。属于这类节点和压缩点的有两次世界大战后以武力方式出现的边界移动与和平会议，在这类会议上（除赔款、废除军备等外）人们规定了新边界。具体地说有 1919 年的巴黎和会——签订了《凡尔赛条约》、《圣日耳曼条约》、《特里亚农条约》、《色佛尔条约》、《塞纳河畔讷伊条约》，1945 年二战结束前夕召开的雅尔塔会议和波茨坦会议，1975 年在赫尔辛基举行的确认现状的欧洲安全和合作会议。最终因苏联解体以及南斯拉夫内战引起的独立宣言和边界的重新划分，使中欧和东欧的地缘政治发生了激烈变化。如今对边界问题的勘探结果已不仅仅以外交协议或国际会议文件附件的形式出现，边界问题本身成为被关注对象，人们研究其起源、它对形成集体认同的意义、它对公民法的影响、它作为发生冲突和调解冲突的现场的地位。边缘地区的冲突一旦成为关注中心，人们就会重新审视权力中心，看它们有没有能力解决冲突。

边界问题一直在欧洲制造悬念是事出有因的。无论我们往哪看，到处都有充满争议的地区和边界：卡累利阿（Karelien）、达尔马提亚（Dalmatien）、比萨拉比亚（Bessarabien）、多布罗加（Dobrudscha）、维尔诺、梅梅尔地区、上西里西亚和东普鲁士的公投区、苏台德地区、阿尔萨斯—洛林、奥伊彭

（Eupen）。不该忘记的还有最近苏联解体后——普京称其为"20 世纪最大的地缘政治灾难"，以及南斯拉夫崩溃后所出现的边界。仅以上列举的边界变动就明确显示出，这些历史区域的边界在 20 世纪几乎一直处在动荡之中，其边界制度亦随着国家与社会的崩溃或重组而变动。⁵中欧东部存在了一百多年的有效边界——1815 年的维也纳会议再次认可了当时的边界——让位于 1914～1945 年世界大战和革命时期的国家与边界的崩溃。

巴黎和会各代表团云集了知名的地理学家、人口统计学家和制图学家，在停战期间"地图上的战争"并未中断，这一切并非偶然。那种认为清晰的和有科学论据的边界可以避免纠纷地带的产生的论点显然不过是幻想，因为一般来说引起纠纷的不是边界本身，而是隐藏在其后的各种势力，是它们把边界变成了刻骨仇恨与殊死搏斗的目标。

帝国、民族国家、同一个世界

并非想落入形式主义的窠臼，但人们可以此为出发点，即帝国的疆界与功用完全不同于民族国家的领土边界，而后者又有别于全球化时代后民族形式的边境。较新的对帝国的研究直接指出了其跨种族和跨民族的整合力量，过去那种认为帝国是"各民族的监狱"的想法作为一种太过简单的老生常谈得到了修正。看来帝国长期以来作为一种平衡力量保证了内外疆界的稳定，使帝国化和种族、语言与文化的异质性成为可能。对外的帝国疆界与对内的异质性显然可以并存，而种族、语言与文化同质的民族国家的扩建是与严格的边界划分同步的。

导致帝国崩溃的民族崛起运动——几乎同时——在威尔逊的十四点和平原则以及列宁的民族自治权宣言中得到了充分赞同。在实践中，欧洲这一历史区域内的国家所追求的目标是：国家、领土和民族三者取得一致。随之而来的后果中包括边界的走向和民族的融入，被融入的民族在冠名民族的国家中成为少数民族。战争间歇期充满了边界纠纷和对同质化的追求，在实现同质化的过程中，民族、种族原始神话与意识形态起了很大作用。边界纷争与边界不稳定在战争间歇期成为几乎所有国家不稳定和缺乏合法性的重要证据。

纳粹主义对民族国家的国家、领土和民族三者一致的理念进行了基本修正，它突破了民族国家的界限，宣布要创建种族同质的大空间，这种空间应以新型殖民－帝国主义大帝国的方式得以实现。"第三帝国"给欧洲带来了新的疆界体系：海陆空全线开战，平行存在并彼此渗透的帝国直辖领地、从属领地、受保护国、总督府、帝国管理局。这些军事和民政管理机构等级森严，明确规定了从属性与排除性，直至哪些人必须在死亡地带被屠杀和灭绝。[6]

纳粹主义被粉碎后——根据 1945 年《波茨坦协定》的规定——新秩序的重组是与在新的边界内创建种族基本同质的国家同步的。然而东欧的边界又笼罩在新社会和新的政治秩序下（东欧集团、铁幕、竹幕、遏制）。战争的结束和战后秩序的建立伴随着大规模逃亡与移民，这股潮流在冷战时因区分线的设立而中止。总而言之，人们可以说，在欧洲，边界划定和边界制度的历史就是权力与统治得以实现的历史，自然也包括权力与统治的被破坏、军事化以及非军事化。

作为"文化综合体"的边界

地图上的边界线是对复杂性所进行的不可饶恕、同时又是绝对必要的简化，舍此地图就无法使用。只有对某些东西缄默不言才能突出其他的东西。想什么都显示的话，什么也显示不了。定义即否定。领土和国家边界是最显而易见的，但也只是多种界线中的一种。就像有各种包容性和排他性的主权国家，界线的形式数不胜数。语言地图向我们展示的是语言界线的走向、语言岛和语言共同体。人口地图让我们看到的是种族共同体间的界线和接触区域。在教派和宗教地图上，我们可以看到宗教和教派信仰与礼仪之传播领域的分界线。每种地图都有其专门的和有限的表述力。划界与边界的形成在那些地方是最困难的，即国家领土、种族、语言和文化不一致的地方，除了西欧"经典"的民族国家法国和英国外，这种不一致在其他地方到处可见。只有训练有素的眼睛才能看见那些幻象边界，它们都是些老边界，时过境迁，它们已然不复存在。

真实的边界总比人们在图上所能找到的要复杂。制图员在地图上用线标出的把一个国家与另一个国家分开的边界，实际上是连一根界柱都没有的天然景观——不引人注目的过渡。边界则纯粹是头脑的产物和设计。在标出了交战双方部队位置的作战地图上，距离和标出的地形也许无误，但决定战役胜负的因素无法在图上体现，如后勤供给、军事指挥官的战略才智和决定胜负的战斗道德。语言地图哪怕制作得再精细——确实有真正惊人的珍品——也无法标出边界地区的口音与辅音音变，这些从一种语言到另一种语言的细微变化令人几乎难以察觉。一般的地图自然更是无法提供有关人们头脑中地图的信息，后一种地图意味着从属感和忠诚，这是任何地图都无法体现的。其实这类信息可以在家庭故事、家族小说和占卜书籍中找到。但有朝一日它们也可以成为座右铭，那时人们就可以挑衅边界卫兵。在想象出的空间和边界与那些在历史中众所周知的地图和边界间，几乎总是存在一种联系：每一个国家，在它通过独立战争、革命获得国家形式前，它已经长期作为人们的梦想存在过。在激起人们想象力的诗人和制图员之间有着亲密的联系。

史上有些统治的形成并非建立在牢固的疆界基础上，那时进行统治和接受进贡的是一些中心和宫廷。但固定的领土边界是很久后民族国家的发明。国家靠边界来定义的理念经由欧洲各国学校墙上悬挂的地图进入了人们的头脑，民族的诞生伴随着相应空间画面的产生。疆界存在于现代国家公民的头脑中。[7]

色彩缤纷的地图想让人们得到同质与紧凑的印象，这在边界和过渡区域是不存在的。哪怕是能够叠印色彩与线条的最聪明的制图员，也难真实地再现各种语言与风格杂糅在一起的复杂性。点、线、线影，这些都是"似是而非"的证据、标记、表征和符记。

然而否认有各种边界的存在是荒谬的。美国与加拿大以及美国与墨西哥的边界虽然没有河流、海洋或山脊的阻隔，但它们并非只是一条国界线，尽管有上百万人跨越该国界，它们仍旧是受到双边一致承认的边界。莱茵河的上游分开了法国与德国，多瑙河则是罗马尼亚与保加利亚的界河。撒哈拉沙漠阻隔了马格里布（Maghreb）和黑非洲。连接黑海和地中海的博斯普鲁斯海峡将欧洲与亚洲大陆隔开。密西西比、稍后的落基山脉、接下来的太平洋，它们在不同时期分别是遥远西部的最外围分界线。在奥得河畔的某个地方，我们离开了说日耳曼语的区域而进入斯拉夫语区域。在山里有界树。描述各地风光的地形地貌时，我们会划出一些界线，它们标志着不同的降水量、等温线、冷热温差以及特定动植物的分布程度。对于某些已经消亡的文化蔓延的范围，我们根据考古发掘和把这些区域连接在一起的线路来定义。大航海时代可以被描述为未知领域边界移动的时代，这既指空间领域，也包括其引申含义。很长时间以来，河流都经常被用作边界，山岭、海岸线作为屏障也堪当此任。1494 年签订的《托尔德西利亚斯（Tordesillas）条约》从北极到南极画了一条线，在西班牙和葡萄牙王国间瓜分了已知的世界，这条线也成为史上影响深远的界线。在老城与新城、闹市区与郊区、市中心与暴力街区之间也有界线。有些界线虽未标出，但得到各方的承认。有些界线遭到拒绝，它们的合法性受到质疑。若想隐匿起来，必须得越过边界。跨越边界预示着惊世骇俗的举动。边界等于庙宇和禁地中的"圣域"。在一些大城市中，经常仅隔几座房屋，人们就"从一个世界进入另一个世界"。这种看不见的边界会成为真正的边界，变成内战中市民们战斗的区域。甚至在居所和寓所内也会有界线，这种界线界定的是私人生活中最核心的区域，不仅仅是东方国家的闺房所显示的。公共与私人之间的界线是最敏感、最微妙和同时最坚固的界线之一。从其移动中可以看出整个文化是完好无损，还是已经千疮百孔。

所以几乎无法避免的是：边界本身成为各种理论和意识形态辩论的焦点。最典型的争论发生在"自然边界"论者和认为边界"首先是社会的，其次才是空间事实"的理论信奉者之间。这两派的代表分别是弗里德里希·拉采尔（Friedrich Ratzel）和格奥尔格·齐美尔。[8] 这并非仅仅是地理学与社会学两个学科之间的争执。人们在拉采尔的自然主义和自然化中发现了一些反动和不变的东西，相反齐美尔的社会学空间概念代表着一种现代和动态的见解。不仅如此，拉采尔的人文地理学被认为与后来纳粹的生物自然主义遥相呼应，而齐美尔的空间社会学则被看作犹太人与其所谓无根性的特征。边界问题被意识形态化为拉采尔的"自然边界"和齐美尔的"社会事实"，以及它们进一步被拔高为对峙的"泛德意志空间感"和"犹太人的无根性"，这些都是时局紧张状态的证据，它们本身都有待解释和解除。

只有一种思考可以帮助人们走出决定论和结构主义的陷阱，即避免一方或另一方单方面解除相应关系。否认自然条件——河流、海岸和大山——在历史进程和构造发展方面起过作用是完全荒谬的；认为边界与边界走向是超越历史和亘古不变的同样荒谬。所有的边界都有其生成期、适用期和崩溃期。边界是"人为"的，但是有一定先决条件。有比较持久和不那么持久、比较稳定和不那么稳定以及比较有弹性和不那么有弹性的边界。如果人们说所有的边界都是逐渐形成的，那就意味着它们都是历史性的。当然令人不安和恐惧的前景是：所有能给共同体一种坚固的关系框架和秩序的稳定东西都会液化。边界的流失与所有相对的和形成相对性的东西一样让人恐惧。若是所有的东西都一成不变，边界固若金汤，那生活会惬意得多。边界的历史化可能意味着为修正论和民族统一主义制定使用说明书并证明其合法性；它还意味着声明废除被默认与合法的边界会引起骚动、混乱和内战；它也意味着质疑默默运转的日常工作与规则。边界是人们有序生活得以进行的先决条件，越界——在它成为流行词之前——是极为危险的与有风险的事。

欧洲历史即边界史

以快动作播放整个欧洲历史，人们看到的就是连续不断的权力更迭与边界移动，长期受到承认的边界线被声明废除。此过程从未中止过，这种修正时而以和平方式时而以暴力方式进行。书写历史就是对这种发展与修正运动的回溯性追述。史学研究尤其是沿着边界进行的，其长项就是边界移动。史学研究把边界移动作为最精确的指示器，它们表现的是动力、进攻与后退。边界是建立在空间与时间基础上的历史书写中被最优先描写的地点。人们以边界来测量冲击的强度、进攻的力度、创新的可持续性或是非可持续性。这里是试金石，可以试出什么能够经受住历史的考验，什么只是昙花一现。亚历山大·库利施尔（Alexander Kulischer）将此现象称作历史运动的潮汐，这里所指的恰恰是其历史的一面，哪怕是自然生成的那面。他认为永恒的变动正是历史运动的主要试剂。[9]

另外，边界亦是特别受到关注的地带：这里人们可以研究混合、交换与合并过程，从中经常可以产生新的东西。边界提供了识别特殊质量的地点。在边缘地带人们看问题有别于在中心，在中心难免孤芳自赏。许多新发展是从边缘地带和外部边界开始的，新王国的核心是在旧王国的外部边界地带形成的，这种论点也许没错。从边缘地带和边界的这种特点中人们当然又可以发展出一种意识形态，把边缘变成真正的核心，把边缘化提升为"真实本身"：边界作为原生与原创的发源地，混合体作为最高一级的存在。

边疆理论——不仅适用于美国

弗雷德里克·杰克逊·特纳[10]（Frederick Jackson Turner）是一位①从边疆解释整个社会的大师。他的能力远远超过那篇挑衅性论文的作者。事后人们肯定理解了，为什么对许多欧洲人来说美国式的空间经验变得如此重要。简言之，在这里人们成为社会形成的目击者，人们可以亲眼看到一个社会的所有发展阶段，这些阶段在欧洲已经消失在历史的尘埃中，只有通过史学的艰辛复原才能重见天日——无遗漏地快速回放：空间变为领土，领土变成一个强大的国家。一种空间形式的冒险其实更是一种时间形式的冒险。一种历

---

① Frederick Jackson Turner（1861 – 1932），美国历史学家，1893 年在芝加哥美国历史协会年会上宣读了《边疆在美国历史上的重要性》一文，成为"边疆理论"创始人。——译者注

史和社会经验的疆土化，社会在公众面前的构成，这就是"美国空间"之魅力所在。

弗雷德里克·杰克逊·特纳知道其观点的局限性和"历史性"：他对边疆在美国社会形成过程中的决定性意义的思考只有在边疆和西部开发本身成为历史后才有可能。具体地说，当时（1890）正值美国人口普查部门负责人证实，真正的边疆地区已不复存在。特纳通过其论文提供了一把理解美国历史的钥匙。人们可以从中意识到边界——无论是前线、边疆、边境、疆界——意味着什么。特纳对它们进行了还原、解码和阐述。在被众人仅仅理解为一条线的地方，他把它变成了交叉点，把它展开成美国史诗。

在特纳的分析中，那些让美国成为美国的充满活力的因素——人口统计学的、交通地理学的、法学的、社会学的、机构的和精神的——跃然纸上。"美利坚合众国在社会历史中就像一张白纸。"所有发展阶段都得经历，所有阶段都有其代表性的人物，也有其要走的典型道路。当东部的一切都是原有欧洲殖民机构的转型，是已经存在的形式的发展时，美国的原始经验在西部得以生成，这里出现的是新的真正的美国精神。"美国社会的发展总是重新开始于边疆。这种不可动摇的新生、美国生活的这种流动性、向西部的扩张以及随之而来的新的可能性、与未开化社会之质朴的不断接触，这一切所形成的力量决定了美国的特性。审视这一民族历史的唯一适当的着眼点不是大西洋海岸，而是伟大的西部……边疆是最快和最有效的美国化线路。荒野制约着移居者，它能识别出谁是欧洲人，这从衣着、技能、手艺、旅行习惯和思维习惯上均可看出。欧洲人离开火车车厢就坐进了桦木独木舟……他必须适应自己所遇到的环境，否则就灭亡。他就这样找到了通向印第安人的林中空地之路，然后他沿着这些小道继续向前。他就这样一步步地改造了荒野，但结果并非古老欧洲的重现，也不是日耳曼萌芽的简单生长……事实是出现了一种新的美国式的东西。"[11]美国边疆教给人们的东西对其他各处的边疆都适用：边疆不是静态的，而是动态的，它们是相当好的隐藏在其后的活力指示器，告诉人们活力的有效范围。

大边界的简单性

因为现在铁幕不复存在，所以欧洲显示出它是一个没有边界就无法生存的大陆。从波罗的海到亚得里亚海之间各处的老分界线已经长满蒿草，但它们在现在活着的这代人头脑中留下的差异远远没有消失。大墙似乎东移了：从柏林的市中心移往奥得河，并继续移往布格河（Bug）。划分世界的标记被拆掉了，但仅仅是为了给新的划分世界的标记让位而已。推翻暴君们和他们的城防工事的喜悦转变为设立新的边界设施的狂热。现在由于分割欧洲东西部的时代樊篱被打破，不同的时代才能彼此发生碰撞。因为旧权威被摧毁，所以人们需要别的权威。每个人都可以说出自己的心愿，因此也能号召进行大屠杀。过去在反对共同敌人时大家目标高度一致，现在彼此成了竞争对手，人人都想动手实现自己的目标。许多国家要想从废墟中重建，还有很多事情要做，但看起来什么都没有确保新特权一事更急迫。新的统一体是以谴责多样性为代价的，一方的统一是以对其他方——尤其是陌生人——的排除为前提的。在自主的欧洲蔓延着声名某某为敌、某某为异己的现象。发现自我而不诅咒他人显然是无法做到的。长期以来人们所传布的宽容现在仅仅还适用于对待自己。人们之所以谈论人权，是因为它又有受到侵犯的危险。我们不是边界消失的目击者，而是其变化着的目击者。现在出现的欧洲不是没有边界的欧洲，而是正在学习带着边界生活的欧洲，或许也不尽然。

铁幕之简单，犹如它所确定的现状之自然。分裂的欧洲一目了然。战后欧洲赖以生存的体系建立在对立双方可消灭彼此的威胁上。其稳定性系于犹他州和克拉斯诺亚尔斯克（Krasnojarsk）① 两处洲际弹道导弹发射井的互相制衡以及维也纳和日内瓦的峰会。任何最微小的举动都会在奥马哈（Omaha）和莫斯科地下中心的雷达屏幕上留下痕迹。尽管旅游者只是想看看那些名胜古迹，他们的行动还是被记入档案。那个时代唯一的颠覆行为是秘密警察们干的，后来是持不同政见者们干的。此前从未有如此多的才智和力量被投入彼此对敌方的监视和包围。世界上最强势的国家竭尽全力要保持经济的平衡，世界上最聪明的脑瓜绞尽脑汁维持现状。这种平衡哪怕稍有倾斜，就会有爆发战争的危险。但人的才智证明这场危险的游戏没有玩砸：并未出现毁灭性战争。人们赢得了欧洲复苏所需要的时间：什切青（Stettin）和但泽的工人、布拉格的维权人士、布达佩斯具有批判精神的知识

---

① 俄罗斯克拉斯诺亚尔斯克边疆区的首府。——译者注

分子利用了扩军备战现状中的和平机会。当仅靠武器解决不了事情时，他们挺身而出。裁军可以开始了。

人们在互相围困时需要纪律和精确，在处理特殊情况时必须遵守非此即彼的规则。欧洲战后的边界是符合特殊情况的边界。它决定了我们的生活，即使我们不直接生活在边界附近，它也将我们的生活一分为二。它给人一种安全感，即那种不惜一切的极端武力威胁所能带来的安全感。世界因它而一分为二：黑白、善恶、自由或不自由。在艰难的日常生活中我们可能会迷失自我，但始终不可改变的是那条边界的简单性。它是坐标系中的交叉点，是用来定位空间的，那是生死线，标志着一代人的成功与失败。互相为敌的欧洲在这里背对着背，铁幕是其秘密的内核，是它的脊梁。欧洲地图上的分界线曾是战后世界新秩序的最精确表达，所有原先的东西都换了位置：布拉格与乌兰巴托结为了姐妹城市，华沙和北京都修建了"文化宫"，东柏林从那时起属于东欧，而西柏林却准备变得比美国更美国化。1989 年这个内轴消失了，因为曾经需要它的世界不再需要它了。

非此即彼的消失

东欧的革命破坏了明确的边界，其实革命并没有炸毁它，而是瓦解密封的空间。纯与不纯的混合开始了。一切都是在我们所熟悉的、只能看到一个"集团"的地方静悄悄地进行的。新的国家格局一夜之间就能形成，如果没有自律这是无法想象的。这是知道下一步风险的结果，根据所有的经验下一步总可能是最后一步。在非此即彼的模式中几乎每个人都知道该怎么做，在历史经常陷入的灰色区域中要想知道何去何从往往需要更大的智慧。东欧和中欧的革命家顺应时代的潮流而动，他们早就打破了非此即彼——对军事战略家而言这是安身立命之本——的常规，他们是打模棱两可牌的大师。对他们来说，决定一切的革命运动比目标重要，目标是不言而喻的，他们一再重申目标对局势不会有什么改变。他们是策略天才，更懂得进退。他们给政治理论史增添了"有节制的革命"这一起死回生的妥协方案。他们足够自信，敢于和将军们、虐待自己的人以及那些可鄙的家伙进行较量。作为往日的囚犯和持不同政见者，当他们与强势的掌权者坐在同一张圆桌旁时，他们的自信丝毫没有减弱。他们的强大不在于他们拥有对明日的憧憬，而在于他们能够掌控现在。他们的美德叫作果断沉着。他们让当权者退了位，并使旧秩序的崩溃拥有了具体形式。在历史上他们做了人所能够做的：他们为正在进行的过程发出了自己的声音，他们抓住了多次失败后出现的机遇。他们创造了一个奇迹：在没有进行战争的情况下促成了新国家格局的出现，各处的"体制的变更"几乎都是在没有暴动和恐怖的状态下完成的。

欧洲过境

进入大边界时代后的欧洲，一切都在变化之中。变化始于我们生活在其中的空间，柏林墙的消失产生了另一个空间。现在开车从柏林到弗罗茨瓦夫/布雷斯劳只需要两个多小时。从前的边界已经不复存在，过去人们在那里吓得不敢喘气，执勤的官员百般刁难，人人都自动调整自己的体内时钟。在海吉什豪洛姆（Hegyeshalom）、海布（Cheb）和兹戈热莱茨（Zgorzelec）人们还能参观阻碍旅游的官僚主义关卡遗迹，黑尔姆施塔特（Helmstedt）仅仅还是个停车场或是一个漂亮的小城，只有年长的游客才知道它以前扮演过更重要的角色：两个世界间的过境渠道。我们工作、休息、学习和生活的空间变成了另外一个空间，我们头脑中的世界从而也发生了变化。人们想有所经历的旅游不一定要漂洋过海，也可以去邻国转转。既然已经看过纽约了，不妨最后去布拉格瞧瞧。现在人们去那儿不仅是观光，也是去工作或做生意。这就要求交往要畅通和实用。过境事出有因。在买东西、上学、休假、找工作时，人们没有想着要去认识什么人，而是就那么认识了。过去充满异国情调的区域消失了，人们对它既有过恶意也有过善意的偏见，现在人们对它有了新的评价和偏见，但仍旧是褒贬不一。

新的经济区出现了。人们从欧洲内部货运的发展和加速上可以看出这一点：波兰、斯堪的纳维亚、东南欧的载重汽车队在柏林的德国 10 号高速公路上相遇。从德国联邦铁路的行车时刻表中可以看到客流方向发生了哪些变动。新工业区的轮廓业已形成：作为开路先锋的是谈判代表和经理们的黑色轿车，它们穿梭行驶在比尔森和沃尔夫斯堡、维也纳和布拉格、慕尼黑和德累斯顿、汉堡和什切青的高速公路上。边界区又成为人员和货物流动频繁的交通枢纽。有关新区域形成的最精准的晴雨表大概当数货物流通，来自世界各地的物品进行上百万次的中转，商人们往返于圣彼得堡和柏林、伊斯坦布尔和敖德萨、波兹南和乌兰巴托、中国新疆和哈萨

77

克斯坦。古老的商道——琥珀之路和丝绸之路——又重新得到使用。布列斯特（Brest）和格罗德诺（Grodno）边境的拥堵现象说明，路况和铁轨体系已经无法满足日益增长的交流需求，人们必须想出新主意。

为维持柏林墙所花的所有力气以及这堵墙的倒塌让欧洲看上去元气大伤。其中部分地区好像倒退到《雅尔塔协定》时期，甚至是《特里亚农条约》前的起始点。人们所熟悉的整个战后欧洲的状态犹如一种自然状态，突然间变成了一种人为状态，而且不算数了。欧洲这块岩石碎裂成了群岛，一些区域合久必分。在柏林墙倒塌后的欧洲又出现了封闭的城市、分裂的城市、被围的城市和开放的城市。世界的划分看上去又回到了罗马和拜占庭对峙的紧张状态。有些人认为西方又面临风险了，还有些人认为布格河另一侧已经不是欧洲了。每个人都坚持自己心目中那个唯一真实的欧洲。就这样人们一点点地把舍此不成其为整个欧洲的许多地盘逐渐划分出去。辽阔的疆域不复存在，人们也不能像以前那样在其间自由行走，周围出现了新的闭塞小城。有的地方流动人口大增，有的地方则骤减。里加和列巴尔（Reval）① 附近的波罗的海海岸一片萧条，来自西方的数量有限的游客无法取代从前来自苏联的大批游客。自从克里米亚划归乌克兰后，它就和疗养院与其他机构——如果这些机构在国外或被解散的话——的客户隔海相望了。苏呼米（Sochumi）② 的林荫

---

① 此为爱沙尼亚共和国首都塔林的德文名称。——译者注
② 格鲁吉亚阿布哈兹自治共和国首府。——译者注

道上有手榴弹爆炸，阿塞拜疆和亚美尼亚的知识分子在苏联体制内曾使用同一种语言，现在他们在互相排斥方面各显神通。老的经互会经济区已不复存在：曾经提供过铁、石油和天然气的苏联没有了，现在这些资源只能用国际市场价格来购买。维尔纽斯和塔林的发电厂停工了。想进入西欧市场的东欧和中欧经济几乎没有任何机会。因此就出现了一系列过渡阶段：破产、危机、失业、绝望。经销商游客的大潮中掺入了难民潮，欧洲机场与火车站的新游客中出现了新的背井离乡者的身影。

东欧集团封闭世界的标记仅仅还作为遗迹和废墟存在。从前这类标记以国际化方式存在于整个集团内，现在它们是国家化的；从前它们代表着集体议题，现在则成为私人与个人议题；从前它们匿名存在，现在则可被识别。一句话："体系"和"东欧集团"不复存在了。过去只要不与体系发生矛盾，人们就如鱼得水。现在人们得在不同的国家、不同的社会圈子、不同的语言和文化中找到路径。除了东欧集团外还有另一个东欧，而且欧洲也与欧洲人自己心目中的欧洲形象不尽相同。从前世界已经结束之处，现在是它开始的地方；历史在山穷水尽的地方又柳暗花明了。在我们曾以为了解的"体系"后面还有尚待发现的新大陆。

边界的变体

边界没有消失，它不过是改变了存在方式。它像新的环境一样多种多样，它以看不见的方式活在人们的记忆、手势和习惯中。在有些地方它成为自然疆界，语言与山脊是其标志。但也有相反的情况：从前没有边界的地方现在划分了边界。习惯于在没有边界的领域中自由行走的人们，现在必须准备接受边界、检查、过境和随之而来的刁难。边界隔开了家庭与不同辈分的人，迄今他们虽然也有矛盾，却一直和平地生活在一起。大边界经历了所有可以想象的变化阶段：它被拆除了，除了那些没钱走出去见世面的人或是那些拿不到有效身份证件的人，它挡不住任何人了。对所有那些在漫长的出逃之路上学会闯过更复杂的障碍的人来说，它构不成障碍。大边界的消失让人们能更清晰地看见一道鸿沟，它要比带岗楼和铁丝网的物质建筑本身更顽固。正在致力于废除死刑的欧洲却被新的死亡地带和战壕撕裂。到处都涌现了所谓自然疆界的布道者：在古老的大道和交通枢纽出现了新的强盗和手持机关枪的猛男，他们是新的划地为界的征服者。在新欧洲搞地缘政治并非难事。一杆枪就能让一个人在已经相当非军事化的世界里成为有权决定他人生死的主宰。到处都能看到新的国家标志被升起或更换。一条边界似乎经常造就一个国家，而且排除异己好像是"自我"认同的首要条件。自治如果离不开排除异己，那就只能是一种羸弱的自治。

过境文化：学会在生活中容忍边界

边界是国家的外框，那里是国家间进行接触与产生摩擦的地带。尽管我们尚未到达首都，它们已然向我们泄露了行程的终点。它们像是不可或缺的政体一样。边境设施的牢固性与边境内部局势的均衡性成反比，并与内部构成的压力成正比。防御工事越是雄伟，越说明它要保护的东西已经过时了。其主权标志则是威胁姿态或承诺，全凭需要或行动方向来决定。专政从远处——从其入口即可看出。专政体制在国门处设置障碍，它们用磨砂玻璃和遮挡视线的墙不让人们看见里面的情况。向边界开过来的汽车只能在障碍物间缓慢行驶。旅行者被领进小房间和用丽盛板隔开的隔间，在那里陌生人对他们进行搜身，看看他们是否携带了违禁印刷品。言行稍有不慎随时都会惹祸上身——至少在人们的逗留期间——这一点哪怕是再无忧无虑的人都心领神会。边检人员有时做出的和蔼可亲的姿态并不是真的，他们随时可以展示另一副面孔。来自另一个世界的过境者是这些权力的仆人唯一可以显示其权力的对象。即使是最落后的专政体制的国家，其科技的进步也最先体现在边界：电脑代替了用手写的卡片。过境的程序令人恐怖：想过境的人先要通过一束光柱，在耀眼的光柱中人们可以从各个角度看到他，因为他可能走进充满威胁的无人地带，所以他很小心地向前走动；他压制住想对这种侮辱人的程序进行抗议的本能，因为他想抵达自己的目的地。过去这半球各处的入境口曾是多么雷同啊！白炽灯，对游客的好奇，来苏水和家用燃料的味道，出现在许多窗口后的工作人员的面具脸，还有那些入境前必须要填写和签字的多如牛毛的表格！

　　从今天的角度来看，这一切似乎都是陈年往事了。人体扫描代替了搜身，取代古老检查方式的是监控、情报和生物识别技术。现在监控早在踏上旅途和过境前就开始了，它们始自航空公司的数据库和移民局的规则。新的游客分类，即根据他们持有何种护照以及属于什么法律体系的分类方式出现了。机场成为大型分类设施，那里日复一日地放行数百万名乘客，大多数情况下运转正常，这不能不说是纪律与常规的奇迹。

然而别的东西代替了吓退人的边界，不是无边界性，而是不再标识疆界起始和终止以及越境的边界。可供选择的不是世界主义的梦想——这永远只是少数人的梦想——而是人们可以容忍的边界。边界决定了人们生活在其中的区域，在没有边界或无限的空间中生活并非好事。我们所依赖的边界标识的只是过渡地带和转折点，它规范了畸形和无形的东西。这种边界不令人害怕，而是构成一种魅力，它意味着所有新的经验，所有离别与重逢。边界标志着有差异的财富。边界意味着要对自己家园承担的责任，同时也意味着我们到别处做客的可能性。在没有设防的区域过境堪称荒唐，若无过境的经验欧洲会贫穷得多。欧洲的财富可以体现在其交界地带，人们可以属于这类地带而不通晓该国语言。这种地方产生的艺术品只能出自杂居地带，如意大利的建筑和东正教的信仰等。那里的音乐也兼收并蓄，有摩拉维亚、匈牙利和德国元素。那里的思维方式也只有在临近东方的地方才可能产生。在交界地带，犹太教堂、带交叉拱顶的哥特式教堂和白亭子共存于边区的沿海地区。在这类杂居地带，即使是缺乏训练的耳朵也能在自己的语言中猜出那些外来而费解的俚语的意思，这种地方的人一辈子还没过完，就已经有过多个国籍。

欧洲的边界是它应该拥有的，它们的形态各异，有弥漫性的，有对抗性的。哪种形态的会最终取胜，假以时日必见分晓。但这不是在边界决定的，而是取决于那些认为边界必须如此划分的全体国民。要想知道未来欧洲的边界会是什么样子，我们只需看看那些因边界而彼此隔开的社会。那些自己都无法自治的社会，人们不能指望它们跟上新的也是更为复杂的欧洲的前进步伐。

（杂文《赞美边境》扩充版，见卡尔·施勒格尔《游牧民族的星球》，柏林，2006，第 121～147 页）

欧洲城市穷途末路了吗？

如果城市真的像烧瓶一样能让人看到一个社会的所有矛盾，那么在此重大危机时刻——过去的局面无法维持下去已是显而易见——它也会是我们的社会所要经受住的撕裂考验的演示现场。如果这是真的，城市也必须成为各种力量结盟的舞台，人们必须同舟共济才能渡过难关，但愿这类联盟能够出现。

前景暗淡

人们只需阅读德国城市协会的声明和论点即可了解局势的严峻：其中谈到市政服务、幼儿园、学校和医院已经不堪重负，节约措施越来越不利于解决各种矛盾。这一切都是以老练实干家的克制语气叙述的，而不是用警告者那种惊慌失措和歇斯底里的腔调。从根本上说事情并非涉及恐怖的情

景，就像 20 世纪 90 年代中期伦敦南区布利克斯顿
（Brixton）所发生的那样，当时青年人与警察发生的冲突升
级为长达数天的街战，那时人们以为沃茨（Watts）和芝加
哥黑人聚居区的种族暴力在欧洲也初露端倪了。五年前巴
黎、里尔、马赛和其他法国城市的暴力街区又出现了暴乱，
街战不仅扩展到城郊，而且导致了戒严和宵禁，数百辆汽车
遭焚烧，伤亡者众多，这些都显示出国家体制的疲软无力。
虽然这些武力冲突后来得到了和平解决，但面对由此引发的
诉讼，人们仍旧显得很无助。这些诉讼旷日持久，诉讼过程
暴露出此前累积了多少沮丧、绝望和无望。早就不再进行残
忍厮杀的城市又迎来了一种全民内战。特别令人害怕的是，
这种进程似乎势不可挡，个人根本无计可施：学校的堕落让
毒贩可以肆无忌惮地在校门口贩卖毒品；教师们害怕若无大
智大勇则无法胜任自己的工作；家长们带着孩子一再迁居，
因为在他们居住的市区找不到适合孩子的学校，但还有一些
家庭不幸没有迁居能力。城市就像某种民俗学所一再强调的
那样，越来越多元化，但它也成为一种新的、此前所没有的
极化和敌意的上演场所。信仰问题就这样成为生死攸关的问
题，一座清真寺的建造让邻里不和，一名记者在十字路口像
牲口一样被人刺杀，年轻妇女在汽车站会受到威胁，仅仅因
为她们与其他人一样想生活在城市中：现代而不必屈从于氏
族中男人的男权。所有这些都不是沃茨纵火案和从远处就能
看见的上升的烟云，也不是从底特律闹市区到通用汽车公司
之间被烧毁的数公里长的地带，更不是 20 世纪 60 年代或
70 年代游客无人敢走的纽约布朗克斯区；但令人不安的东

西正在酝酿中，虽然还没有爆发。倘若所有过剩的想象力都被用在用喷雾器疯狂涂鸦、毁坏自动售票机和电话亭上，那么有时也会伤害市民和行人；如果这些人在很晚的时候乘坐地铁并天真地认为，提醒同车的乘客不要在车厢内吸烟不会遭报复的话，那一定是有什么不对劲了。所有风气野蛮、人心不古和公共领域消失的迹象——此前没有录像监控人们在公共领域也会感到安全——都揭示了一件众人心照不宣的事：这些现象单靠警察和治理政策是无法遏制的。

欧洲城市穷途末路了吗？

上述一切被观察到的现象似乎都证实了一点，即那些认为欧洲城市已经穷途末路的判断言之有理。城市早就失去了其原有的社会凝聚力与认同凝聚力，其初衷已经改弦易辙。城市作为历史上建成的城市仅仅是个壳体，对新的经济形势和共同生活来说已经无用武之地了：它成了化石、舞台背景和傀儡，最多还可用来吸引国外的观光客，特别是来自远东的财力雄厚的游客；或者它还可以是跨国大公司拿得出手的地址，而这些公司在外墙后面准确安装了高科技设施，至少从外面看与建筑文物保护风格并不冲突。在后福特主义时代，城市作为工业生产地的作用减弱了，会造成污染的工业被转移到境外，工作岗位也随之迁移。这么一来主发动机也就疲惫了，过去正是大工业吸引着一波波的移民，并把他们培养和训练成同类群体，现在这台最重要的一体化机器退出了历史舞台。从前市场在城市中起着决定性作用，集市广场是最中心的公共区域，随着新媒体和通信技术的兴起，城市也步入新的发展阶段。一些最重要的作用——公共领域、商业和金融——已不再依赖城市过去所能保证的中心地位，技术与交通革命让过去一直处于边缘地位的城市周边地区获得了全新的意义，这表现在向周边移居的势头不可阻挡，这使传统的城乡差别成为历史。在城市扩张期所建成的城市的解体同样反映出在城市中形成的社会已遭到无可挽回的腐蚀。[1]

所有这些基于经验的论据都很好地说明了，欧洲城市作为模式和生活方式、作为市民社会的诞生地、作为最基本的欧洲认同已经穷途末路了。与这些有理有据的观察结论唱反调是毫无意义的，它们难以被驳倒。人们很快就会因为死死抓住一个虽然值得同情却早已过时的形象不放而受到指责。在欧洲城市根据经验已经开始解体时，抓住这种理想型城市不放几乎显得有些教条主义。也许人们甚至会被指责为怀旧和感伤，但这可以理解，事出有因。

就像这组活动的总标题所概括的那样，旅途确实通向无人区。无人区的意思是：人们熟知的坐标和标识不算数了。人们离开了熟悉的海滨，在未知的道路上探索，并不知道能否走出危机。去探讨没人知道答案、也不可能知道答案的问题几乎可以说是蛮干。但我们可以提供一些条件，从而让这种探索不会从一开始就注定是失败的。

阅读城市

对这类探索活动来说，每个人的方法各异。城市联盟的代表看问题的角度肯定不同于每年都在特定的时间——必须有序可循——在奥拉宁广场（Oranienplatz）搞街战的人，这种人认为他们的情感需要宣泄，因此他们应该被允许小小地干一仗。周末愿意以去其他城市旅游的方式见世面的人，他们的视角也有别于柏林新克尔恩（Neukölln）区区长，后者要使出浑身解数才能贯彻自己认为正确的做法：自己区域的小学中的德语课标准不能降低。要从各种不同角度顾及方方面面的利益，既要考虑本地人的需求，也要考虑外来者的需求，这样才可形成大家均可接受的蓝本。至于我的角度，它构建于很多阶段性经验之上。我提及这一点不是为了向诸位详述自己的生平，而是要从科学理论的角度展示专门的观察点和获得相关认知的历史地点，在此可概括如下：

第一件值得一提的是在大都市布拉格的经历。在风云激荡的 20 世纪 60 年代，到中欧这座真正的大都市一游对某种人来说算得上是一种原始经验，这种人所在的国家仅有几座大城市在战争中没有遭到破坏，而那些被炸毁的城市在重建过程中又失去了它们的历史风貌。我在布拉格才学会把城市作为最令人印象深刻的历史文献、符号和历史事件发生的地点来解读。对我而言，布拉格凝聚了在古老欧洲毁灭前其城市的所有特点，它是繁复性和文化遗产的奇迹。第二件了不起的经历则是可以近距离观察一个城市社会在特殊情况下的蜕变，具体地说就是 20 世纪 60～80 年代西柏林克罗伊茨贝格区的变迁，那里折射出一座城市被腐蚀、变得荒芜和野蛮的全部细微差别，当然也包括其更新的力量，其更新过程让人理解了约瑟夫·罗特的名言：人们逝去，城市长存。个人与城市的生存周期是不一致的，或者说是不相等的，二者拥有不同的时间。第三件令人难忘的经历就是最近二三十年中欧和东欧的变化,这里发生的有目共睹的变化堪称一场充满刺激的经历。这也许是我的观察的原动力和出发点,也是我对探索活动所能提供的一点贡献:让城市来训练我们拥有面相学和现象学的目光,而不是死盯着一种理想类型或模式不放,这方面的经验范围不应仅局限于西德或西欧的城市,而应打破铁幕界限,拓展到一切开始发生变化的时刻。从那时起什么都变了样。[2]

在此我先强调一下成效:我对欧洲城市未来的信心来自仍旧像奇迹一样、无法完全得到解释的事实,即在经历了20世纪的灾难后欧洲有能力重新证实自己,它在一种社会形态面临终结的时刻有能力以或多或少平和而人道的方式对社会生活进程进行重组。它在可能发生重大危机的瞬间避免了事先难以绝对排除的大混战,并将生活引入另一种模式。出于所有这些理由,我要说欧洲城市正在复兴,它正在更新并迎来了欧洲城市化的新阶段。我所说的欧洲城市不是那种理想化的城市,诸如"城市的空气让人感到自由"之类的,而是那种不仅有进步史,而且有倒退史和灾难史的欧洲城市,人们每每不愿提及后一种经历,就好像它们总是被动受害,而从未扮演过扩张和侵略角色似的,正是这种角色导致了后来的灾难性发展。在过去二三十年间,东欧城市成为对过渡进行管理的首选地点,也是人们有控制地拆旧建新的主要场所。中欧和东欧的城市成为真正的实验室,城市在这里得到新生并重新赢得了自己的风格。在此过程中也出现了灾难,这更凸显了该过程的风险曾有多大和人们会失去什么。因为过去20年中欧洲经历了20世纪最后的一些城市大屠杀，它们是我们大家亲身经历过的屠城的尾声：萨拉热窝被围困并受到狙击兵枪击；俄罗斯坦克把格罗兹尼弄得像地震后那样房倒屋塌。世界大战后人们首次得在城市中挖掘隧道和地下迷宫以求活命。这意味着：我的观察范围发生了一点儿位移，从这个角度人们也可以看到别的东西并做出不同评价。

格奥尔格·齐美尔与波兰市场

幸运的是，并非一个人每天或每代人都会遇到这样的事：亲眼看到一个时代如何结束，一件事如何了结，其他的事如何开始，在一般条件下经年累月才会完成的事如何在很短的时间内浓缩进行，让人感到如在看缩时摄影图像。我敢肯定，鉴于新产生的兴趣以及现象的芜杂和稠密，格奥尔格·齐美尔会重写其论文《大都会与精神生活》（"Die Großstädte und das Geistesleben"），马克斯·韦伯也会积极关注相关现象，以便检验其欧洲城市的理想类型。如果他们有幸在欧洲的变化过程中有这种得天独厚的观察视角，那他们都会如愿以偿地创造出以下理论：市场、贸易、商品经济和货币经济的精神促进了城市诞生的理论；主体性、中产阶级和公民新生的理论；公民的公共领域作为社会行为的决定性条件的理论。他们都会为自己的分析和观察找到活生生的资料，没有它们概念就仅是空洞的词语：时尚与配饰，后者向我们宣布了社会主义的终结；现代建筑告诉我们后现代主义也已进入该领域；手机和互联网让一个此前只能窃窃私语的社会开始喋喋不休和聊天。简而言之：1989 年后的年代已成为以断奏方式进行的欧洲城市新生的经典范例。

　　要想展示上述过程并非易事。不是作为城市信徒，而是作为通过阅读齐美尔、马克斯·韦伯，也许还有瓦尔特·本雅明的著作而拥有犀利目光之人，我们大概应该占据有利于观察现场的位置。从这个位置我们可以观察到：封闭社会是如何终结以及怎样与外界重新建立起联系的；市民是如何占领城市和对公共空间进行重新编码的。过去那种像碉堡一样起着阻挡和威慑作用的巨大建筑变成了符合老百姓需要的建筑；官僚主义的再分配体制以及因此而不可避免的延迟和耽搁转变为讲时间、速度和竞争的新体制，旧体制所决定的匮乏、等待和配给的时代变成了供求紧密契合的时代，过去用于政治宣传的公共空间如今让位给了广告。

　　有些地方在极短的时间内就旧貌换新颜了。回顾起来，从表面上看好像都是些偏僻和充满异国情调的边缘地带，敏感的人在那里实际上会成为某一过程的目击者，这种过程可以被称作在蒸馏管中观察城市的制作。这种地点是柏林的波茨坦广场、华沙的游行广场或国家体育场、莫斯科的卢日尼基体育场或敖德萨城外宏伟的"七公里"市场。

　　那里的演变痕迹如今已经不复存在，对其历史人们必须去发现和予以再现。1989 年早春柏林墙倒塌前，在高耸的柏林国家图书馆后出现了波兰市场，那一片沿着柏林墙的荒芜地带原本只有兔子和游手好闲者出没，如今那里成了统一后的柏林的新中心，盖起了索尼和梅赛德斯－奔驰中心。那里先是无人问津的地带，一夜之间就成了有数十万人光顾的市场，后来一段时间又变成欧洲最大的建筑工地。柏林墙旁的不毛之地成为新的中心，市场变成了画廊。因历史性灾难，战后长期跟不上时代步伐、被世界遗忘的一个位于市中心的城区又得到了恢复，西柏林作为与世隔绝的孤岛的局面结束了。是波兰市场的精神促进了柏林的新生，人们在1989年庆祝时几乎没有注意到这一点。

华沙市中心的游行广场曾被德国人烧毁，后来列夫·鲁德涅夫（Lew Rudnjew）① 建造的雄伟的华沙科学文化宫好像会永远矗立在那里，如今那里成为所有华沙城市想象力的中心。人们大兴土木，市中心的建筑高耸入云，在离城很远的地方即可看到其轮廓。斯大林时代建造的文化宫如今有了竞争者，过不了多久它就仅仅是华沙众多摩天大厦中一幢有异国情调的建筑了，这些建筑标志着华沙进入了21世纪。20年前这里的广场还空空荡荡，后来人头攒动，人们把阅兵广场变成了欧洲最大的市场。这里的进程也和别处一样：城市的诞生靠的是那些被国家的分配和照料政策弃之不顾者的行动，他们得自己想办法，就像后来维斯瓦（Wechsel）河彼岸布拉格体育场的情况。建于20世纪50年代的华沙体育场② 本是华沙重建的标志，20世纪90年代初它不再用于体育比赛，而是成为整个东欧和中欧的商贸中心。每天早晨商贩们都赶来参加欧洲的大集市，他们来自立陶宛、俄罗斯、罗马尼亚、塞尔维亚和土耳其。那里每日客流量达到数十万人，营业额也是全国第一。已经中断的商业联系在此得到了恢

---

① Lew Wladimirowitsch Rudnew（1885–1956），苏联著名建筑师。——译者注
② 即华沙十周年纪念体育场。——译者注

复，来自欧洲各地的数十万人不是因民族友谊而相聚，而是为了各自的生计和互通有无。在这个市场里可以听到各种语言，买卖的商品更是琳琅满目：从白俄罗斯倒闭厂家生产的工具箱、按公斤出售的产自库尔斯沙嘴的琥珀，到来自伊斯坦布尔市场的土耳其皮货和产自中国天津的暖水瓶。如今这里仅仅还能看到市场的遗迹，现在消费领域的想象力体现在新建的购物中心里，游客们不必再像过去那样坐汽车前往，只有华沙最大的少数民族越南人还固守着他们的佛教小庙般的店铺。简而言之，城市形成包括以下内容：货物交换，货币交易，人们按不同行业居住在帐篷和简易房中，为这里聚集的不同宗教信仰者提供的保安服务和寺庙，不该忘记的还有物流体系，它让华沙东火车站成为东欧的中心。体育场也是历史事件的发生地：1968 年为抗议华沙条约成员国入侵布拉格，雷尚德·西维茨（Ryszard Siwiec）在此自焚，1983 年出生于波兰的教皇在此举办了弥撒，1989 年史提夫·汪达（Stevie Wonder）在这里举办了演唱会。这说明这里不仅仅是个贸易场所，它像展示了永恒之城罗马往日风貌的大斗兽场一样还是个殉难地。[3]

莫斯科也发生过类似情况：在城外的卢日尼基体育场附近，当然也包括在市中心的捷尔任斯基广场上，1991 年这位契卡创始人的纪念像被拆除，对面被放上来自索洛韦茨基群岛劳改营的巨石以纪念被斯大林和内务人民委员部迫害致死的人，至今内务人民委员部的后继机构克格勃仍旧在广场附近的一幢大楼里办公。现在要在 20 世纪 90 年代黑市的旧址，也就是 20 世纪 30 年代的"儿童世界"商场那里修建一座巨大的购物中心。我们也可以以红场为例，20世纪90年代那里发生了不可思议的事：红场上举办了国际马戏艺术节，马戏帐篷就搭在摆放着列宁遗体的陵墓对面，马戏音乐不绝于耳；帕瓦罗蒂和滚石乐队也都在红场演出过——这就等于把一个几乎是神圣的场所世俗化了，市民们占领了那个提升权力和压低民众以及举行有威慑力的阅兵之场所——哪怕只是暂时的。

城市的再登场

有一种说法是城市已经失去了其作为政治性公共领域的功用。然而实际上毫无疑问的是，在1989年城市是最重要的转折演变场所。无论我们何时提到那一年的历史瞬间，我们指的都是它们出现的地点——城市。我们眼前浮现的是人们在莱比锡环形大道上示威游行的场面，11月4日在柏林亚历山大广场的集会场面，布拉格文策尔广场上聚集着数十万名民众的场面。我们回想起那些进行力量较量的地方——但泽和什切青被占领的造船厂，自然也包括华沙摆好圆形谈判桌的大厅。大都市的大街和广场成为展开决定性辩论的舞台。旧人在此退场，新人在此演练自己的新角色。这里测试的是另一种调子。人们揉揉眼睛不禁自问：这是怎么发生的呢？前不久若是有人断言一段历史面临终结，还会引起大哗。人们得以发表政治意愿的具体空间已经不再起作用，这些都转而发生在通灵和虚拟领域了，也随风而逝了。突然间又有了真实的参与者和供他们戏剧性交替登场的舞台，这令观察者非常吃惊，他们认为在当今世界这类行为方式和旧式激情已经不再流行了。结果政治公共领域几乎是经典式的空间重新出现了。

显而易见的是这并非偶然。城市之所以成为这类历史事件的发生地，是因为这里培养出了具有批判精神的大众，转折也是他们促成的。要想知晓具有批判精神的大众是如何培养起来的，就要先回到此前的时代去。这样我们就会发现，无论个人或知识阶层整体起的作用有多大，这其实又是并首先是一种城市现象。俱乐部和文化宫的小组，研讨班和聚会，沙龙和朋友圈，那里形成了一种氛围，它构成了反对派的公共领域与另类社会的核心。发生在社会边缘的朋友聚会，持不同政见者的网络和他们的自出版，完全自成一体、锻炼自由思维的礼仪，诸如此类的旋律被找到后，经过一次试唱，整个环境都动了起来。弱势群体在城市中相聚，在城市中他们可以行动并与外界——如有必要与美国之声或《华盛顿邮报》的记者——取得联系，他们还可以相约进行最初的示威活动。城市为人们提供保护，是可以撤退的空间和战场，人们对那里的情况比当权者和他们受过训练的秘密警察更为熟悉。持不同政见者的圈子是混合社会和微型世界，这个圈子体现的是社会的跨度。在莫斯科厨房中讨论过的题目已经囊括了后来公共领域所磋商的全部题目，这些磋商是在经济改革和开放政策时代进行的。

新的自我意识，城市作为主体

这些运动频繁的年代充满了人们对自我发现的真实热情。他们寻找空白点，并以新的眼光看待作为悲剧命运上演地的城市。寻找痕迹的人上了路，革命前的文学作品得以重印。城市的地貌和地图被重新绘制，旅游指南和各种其他描绘性作品供不应求。人们可以把这段时间解释为把城市据为己有的时期，城市从"国家组织形式"变成独特的、有自我意识的主体。我永远忘不了 1991 年 8 月列宁格勒政变时的画面，数十万人从涅夫斯基大街前往皇宫广场去保卫他们当时已改用原名圣彼得堡的城市。我也忘不了莫斯科的盛大游行场面，人们从莫斯科的白宫前往国际展览中心和红场，去庆祝成为主权国家的俄罗斯联邦。由此一种骄傲产生了，即对自己所在的城市、地区和区域的热爱，它包括往昔，更着眼未来。

从一开始人们就准备对现有城市的面貌进行改造：许多街道的名称被改写，重新命名或改回原名；曾消失在仓库的纪念碑被重新竖起，另一些纪念碑则被拆卸并运往偏僻的堆放场所，以便用于教育未来一代代的学生们，他们应该知道曾经的共产主义是什么样子。一股拆卸狂潮席卷了整个东欧城市，声名狼藉的雕像，如捷尔任斯基以及其他一些无害甚至是著名诗人的雕像都被捣毁，他们死后要为斯大林的罪行担负责任。因为每个名字都与一段历史紧密相连，所以这类改名和重新编码是重要的，然而这更是一种象征性的演示，对城市空间的实质性改造几乎没有什么影响。可更为紧迫的任务恰恰总是这类实质性改造，因为转折首先不是为了满足缅怀太平过去的渴望，而是为了让城市把握未来，至少是能应对现在的挑战。这些任务不仅仅是改名和让纪念碑换地，而是更重要的事：保证城市的功能，使其现代化，修建符合 21 世纪水平的基础设施。城市，或者更确切地说对此负责的专家和公众又开始对自己城市的问题进行干预，他们谈论和幻想自己下一阶段应该生活在什么样的城市中。过去一直在严密监控下孤立生活的城市，现在必须准备打开城门，因此需要机场和各种能重新和世界相连的设施。过去主要接待代表团和有组织的旅游团的城市，现在需要大量符合国际标准的旅馆。过去充斥着国家和政党官僚主义机构的城市，现在极为缺乏现代化的办公空间。过去私人汽车作为一种特权只有少数人拥有的城市，现在面临着一个极其严峻的问题：修建高速公路、环城公路、车库、加油站和公路休息区。不该忘记的还有从未得到过解决的住房问题。城市空间被再分配与再定义，城市内部出现了迁徙，这是与隔离和新的种族隔离，群居和门控社区以及高档旧建筑区中的环境恶化和豪华公寓紧密相连的。无论是作为外国康采恩的分店还是新出现的寡头政治企业集团的代办处，谁想在新游戏中拥有共同参与的权力，就必须往市中心移动。到场和体面应酬的义务让企业和房地产公司向市中心进军，现有地皮在此压力下被炒出了天价。现在除了城市和社区之外还有企业和别的建造委托人，所谓的公共财产垄断被打破了，自我展示和竞争进行得如火如荼。整个国家的财富都集中到城市和首都，对城市形成压力，它不得不让出足够的土地来盖楼和修建公共设施、办公楼和商店。资本的原始积累是一个混乱的、不透明的和暴力的过程。必须有超乎寻常的巨大力量的参与，人们才能在极短的时间内改变整个城市的面貌，以一年为周期盖起高耸入云的塔楼，用成群的摩天大楼创建全新的中心，如果想在新莫斯科西部建起凡尔赛宫和比弗利山庄（Beverly

Hills）那样的人间天堂和在极短的时间内能用最新的通信技术把城市带入下一个世纪的话。4

这种繁荣是个信号，标志着那些一度脱离了世界发展的城市又重新跟上了时代的步伐。全世界的设计师和建筑师都来介绍自己的拿手项目并一试身手。各处都在用新建筑来宣告一个新的时代开始了，历史在继续前进，这样就出现了那些标志性建筑，它们证实了这些城市的现代性和面向未来性。因此在里加的道加瓦（Düna）河畔就不仅有斯大林时代的文化宫，还有钢质的、水泥和玻璃建造的塔楼；在保持着中世纪风貌的塔林人们也能在很远的地方就认出新建的城区；在维尔纽斯甚至建起了可以与老城的轮廓相媲美的行政区域。莫斯科修建的全新中央商务区有一个联邦塔楼和一个俄罗斯塔楼，还有翻新的救世主耶稣大教堂，其圆顶对新莫斯科天际的影响甚至超过原始建筑。然而真正的建筑热潮大概并非一开始就出现在市中心并体现在狂拆旧建筑和修建新建筑上；而是在城外，体现在城市扩张上。比豪华旅馆、酒吧和新莫斯科寡头们的俱乐部更能清楚衡量和判断一个国家的真实生活水平的正是郊外。从建筑特征上人们永远可以看到后社会主义时期头 20 年中城市的发展轨迹。不再时髦、听天由命的后现代主义者，以及各个国际设计与建筑事务所轮番上场，它们要帮东欧城市褪去乡气并使其重新国际化。诺曼·福斯特（Norman Foster）① 在华沙和莫斯科大兴土

---

① Norman Robert Foster（1935 - ），英国著名建筑师。——译者注

木，雷姆·库哈斯（Rem Koolhaas）① 则为圣彼得堡冬宫博物馆设计新建筑。同样不容忽视的还有：未来人们也能看到建筑委托人、元老、教父、城市最有权势者给城市定下的基调，这一点在莫斯科体现得最明显，那里的市长尤里·卢日科夫（Juri Luschkow）在其当政期给这座城市留下了永远抹不掉的混合痕迹，既有"勃列日涅夫的"表现欲和对新俄罗斯与新拜占庭流派的借用，也有一些采列捷利②的拙劣艺术品和少许新一代独立并与国际接轨的年轻建筑师的作品，这些建筑师了解自己国家的建筑史。5

然而，最重要的变化也许恰恰不是那些引起轰动的对城市面貌的改造，领导这类改造的大师们也为拉斯维加斯的脱衣舞场和协和广场设计过灯光照明；不是新的对城市景观的大师级描述，而是分子式的变化，后者能告诉我们更多有关城市发展和都市风格的信息。从出现最早的合营与私营商店那天起，一座新的城市就成长起来了。它偏爱的建筑形式不是富丽堂皇的银行大楼，而是售货亭和经过改造的集装箱；不是购物一条街，而是小铺子。这类小铺子和售货亭聚集在城市热闹的交叉点——火车站、地铁通道以及人来人往的广场，它们让人最先体验到社会主义城市那些宽宽大大的大道一旦挤满了人和提供服务的小商小贩会出现什么情况。它们在城市中起初像珊瑚礁一样短暂即兴涌现，后来就成为长期固定的了。小铺和杂货市场打破了预制板房住宅区的单调，

① Rem Koolhaas（1944 –　　），荷兰著名建筑师。——译者注
② Zurab Konstantines dze Tsereteli（1934 –　　），格鲁吉亚－俄罗斯画家、雕塑家和建筑师。——译者注

从现在起宽阔的大街上有可以瞧和可以买的东西了。城市的色彩从令人消沉的灰色变为常常被称作亚洲式的刺眼斑斓。从前一片漆黑的地方，现在有了 24 小时营业的店铺。这一切都证明城市恢复了活力和凝聚力，这是没有人事先预料到的。城市成为主体，它走着自己的路。

　　这种密集和结晶是城市形成和新的城市风格的明显迹象。这种过程令有些人兴奋，让他们参与其中；而另一些人则对此感到害怕和厌恶。几乎所有齐美尔、伊利亚斯（Elias）和帕克（Park）所观察到的特征都可以得到令人一目了然的分析。时间的加速：时间不再是无穷无尽的，像人们在莫斯科的厨房中谈论上帝和世界时那么宽裕，时间现在成了稀缺的宝贵财产；发展出了一种新的时间、期限和债务经济学；以货币化形式出现的、凝滞的时间之终结是有其代价的。迄今为止人们所倚重的人脉关系网被取代了，或者说被建立在经济计算基础上的关系补充了。由此一切都变得更带强制性、更可估算，但也更冷酷无情。新的时代开启了新的途径和可能性，但能把它们利用到极致的是那些既了解情况的内行，同时还具备新时代所需要的铤而走险精神的人。这样生活的节奏就加快了，却也更加残酷和艰辛。社会等级被改组，地位标准发生了变化。现在看重的不再是特权阶层中的官阶或是诗人头顶上的光环，而是拿到股份公司的股份，在卢布廖夫卡（Rubljowka）① 有别墅和开兰博基尼跑车。人们不再无节制饮酒，而是去慢跑和到健身房系统健

---

①　莫斯科市城西边缘部的著名别墅区。——译者注

身。一种新的生活方式正在兴起，它是新教禁欲主义和引退到乡间别墅的混合，乡间别墅的钟的摆动节奏仍旧不同。人可以同时生活在两个或者是更多的时代，在高速和高科技地带之中，或离开城里几公里之处，那里20世纪修建的基础设施已经失去了其功用。城市居民一夜之间就得适应新的生活条件，从分配经济转到市场经济，从国家负责各方面供给到国家相关部门彻底崩溃。在职业和专长不算数和失去价值后，他们得从头学起，也许甚至还要再次走进学校。然而一座城市的平衡就是其市民所能维持的平衡，在出乎意料、几乎毫无出路的情况下他们必须重新站住脚，及时放弃原来的生活目标。本来这种时刻是爆发社会癔症、恐慌和制造恐慌的时刻，是煽动者号召用快刀斩乱麻的方式解决所有问题的时机，但几乎出人预料的是，没有发生上述情况，这肯定与基本法和城市居民的训练有素相关。练习忍耐，不仅仅是由于在社会主义物质匮乏期人们学会了忍耐，而是人们也明白，蛮干和暴力并不能带来更好的结果。人们不抱幻想，知道可能性并不是无限的，不能等待奇迹的出现，更不能指望一个即将寿终正寝的"体制"会创造奇迹。去幻想化不是对什么东西的失去，而是启蒙的净收益，这才让自控成为可能。这里自然也掺杂了一定恐惧，担心冲突可能会失控，以防御性方式解决社会问题也许比较困难，但更容易取得成效。人们不能低估那些给了城市居民信心的时刻，他们知道能克服一切困难并获得圆满结局。这些就是改变的标志，那些不可或缺的感受和确信来自亲眼所见的印象、周围的变化和生活自身。这方面活生生的证据是，莫斯科没有陷入肮脏与混乱，那里的人们有能力让他们的城市重新秩序井然。华沙的摩天大楼也向人们证明这座城市的历史没有终止于纳粹的破坏和 1945 年后的重建，而是迈步跨进了 21 世纪并将继续前行。人们亲身感受到不再必须生活在与世隔绝的地方，而是可以随便去任何地方看世界。数百万人也利用了这种可能性。

"从废墟中崛起"①，塑造人的车间

东欧革命后城市精神的复活可能会让人忘记还有过另一个奇迹。东欧的许多城市——其中不乏最大和最美丽的城市——曾成为战场，也就是说它们曾是人们经过深思熟虑而确定的系统破坏的目标，这种破坏来自海陆空三个方面。城市被宣布和当作要塞，对它们的破坏是从一个区到另一个区、一条街到另一条街、一米到另一米地进行的，最后剩下的只有瓦砾和灰烬，有的城市甚至灰飞烟灭。这意味着城市建筑物体现的历史连续性被打断了，纯粹从外表看城市不复存在，至少是在历史的瞬间。在那里人们只能生活在地洞中，这样的城市有华沙、明斯克、维特比斯克（Witebsk）、平斯克（Pinsk）、斯大林格勒、柯尼斯堡中心地带、德累斯顿、柏林、维尔茨堡（Würzburg）或鹿特丹。其中很多城市被破坏得如此严重，以至于人们考虑是否值得再去那里居住。

---

① "从废墟中崛起"（Auferstanden aus Ruinen）是德意志民主共和国国歌的标题与第一句歌词。——译者注

此外这些区域中也有外表没有遭到破坏的城市：伦贝格、切尔诺维兹、罗兹、热舒夫、里加、维尔纽斯、考那斯、格罗德诺、诺维萨德（Novi Sad）及许多其他城市。但这些城市的城墙虽在，在那里住过的人却在一夜之间消失了，他们去了犹太人区和集中营，被毒气毒死或是被抛进了万人坑。城市是一种总体艺术品，它是数代人的劳动结果，在 20 世纪这一极端主义和极权主义进行竞争与勾结的世纪，极具破坏性的力量在此总体艺术品上发挥了作用。那些1914 年之前多民族帝国给我们留下的城市，在纳粹主义和斯大林主义的攻击下纷纷崩溃，或至少是严重变形。那种民族与社会的清洗狂试图把城市"清洗干净"，去除所有不符合设想的同质和封闭社会所需要的东西。从前多民族共存的区域最后被同质化了；起初有不同社会结构的城市，最后也没有留下空间给塑造人的车间——人们的复杂聚居地城市。此过程大致延续了 30 年，从 1914 年到 1945 年。东欧和中欧是遭到极端清洗的地带，在冷战开始之前那里就成了一块白板。没有 30 年的战争，没有后来世界大战和内战的交替出现，人们根本无法理解后来的战后时期。民族与社会的清洗与对公民社会基础的破坏是互为条件的，而公民社会又是所有都市氛围的核心。没有对民众力量的杀戮和对城市实体的蛀空，极权就不可能得到巩固。

还有一点必须要说明：在东欧城市形成的历史中有一点不容忽视，它体现着城市化的矛盾心理，并成为人们理解今日新都市风格特殊品质的前提。20 世纪前半叶东欧曾是一场巨大甚至是过度城市化进程的发生地，它完成了从传统的农业社会向工业化社会的过渡。其发生方式——跳跃、令人震惊、承受着最巨大的压力——导致了剧变：农民大规模地失去土地，遭到驱逐，开始了背井离乡式的从农村到城市的迁移，出现大量移民，整个社会都在动荡。随之而来的后果是：遭遗弃和荒芜的村庄，失去往日风采的景色，人满为患的城市，平地而起的工业区，极其有限的基础设施，地洞和窝棚。从前中产阶级的住房被分拆和改造成市政住房，那里的卫生条件和我们今天所知道的第三世界的贫民窟的卫生条件不相上下，老城区居民人口增加了一两倍，老的核心人口消失与溶解，和其同步出现的相应文化后果是：传统流失，文化水准下降，日臻完善的文明习惯彻底崩溃，文化趋同。摩西·卢因（Moshe Lewin）用"流沙社会"来形容这种从农村向城市的人口流动，并述及城市的"乡村化"。20 世纪30 年代的莫斯科被戴维·霍夫曼（David Hoffmann）在其研究中称作"农民大都市"。[6] 城市的乡村化——在各个国家出现的时间有所不同——是人们所经历过的城市化经验中最具戏剧性的。此外，在完成把绝大多数农村人口城市化的任务过程中，城市作为适应和同化机器的巨大力量再次得到证实。若能再次把 20 世纪的欧洲城市的融合功效作为主题予以研究，并与今天大规模移民状况下的融合话语进行对比将十分有趣，虽然如今许多方面——文化、语言、宗教——的情况与从前完全不同。

　　要想理解东欧城市当前进程的规模，讲一点历史题外话是必要的。上述回顾旨在强调，欧洲城市证明了自己有能力给某个可能失控的过程一个形式。在这种形式中，各种力量得以生成，并成功地保证了有节制的解构和自我限制的革命。东欧城市是解构的现场和革命的舞台，并证实了一个事实：今天的城市仍旧形成了那种空间，没有它就谈不上政治上的公共领域，而且在可预见的未来它也不会被取代。就在人人都在谈论城市穷途末路了、过时了的时候，欧洲城市证明自己是进行融合与战胜危机的工具。

东西双方的清算

东欧城市的许多东西看起来像是在追赶现代化。那些在西欧城市早就成了问题的东西，在这里仍旧是奋斗目标。在东欧，人们不是限制私家车和扩大公共交通，而是疯狂追求私家车和缩减公共交通；不是怀疑在城市边缘新建商业街是否恰当，而是狂热沉浸于购物消费，每个购物中心的骨架落成典礼都被当成城市庆祝活动的大事来做。当西欧人以一定的保留态度审视著名项目和新的城市地标性建筑时，这类东西在东欧仍旧是提高吸引力的手段。东边国家权力的弱化是人们求之不得的事，西边人们对放弃作为文明成就的福利国家倍感震惊。当东欧城市的居民人口同质性还很高的时候——后帝国形式的莫斯科（它同时也是欧洲最大的城市）除外——西欧城市的外来移民或有移民背景的人却越来越多。在东欧国家有关民族的叙事和神话再次展现了其合理性，而在西方社会它们却似乎永远失去了其合理性。

如果相信专家们的预言，那么我们城市的前景惨淡。人口老化，从而使护理和赡养费用高涨，成为年轻人和随后几代人的负担。工业领域的就业迄今为止吸引了无数新人，将他们拉入和融入社会生活，现在其凝聚力已基本丧失，就连一向积极乐观的年轻人都感到越来越难克服在获取相应资格的路上所遇到的困难。这样就产生了一些封闭的社会和文化圈，这些不同圈子的人借助新通信技术的可能性以在自己的圈子内生活，只要他们通过福利国家的福利构架得到主流社会的维护和支持。民族、宗教和文化的多样性不断壮大并继续增加，但不明朗的是社会能否承受得住这种日益增加的多样性。整个系统早已面临超负荷运转的压力，大家都清楚："这样下去不行"，"我们在超前消费"。人们在这方面也能嗅到停滞与痛苦的气息，重组改革刻不容缓。大家都明白必须从根上改变，各党派都知道压力、情绪、不满和误解可以被利用，借怀恨来煽风点火是很容易的，比较困难的是要求公民——他们谁都不是傻瓜，知道现状难以为继——作为自己城市、小区和街道的居民行动起来。有关医疗改革、老人护理、哈茨 IV 法案①和教育发展等事情非常复杂。在我看来，几乎只有专家和职业政治家清楚这些问题和相应措施。我坚信不疑，而且每位公民对此都有自己看法的是：不对我们高度发达的系统进行

---

① 哈茨（Harz）是德国大众公司的前副总裁，因其协调劳资矛盾的出色能力而受到施罗德政府委托，于 2002 年草拟了一系列就业和社会保障的改革方案。该方案共有四个部分，其中重点对失业保险和社会救济进行改革的部分为"哈茨 IV 法案"，法案于 2005 年 1 月开始实行，其核心是在失业福利中加入更多的刺激因素，让人们尽快重新就业。法案规定，如果失业时间超过一年，那必须领取二类失业金，补助金额大为减少。——译者注

解构，不降低我们的各种要求，没有更高质量的公民参与，就不可能继续维持我们仍旧算高的生活水平。若无一种迪特尔·霍夫曼－阿克斯特黑尔姆（Dieter Hoffmann-Axthelm）在其著作《第三城》（*Die dritte Stadt*）中所概述的新的社会契约，就无法脱离现状。[7]

对欧洲旧状态的清算目前也已在西欧开展，东欧开始进行的清算却并非仅仅为了自由这一伟大思想，而是由于那里的体系黔驴技穷了。但当时越来越好的前景还是有的，对有些人来说这甚至就是明天或后天即可实现的。相反，对发达、富裕、经过长时期的和平发展而成熟起来的社会来说情况完全两样，放弃什么总是要困难得多的事。这么做时要冒更大风险，例如当后苏联时期的俄罗斯在最初的混乱情况下基本供应彻底崩溃时，货币交易消失，人们返回以物易物和自给自足的生活状态，明摆着的是：俄罗斯将不会爆发很多外国人所预见的大饥荒。很大一部分供应渠道不依赖国家和市政机构，而是公民自己动手解决的，无论他们是在被称作达恰的乡间小屋亲手种粮种菜，还是通过依然存在的与农民的联系弄到食物。重返自然经济使这个国家免遭灭顶之灾。在德国或其他西欧国家是不存在这种可能性的，这里已经没有可供耕种的土地，也不存在与农民的联系了。我们的系统劳动分工和专业化程度很高，所以也更为敏感和脆弱。

我个人认为冥思苦想各种出路和方案是毫无意义的。船到桥头自然直，车到山前必有路。20 世纪 90 年代初没人会想象得到，几十万甚至数百万人在东欧经济崩溃时会在集市贸易和购物旅游中找到出路，平凡工作岗位上的普通人会以这种方式来暂时解决养家糊口的问题。正是由于这些人的功劳，国家才没有崩溃，供给才得以维持，这意味着他们是和平过渡能够成功的真正担保人。我举这个例子，不是为了提供我们能够和应该怎么做的蓝本；我只是想指出，在看似毫无指望的情况下显然仍旧有出路，这类出路往往超越既定的期望和程序。其实，找出这类举措和那些自寻出路的人，收集思想结晶和新的行动可能性，本该是作为早期预警系统的社会学的任务。20世纪70~80年代，我们研究过持不同政见者的朋友圈子、他们的网络及其效应。也许我们应该更细致地深入研究市场经济的开端和发生在偏僻的边缘地带及地下状态的自救行为。令我吃惊的是，大规模的自我组织形式——市场、旅游活动、商业及职业移民毕竟涉及了数百万人口——从未成为分析的对象。现在它们都已属于历史，变成历史学家的研究题目。

我能肯定存在解构、节约和合理化的方式。这种方式可能是人们决定不迁往郊区，从而节省空间、时间和能源，这不是出于意识形态的动机，而是本着节约的精神。这种方式可能是人们决定使用公共交通，从而告别肆意挥霍堵车时所浪费掉的宝贵时间。这种方式可能是人们志愿去一所学校帮助土耳其或黎巴嫩青少年，或者去安宁病房和老人护理院做义工。我有一种印象，不仅对社会分裂为互相封闭的小圈子、平行社会和教条式的宗教社区的恐惧在增长，而且逃避这种两极分化和逃脱隔离的愿望和需求也在增加。

迄今为止我对城市生活的节日化一直持怀疑态度，这包括所有的城市马拉松，克里斯托弗大街纪念日①，文化狂欢节，各城区举办的不同国家的节庆活动，各类科学、博物馆和文化之夜。有时人们会有这样的印象，似乎城市里只剩下娱乐一件事了。根据"面包与娱乐"②的座右铭，这是不惜一切代价要去支持的。但是，许多这类活动吸引了广大群众，他们喜欢这种聚会。这意味着：城市节日、爱的大游行、集体观看世界杯足球赛显然满足了人们社交的基本需要，公共场所的演出活动显然不仅仅是出于商业策略，而是也为了满足人们的交际、活动和从属于某一团体等基本需要。如果对公共空间的塑造——重建某个社区中心，恢复某个在战争中被摧毁的市集，在首都的中心新建一座宫殿——这类重要话题引起许多市民的兴趣，这就说明了问题。

所有这一切都表明，具体的地点、城市、位置对公众和政治生活仍是不可或缺的，哪怕它们似乎暂时失去了这种功能。与某个地方的认同或通过这个地方进行的认同甚至意义更大，与一个地方的休戚与共往往比与一个国家的还要容易，也更持久，甚至在现代民族国家出现之前的古老帝国就已经是如此了。每座城市都是某个共同体的主要历史叙事载体，它们不只是新来者定居下来的死的、被动的场所，而是新人想要融入其中的地方。地方和城市能给人们提供一种归

① 又译克里斯托弗大街游行日，是在多个欧洲城市举行的 LGBT（女同性恋者、男同性恋者、双性恋者和跨性别者）群体的年度庆典和游行活动，旨在反对对 LGBT 群体的歧视和孤立。——译者注

② 罗马作家尤维纳利斯（Juvenal）断言，罗马人为了"面包和娱乐"（Panem et circenses）将其主权拱手送给了皇帝和他的官吏。——译者注

属感，在全球化的时代它们完全没有失去这种功能，相反，全球化运动越彻底，与某个地方培养起一种关系就越重要。在一切都处在运动中时，这种关系给人提供了支持。在压力重重的时代，我难以想象目前在欧洲有什么有机体能比城市更适合进行调解工作。它们是通过谈判解决未来冲突的地方，它们是发展一种文化的最重要的条件，在这种文化中拆解不是失败，放慢速度也不是损失，而可以被当作收益。密集是城市居住的基本特征，它生成了繁复性，这一向令人着迷，却也让人很难忍受和承受。我们将会看到，欧洲城市是否会处理以及如何对待它们重新赢得的繁复性。

（2010 年 6 月 9 日于美因河畔的法兰克福所做的报告［社会研究所的系列报告之一］，首次发表于社会研究所新杂志《WestEnd》①，2011 年 8 月，第 1 册，第 3 ~ 20 页）

---

① 此处 WestEnd 主要是地理概念，一般指某一城市西区终止的地方，伦敦、慕尼黑和法兰克福均有此地名。据说法兰克福的社会研究所就在西区，但此处也有文字游戏的成分在内，它引起人们的联想："西方穷途末路了吗？"有人将刊名直接译为《西方的终结》则欠妥，幽默感并不丰富的德国人不会以此用意来命名刊物。——译者注

| 德国的 D 大调发声练习 | *

　　人们必须接受一个事实——对现在的年轻人来说 1989 年不过就是个日期而已。我们这些当年亲历了那场变革的人——作为活跃分子或旁观者——自然而然熟悉的人和事，对他们来说已经不是亲身经历的人与事。那是一段生活、一个周期结束了的珍贵的瞬间，值得永远怀念；但那个瞬间与其他人毫不相干，它仅仅是另一个舞台和另一场演出的默默无声的前提条件，现在在那儿登场的是完全不同的演员。为了放眼别的东西，人们必须告别老照片。只有随机应变才是

＊　直译为"D 大调发声练习"，但这里的 D 也可以是德国的缩写，为作者一语双关的文字游戏，故加译"德国的"。——译者注

可取的，而不是生搬硬套历史上的类似情况。若想变得或保持脚踏实地，最好能适度遗忘一些事情，对太熟悉者亦要保持一定距离。1989 年已成过去，一个历史性的日期，一种回忆。谁若太长时间地凝视着这个日期，就会对现在视而不见。人们从中可以学到什么？答案是学不到什么或能学到的不多。成功更多地取决于进行抉择的历史关键时刻，这种时刻不是人力所能左右的，它出现或者不出现。

正当人们想要告别过去，因为新时代吸引了我们的全部注意力、才智和精力时，人们有必要再次回顾那蜿蜒、曲折和费力的发展过程，它最后以战后时代的结束而告终。即使战后出生的那代人仍旧完全生活在战争的阴影中，在长大成人的过程中也获悉了德国的罪行。为此人们应该找到怎样一种语言？在一个长期被两种敌对势力分割的国家，怎么可能找到脱离冷战语言规则的自己的语言？在首先必须讲清德国人给其他民族带来的损失时，又怎么去诉说德国人自己的损失？也许那些看不见的后果、那些长期的后果恰恰是最持久的。看来我们的发声练习还远远没有结束，顶多是换了音调，也许是从 D 大调改到 E 大调。

我们需要一座德国统一纪念碑吗？

柏林到处是想要探索这座城市的人。他们徒步走在路上，埋头研究着地图和旅游指南。他们骑着自行车在这座广阔的城市穿街走巷。他们从轻轨和高架火车的窗户向下仔细观察着这座城市。要想弄清楚柏林墙曾经的走向已经不容易了。每个人都尽量多跑多看。既有走马观花式的节目安排，也有比较深入细致的观光游，每个人也可以自由行的方式在城里逛。这座城仍旧大得看不过来，周边还有荒地，也有未被轻轨网覆盖的地方。柏林不仅天高，而且地也热。尽管当年有弹孔的房子现在已经消失，可无论走到哪儿，脚下的土都是焦土。新轻轨车站翻新得让人以为它们从未受到过损害，用的是上了釉的砖或是浮雕装饰。参观计划也分不同层次，初来乍到者也许可以去看勃兰登堡门、德国国会大厦、波茨坦广场、菩提树下大街、选帝侯大街和哈克市场；已经比较熟悉这座城市的人也许该去萨维尼广场、博物馆岛、克罗伊茨贝格和犹太博物馆；而那些每次来都想有新经历的人也许可以去看奥伯舍恩魏德（Oberschöneweide）区的工业建筑、白湖（Weißensee）区的犹太人墓地、20 世纪 20 年代的居民点和位于霍恩施豪森（Hohenschönhausen）区的斯塔西总部。十多年前看上去还相当清静的城市现在熙熙攘攘。人群中既有前来观看杯赛决赛的球迷，也有热衷于黑色旅游①的人；有专门去画廊对新展出的画作进行品评的行家们，还有瑞安航空公司的飞机一降落就成群结队赶往各类俱乐部的旅客。

　　不久的将来柏林的游客又会有一个新的游览目标了：民族自由与统一的纪念碑，它是德国重新统一的象征，好让人们永远记住这一时刻。这座将建于原宫殿广场的纪念碑叫作"公民在行动"，它是一座"社会雕塑"②，市民们可以走上

---

① 指人们到死亡、灾难、痛苦、恐怖事件或悲剧发生地旅游的现象。——译者注
② 德国著名艺术家约瑟夫·博伊斯（Joseph Beuys, 1921 – 1986）提出的艺术概念。——译者注

去并让它动起来。这个装置明显受到了竞标各方的一致批评，它非常贴切地被先后称作"统一之沙拉盆"、"德国跷跷板"或"诺伊曼①秋千"。一座纪念碑远在老百姓真正开口揶揄它之前就失去了自己的名字，但只要它不被官方否定或遭遇不可抗的天灾，它肯定会被建造，而且还会成为大事件。

柏林并非唯一想把历史性时刻体现在城市景观中的城市。在中欧和东欧，城市到处都成为清算旧状态的实施现场。这首先意味着：推倒纪念碑，更改街道和广场的名称，变换颜色，象征性地重新编码，然后超越老状态。这一过程往往是秋风扫落叶，事实是：革命不创造、不建设，后者是建设时期的任务。清除比较容易。所以在整个东欧各国首都均出现了石雕和雕塑堆放地，那里成为摆放被拆卸的领袖像和标志的最终场所。有些城市创建了有室内装置的博物馆和纪念场地，如果做得好，那里会散发出旧时代的味道或再现审讯室的氛围。昨日英雄雕像被推倒的地方往往竖起了从前英雄的雕像。很多地方还发掘出更为久远的朝代，以便帮助恢复受到伤害的民族意识，这类过去的场景有些根本没有存在过。柏林经历过部分这种历史的旋涡，这其实就是它让每一位旅客感到着迷和惊愕的地方，许多游客自己的城市——他们在那儿过了一辈子——已经失去了这种魅力。柏林的变化仍旧一目了然。一切都被重新分了类，经历了重新组合：

---

① 2010 年德国文化部部长诺伊曼（Bernd Otto Neumann，1942 – ）曾为该设计颁奖。——译者注

重要的和不那么重要的；昨日不再有趣的故事和属于未来的人们从未听说过的故事。令人欣慰的是，这座城市已经克服了柏林墙带来的苦难，它留下的丑陋痕迹——诸如荒芜的街道、废弃的桥梁和曾被封死的地铁隧道——亦已消失。让人高兴的是，这座城市的脉搏不再由东西边界来确定，而是由一座作为有机整体的大型城市的迫切需要来决定。幸好漫长的战后时期在柏林留下的荒地和通道现在得到了建设，城市的结构得到了恢复。认为荒地必须永远保留，以便随时能忆起这块"开放性伤口"的想法是幼稚的；觉悟不是靠荒地保持，而是由公民的回忆和知识维持。图片、牌匾和纪念碑在诉说：事情发生在这里，是这样发生的。柏林很多重要地点都见证了分裂和统一：在恐怖地形图户外博物馆[①]留下的柏林墙残迹，东边画廊[②]，贝尔瑙尔（Bernauer）大街[③]，当然还有查理检查站，这个边境检查站所能勾起的回忆是最生动的（人民警察跳过当时还很低的铁丝网）。但和历史事件联系最紧密的地方首推勃兰登堡门。

在柏林到处可以看到分裂的遗迹和消除这种遗迹的努力，这其实不需要表演和模拟，更无必要在一个与分裂和统一经验鲜有关系的地方进行，如原宫殿广场。为了让困难与进步历历在目，"在行动的公民"不需要"德国跷跷板"。

---

① 在盖世太保和党卫军总部遗址上建起的一座户外博物馆，用于介绍纳粹的犯罪历史。——译者注
② 世界最大的露天画廊，位于柏林东火车站至奥伯鲍姆桥之间，绘画的载体是著名的柏林墙。——译者注
③ 柏林墙纪念地。——译者注

反正他们穿行于萨维尼广场和亚历山大广场、威默尔斯多夫和普伦茨劳贝格、泰格尔和舍内菲尔德之间，对各种事情进行着干预。轻轨是穿过城市的往返运输工具（常出故障），城里的一切都在有条不紊地正常进行。公民在行动时并非想演戏或是尝试什么，他们不想荡秋千，不想模拟什么，而是想被认真对待。城市所演示的东西要比富有想象力的舞台所能提供的节目更令人着迷。

柏林不需要策划自己。奇怪的是：这座城市对那些特殊的地点，也许还有这些历史发生地所带来的责任十分缺乏思考并且态度轻率。他们把很大一部分想象力都用在发明一些空间和场所上，这些空间和场所与不该忘记的历史毫不相干。后出生者根据自己的口味设计场所和空间，那些发生过真实事件的地点遭到忽视或被边缘化。人们修建了令人印象深刻的大屠杀纪念石碑，却不愿让游客去探访万湖会议会址——位于大万湖畔（Am Grossen Wannsee）56～58 号的一幢别墅，灭绝欧洲犹太人的决定正是在这里被做出的。这不啻是在低估当地人和外来游客，他们深知发生历史事件的真实地点与模拟的完全两样。当他们走进 7 月 20 日反抗希特勒的起义者遭枪杀的本德勒（Bendler）大楼的院子时，他们感受到了这一点。当他们沿着格鲁内瓦尔德轻轨车站的铁轨——柏林的犹太人就是从这儿被送往毒气室的——漫步时，他们也感受到了这一点。当他们在自己住房前的人行道上读到这里从前的犹太居民都消失到什么地方去了时，他们清楚地感受了里加的犹太人区、特莱辛施塔特集中营和明斯克。这是一个相当不显眼的方式，发生过滔天罪行的地方就这样被掩藏和定格在我们正常的日常生活中，就像维滕贝格广场——这里是通往卡迪威商场的必经之路，喧嚣的人流络绎不绝——的路标上所书：我们绝不能忘记发生恐怖事件的地方。

柏林应该对自己足够重视，它不需要模拟、启发和激活。我们不需要游戏，公民不是儿童。不是要去发明纪念碑和建筑，而是要标明那些历史事件发生的地方，让它们醒目。人们对这种地方不能想当然地进行随心所欲的改变。人们要注意一件事：地点会叙说。从前人们管这叫作**场所精神**（genius loci）。我们不需要霸道的大型活动策划人和编舞，而是更需要——用弗朗茨·黑塞尔（Franz Hessel）的表述——"场所精神的仆人"。

后记：为创造运转良好的城市空间和有高度象征性的地方，人们还有足够的工作要做。有创造力的人可以在一个地方以自己独特的方式施展自己的才华：比如欧洲广场，它可以成为一个真正统一的地方。它位于总火车站附近，在市中心，离老边境不远，可以望见政府办公区。它是阿姆斯特丹和华沙、哥本哈根和布达佩斯、莫斯科和苏黎世之间的交通枢纽，迄今为止它不过是总火车站北侧从停车场到高速公路之间的一个过渡地带，是市中心一个名不见经传的地方。看来还有足够的空间，可以让人证明自己对这座城市的爱以及自己的想象力，而不用苦思冥想什么别的新招。

（此文以"我们不需要这块跷跷板"为题发表于 2011 年 5 月 28 日《世界报》）

德国的 D 大调发声练习

我们在谈论历史事件的发生地点，站在历史舞台上的英雄人物，矛盾尖锐化的戏剧性升级，用人不当或起用能人，跑龙套角色的退场，历史的悲剧、喜剧和闹剧。古人把历史叫作**尘世舞台**（Theatrum mundi），这尤其适用于过渡时期，当一种生活形式衰老了，但乍看上去并不总是一目了然时。每逢这种时刻，开始成为虚构的现实就终止了；人们仔细审视就会发现，那被当作虚构的东西其实就是新现实的核心。1989 年后的欧洲上演了一出宏伟大戏，新的德国是这出戏的主要上演地之一。①

自 1989 年以来这出戏就没有停过，它有很多助手，却没有作者和导演。其戏剧性高潮和长度均已成为历史。这出戏未见流血，也没有真正意义上的阴谋、暗杀和宫廷政变，平民们没有排练起义，有一点"发条橙"② 和一点大审判官的味道。只有在土耳其边远地区发生了流血事件，作为这出戏的非主要上演地，那里出现了刺瞎眼睛和古老方式的大规模强奸。

我们目睹了各类现象：从市民悲剧到共产主义怪诞，博

---

① 本节用一出戏剧来比拟德国的历史事件，因而运用和引用了许多剧评和文艺方面的术语。——译者注

② 发条橙（A clockwork orange）一词在英国伦敦地区的俚语中用来形容奇怪的东西。1962 年安东尼·伯吉斯（Anthony Burgess）创作了同名小说，20 世纪 70 年代被美国导演斯坦利·库布里克（Stanley Kubrick）改编为电影。它介绍了一个男孩在政府的调教和实验后从一个性暴力者变得对性厌恶的过程，是暴力美学的经典之作。——译者注

物馆汇集的古老事件的翻新和激动人心的现场行动，"迷墙"① 和 "大胆妈妈"②，烛光游行，神秘戏剧及插科打诨。侦探故事比比皆是。从刺耳的到可以承受的，各种音调都有。

是该进行一次回顾性评论了。评论家对本演出季满意吗？这种评论并非要用自己的思想去衡量这出戏，而是只需判断台上的情节是否符合艺术的要求。以现实的名义出场的评论家就像佯装戏剧总监的人一样可笑。评论家要做的是另一份工作，其进行方式是"固有"的，即必须根据所发生的来判断起奏的准确性，要注意乐团的合作，听出不和谐音，借以合理解释哪个角色妙手或失手导致了曲子的完美或失败。

评论家的包厢座位不是特权，而是职业需要。他处于旁观者清的位置，他是职业偷窥者。他的实力在于其听力，他熟知经典文本，知道在多大程度上可以对文本进行现代化改编，而不致伤筋动骨。他像分析师贝克梅赛尔（Beckmesser）③ 一样，并非吹毛求疵者。他接受过相应训练，知道一些不同角色的难度。他不判断意图的好坏，而是确认意图是否成功。他不顾个人喜好，甚至到了自我否定的地步，仅仅为了能公正对待那些尽了自己最大努力的人。他的任务不是介绍故事

---

① 英国前卫摇滚乐团平克·弗洛伊德的第九张录音棚专辑，于1979年发行。——译者注
② 德国作家贝托尔特·布莱希特（Bertolt Brecht，1898－1956）于1938/1939年流亡瑞典时创作了历史剧《大胆妈妈和她的孩子们》。——译者注
③ 瓦格纳歌剧《纽伦堡的名歌手》中的人物。——译者注

的寓意，而是说明故事是合乎逻辑的还是矫揉造作的。他感兴趣的是出人意料的高潮安排得是否恰当。评论家采用的尺度是最大的，再过一分都会导致失败，而不是人人都可以评头论足的平庸。他了解那种紧急情况，即一个人不是不想，而是只能如此。观看是他的职业：他必须花时间熟悉剧情，直到看得对台词倒背如流，因为人们已经经常见到它们了——亚里士多德戏剧的严格，布莱希特戏剧的间离和后现代。他相当节制，因为他重视工艺标准；他躲避娱乐，因为娱乐只需要嘴皮子就够了。评论家用他的视角通览整个舞台，从最前端到最后面，从最左边到最右边，而演员们沉浸于他们的角色冲突中时则顾不了那么多。他的特权包括：不属于任何一方，无须站队。他只对戏与演员感兴趣，而他了解他们。他能区分让一个故事成功或失败的那个基调。

评论德国这出戏却难倒了评论家们。他们仿佛时时刻刻评论的都是自己头脑中——以不同版本——上演的那出戏，而不是历史在舞台上安排的那部戏。因此总有人对导演说，他导演得不够好。这种非同时性的同时性搞砸了一切。该情景打破了所有传统标准，但评论家对此并不买账：评论的标准应该与评论水准一样高。

其实一切并不难。人们只要看看近年来**在德国舞台上**都发生了些什么。我们可以再瞧瞧那些已经退场但曾令人耳熟能详的演员；我们可以再回忆一下他们的那些慷慨陈词；我们可以暂停一掠而过的电影画面，研究一下他们的手势和肢体语言，重读剧本，核查引语，调出早已消失了的声音。很少有哪出戏像德国这出戏这样史料翔实，媒体时代令这成为可能。做出错误评判的风险很高。这种风险并没有因为人人都知道的事实而降低：历史不是编导出来的，不能区分事实与虚构的历史学家，就像把舞台上发生的事情当作现实生活的剧评家和他们的舞台英雄一样百无一用。

"装饰的改换。" 这一切都开始于铁幕拉开时，人们没时间彩排。他们没有听到序曲，就跌跌撞撞冒失地上了新戏上演的舞台。群众成为合唱团，节目单一夜之间就乱了套。人们得不断重新表演，这倒是一出好戏的先决条件。整个国家成了上演现场。米哈伊尔·巴赫京（Michail Bachtin）[①]会喜欢这个"历史的嘉年华"，理查德·瓦格纳则会对作为整体艺术作品的德国感到满意。数代人只能在舞台上展示的梦想中的革命场景变成了现实：生活成为一出大戏，戏剧不仅仅在剧院上演。生活的戏剧化包括地点、时间和行动。电视直播无处不在，仅仅是同时性就让许多小事件成为历史行动。公共场所转变为舞台，一切都发生在原始位置，场景不是设计出来的。刚才还只是一个旁观者的人，转眼就成为一名演员；刚刚还是英雄的人，现在却得退场。环环相扣，没有人愿意当出头鸟，因为大家都猜到有失败的风险。所有人都屏住呼吸，因为发生了令人难以置信的事。但这个童话是真实的：皇帝没有穿衣服。想象与现实之间的界限被打破了。这种事不会有第二次。超过界限进入另一个时代、另一种现实是最珍贵的瞬间。**沉默**是因为没有词语可以准确描述发生了

---

① Michail Michailowitsch Bachtin（1895 – 1975），出生于俄国，是 20 世纪最重要的文学理论与文学批评家。——译者注

什么。这出戏是在勃兰登堡门前和附近的大街上上演的，这座门又被打开了，这些街道又通行无阻了。一切都成为背景：空旷的波茨坦广场，银行大厅，有着象征性名称的地铁站。对于大结局而言柏林的夜空刚刚够大。探照灯照亮了建筑物的外墙，宽阔的街道挤满了庆祝的游行队伍和无尽的车队。虽未经过演练，人们呼喊的口号却高度一致。一切都认真得如同在进行崇拜仪式，这出戏就是在这种仪式中产生的，同时人们又像置身于快乐的游戏，在这场游戏中起作用的不仅仅是现实。在德意志剧场中有一个圆形舞台，两支乐队在那里相遇，它们所受的教育、所使用的语言和手势均不相同。它们需要一定的时间来协调一致，人们寄希望于时间。人们不愿承认史上发生过的事。新时代有它自己的日历，上面有新的节日，新时代也有新的仪式。人们更改名称和标志，人们扮演新的角色。装饰的改换完成了。一个故事结束了，另一个又开始了。

角色及其扮演者。没有什么是永恒不变的，这一点大家都知道，可每个人都得以自己的方式去应对它。尽管方式各异，几乎所有人都参与了重大的角色转换。过去住宫殿的现在进了审前拘留所，原告变成了被告，从前束手无策者如今有时和暂时成为有权有势者。历史的旋涡没有放过任何人：哲学家成为先知，政治家变成脱口秀明星，诗人写出时代诊断书，部长们喋喋不休地引用诗歌，情报人员搞新闻或做其他买卖。只有工程师们在干自己真正了解的本行——铺路修桥，这是国家急需的。没有人对自己迄今所扮演的角色感到满意。过去是真实的，现在还仅仅是幻想，未来不是现在之后会到来的，而是作为一种承诺走在它的前面。新角色不容易，最简单的是换行头。服饰道具很多，每个人都能找到适合自己的：从传统的到标新立异的。换了新装后，与之相配的姿势也会让人觉得容易。更为困难的是有台词或没台词的地方。人会失态，开始结巴或字斟句酌。有时也会出现某个角色让某人难以胜任的情况。最容易看清楚的是：谁记住了新剧本，并且在不那么自信的地方也能演得完全自信。人们为每一位初登台者感到高兴，并惊讶于一向不被看好的人居然能演得如此出彩。大大拓展后的舞台，是的，它已经变成世界舞台，需要的人员也格外多。演出班子的戏中角色都是常见的：年轻的英雄，安详的老人，经典的性格角色和滑稽人物。女扮男装的充满男孩子气的角色不可或缺，当然还得有布景装拆工和其他配角。不存在的反派角色得被设计出来。**闹鬼戏**很时髦，相反对生活中的侦探故事感兴趣的人却不多。面具属于舞台的基本道具，而揭露**人物**的真面目则是亮点之一，能让事件起死回生。乐队演奏时仅有骨干队员在场，这说明了很多问题。年轻英雄们上场说的话就好像他们肩负着全部历史重任，包括他们不可能了解的历史。

旧文本，新行动。现在是需要沉着镇定的时代，但那些该对德国戏的首次公演负责任的人不愿放弃久经考验的节目。现代和当代作品少之又少。大部分的文本出自老传统节目，这些剧目 40 年来获得了很大成功。人们到处都在谈论它们：在象牙塔中和大街上，喝啤酒时和在老顾客固定聚餐的餐桌旁，报纸和电视台的编辑部。节目单看上去就不同凡响，演出也很少出差错。导演一换再换，经典却长盛不衰。

甚至《骂观众》（*Publikumsbeschimpfung*）都已得到谅解。因为这个行当有钱，所以它可以随心所欲。但上演题为"德国统一"这出戏则另当别论。除了正在说的言辞外，这出戏没有文本。演员也无法背诵，因为脚本还没写出来。这出戏上演时也没有提词板。我们不能平静或不安地回家，因为结局还是个谜。当代戏剧的缺乏是惊人的，也许这就是为什么对**未来音乐**或破烂货的需求如此旺盛。即兴发挥的时刻被技艺娴熟的时刻所替代。人们不想在公开的舞台上即兴演出，人们不想要临时的东西，而是等待，直到新的建筑竣工——比以往的一切建筑更宏伟壮观。但大家都知道，如果一个舞台用石头砌成，未来的剧院也修建完毕，本该上演的剧也早就结束了。所有青史留名的舞台概莫能外。革命之后出现的是**帝国**。

因此人们遵循所熟悉的文本。这是德意志民族的演出，是德意志共和国的演出。没有人在刀下丧生，没有恺撒，也没有布鲁图斯。最具戏剧性的则是那些身着细条纹衬衫的男士和穿运动衫的男子。没有什么阴谋，没有律师的参与，收复失地也都彬彬有礼。复仇欲望不再出于野性，而是更间接的。告发不是出于狂热，而是为了遵纪守法。没有凶手，而是只有某一体系的代表。各种卑鄙类型的人消失殆尽，大家都成了**某种东西的受害者**。我们听到和看到**命运**无处不在的**力量**、大权在握的老男人们的性格较量、侦探片《犯罪现场》风格的照片和竞选中的宣传鼓动场面。最令人兴奋的双料间谍和双重生活来自档案资料，公众对平实之人不感兴趣。主要的故事情节通常围绕**受害者和作案人**展开。即使人们并非受害者和作案人，他们也在扮演这类角色。人们是以**代表**的身份扮演的，他们**似乎**被卷了进去。没有人胆敢说出他想说的台词，人们不张嘴，他们紧张得无法自由发言。大家都承受着历史，在历史中人们感到安全。如果所在之处不自由，却公开说出的话，那一定是自己一直想说的。这不是新鲜事。清新之风是从死去的先辈们的梦魇①或德国人的猎杀场景刮出的，那儿的一切都不是模拟的：能击碎头颅骨的**棒球球棒**、击打时的力量与狂热以及我们所受到的震惊都是真的。席勒的《强盗》是保留剧目，但真正触动我们的是发生在**新德国的猎杀场景**②。

力不胜任的嗓音。经营和技术工作无可挑剔，一切运转正常。广场被重新装饰，宫殿被移动位置，建筑外墙焕然一新，首都也迁移了。只要有足够的钱，我们请得起世界级明星，观众很享受看他们的演出。不可避免的局面是，人们相信功勋演员，看他们的演出时心里有底。但年轻演员也被吸收进了乐团，只要他们有真本事。

演出对嗓音的要求很高。事实证明，熟练掌握总谱的**看谱唱歌**不是万能的。听话听音，锣鼓听声。若是把音乐会和竞争混淆，就会毁掉一场音乐会。歌手的竞唱最后可能导致互相动手。合作会受影响，乐团会分崩离析。牺牲他人

---

① 此句系揶揄，转用的是马克思在《路易·波拿巴的雾月十八日》中的一句话："一切已死的先辈们的传统，像梦魇一样纠缠着活人的头脑。"详见《马克思恩格斯全集》第8卷。——译者注

② 此处指两德统一后原东德地区的新纳粹分子对外国移民的杀戮。——译者注

凸显自己，这可能会让自己受益，但遭罪的是艺术。如果
想演奏好音乐，人必须能够倾听。要想当个好音乐人，就
得知道自己的界限。不敢冒险的人，只能循规蹈矩地唱。
不存在没有界线的音域。上帝给了人男高音、男低音、女
高音和女低音以及一些介乎其间的中音，无视于此的乱唱
是会受到惩罚的。

　　当人们熟悉的好嗓音突然成为**主角**，或是年轻、才华横
溢但缺乏经验的嗓音过度疲劳时，弱点就显现出来了。过硬
的嗓音不出自保留剧目，而仅仅来自演出实践。从这里人们
可以看出，培养接班人的事被忽视了。年轻人容易硬撑，但
力不胜任时会毁掉好声音。这时声音听上去往往很**凄厉刺
耳**。对声音掌控得最好的是那些**有经验的老手**，人们很难想
象若无这些老手德国的音乐会会是什么样。大家都在问，他
们若不在了，会是什么局面？结果这些老手突然离开了，演
出却仍在继续。过多的老练代替了灵感，其实若多一点怯
场、紧张和**对声音界线的感触**对演出是有好处的。观众和听
众也认可这一点：他们和艺术家一起热切期待着第一幕的结
局，或者他们不无幸灾乐祸地等待着歌剧女主角的**失误**。

　　几乎一切都已经发生了：优美的朗诵，但其激情没有说
服力，因为它只是表演出来的，浪漫已流于媚俗；在本该听
到发音清晰的唱段或道白之处，人们听到的是假嗓发出的颤
音和含糊不清的呢喃。歌手信任自己的时刻是多么难得啊！
对于大尺度的走火入魔和欣喜若狂的爆发——**贪婪、仇恨、
爱情、复仇**——来说，音域可以说是太窄了。乐团是受过纪
律训练的，符合规定的要求要比灵感更强大。转调的可能性

是有限的，现有的中间音并非无限多。音乐是一系列乐音的**有序排列组合**，做音乐必须懂得一些音程。有时伴奏音乐会压过歌唱者的嗓音，模糊的会遮住清晰的。没有人去敲定音鼓，人们更喜欢轻音或**铁克诺**。最弱的是**中音**，它在这里的不确定性是最大的。该音域的声音常常是被挤压出来的，有时会失控。为了能发出自己满意的声音，他们常常汗流浃背。在这方面光熟练是没有用的。能脱颖而出仅仅由于还有很多不入流的嗓音垫底。中音只有在**牧歌场景**时才是真正强大的，其让人可以放松的和谐的和弦受到喜爱。**不和谐音不受欢迎**。

在一个民歌几乎是反动民俗的国家，没有多少人人耳熟能详的曲调可用。**皇帝四重奏**的旋律适合一起哼唱。国歌只剩下被删除了特定段落的版本，其旋律有可能简单和令人信服，是一个民族的通奏低音、共和国的**固定旋律**，但其歌词是经过删改的，它是一首**无字之歌**①。让人既引吭高歌，同时还要用破锣嗓子说话，这未免要求得太多了。众所周知，唱歌和说话都以能正常呼吸为前提。**气短**演一幕也许还行，德国这出戏却需要充足的底气，因为第一幕之后戏还没完。

每件作品都有它自己的时间与节奏。只有机械论者才会去规划它。自然流畅也许能达到，**也许达不到**。只要有人**加速**，而其他人仍保持原来的速度，就会出现一场糟糕的音乐会。快的乐章太快，慢的乐章太慢。本该被快速而又激动地演奏的章节变成了舒缓的中板，该活泼的地方却被用无限**感**

---

① 关于德国国歌详见本章"德国国歌那些事"一节。——译者注

伤的最缓板来演奏。人得静下心来，花时间去寻找音乐的速度。太激动会导致不正确的起奏，不是太早就是太迟。最难的是停顿，光靠数数解决不了问题。演奏者需要勇气和镇静，才能把延音坚持到底。害怕沉默就是害怕音乐。伟大的音乐全凭能够适时沉默。基于这个道理，演奏不当，就会让《平静的海洋和幸福的航行》（"Meeresstille und glückliche Fahrt"）① 沦为媚俗，让本可优雅的阿勒曼德舞成为可笑的无休止的乱蹦乱跳，让"德国舞曲"变为方舞舞曲，其中的动作总是让人感觉别扭。

无论多么富丽堂皇的舞台背景都掩盖不了毫无把握的动作。人不能永远躲在阴暗或华丽的布景中，在新剧中人只身站在舞台上。观众具有良好的本能，可以区分惊人的效果和东施效颦。一位伟大的演员、舞蹈家和报幕员可以像君主一样为所欲为。他不怕误解，因为他相信自己已经让别人了解了自己的意图。他的口吃会比**一直拿腔拿调**更有说服力。每个人都能接受他的不确定性。他的姿势都是独创的，既不用模仿，也不用拽着历史大衣的一角前行，他不需要雇人喝彩。

由于上述原因，在德国的演出中合奏演出特别难，配合默契是弥足珍贵的。商标上印有小狗在留声机喇叭前——**其主人之声**（His Master's Voice）——的品牌唱片不一定具有代表性。配合最好的是行政、后勤和技术这几方面。音乐大师往往自视甚高，他认为编剧和导演助理都不如广告部门重

① 贝多芬作品第 112 号。——译者注

要。他从来没有出演过**双协奏曲**，也不太了解为什么一个导演还不够。竞争是不可避免的，但竞争到合奏受到不良影响，那就谈不上什么协奏曲了。一个大型管弦乐团既不是一群业余艺术爱好者凑在一起，也不是一支宫廷乐队。世界一流的乐团也会退化成省级乐队。音乐人和演员都是各自为战的艺术家，而不是**讲哥们义气的同伙**。他们不是木偶，不能人尽其才地使用他们是会受到惩罚的。如果一部剧失控，就意味着需要一位强大的戏剧和音乐总监。但这通常为时已晚。一个已经离心离德的乐团很少能再找回原来的基调和节奏。一旦有位置出现空缺，再怎么做都没有用了，只能公开竞聘。

演员与他们的观众。德国乐团包括专业人士和初学者，是一个很好的组合。所有人都掌握自己的角色，也许掌握得太好了。再多一点怯场和不安会增加紧张度，这是节目成功不可或缺的因素。努力分开观众和舞台上的演员是过去革命时期的成就。现在应该让观众积极参与。观众在情节发展的不同阶段或全神贯注，或感到无聊。受雇喝彩和大受欢迎都是罕见的。观众对不必欣赏太现代派的东西心存感激，他们也不明白那些把演出批得体无完肤的评论。观众不愿失去平静，他们并不逆反，至少他们的教养不会让一个晚上白白被毁。他们知道何为举止得当，嘘声是表示反感的最极端表现了。甚至当演员们变老，演出只是昔日辉煌的余音时，他们仍旧称赞声音美妙的音乐会。人们为演出付了钱。面对如此不同的观众，不向平均品位妥协、做到让大家都满意并非易事。虽然人们想看到斗牛士和主演之间的争斗，但如果总是看到同样肤浅的阴谋与回击的话，人们就会因无聊而离去。

在经历了所有**历史时刻**的兴奋之后，人们对常态的需求大为增加。但是伴随着惊喜，人们的行动并未停滞，这里出现曝光与揭露，那里发现诡计。人们不是总想听道德说教，而是还想看脱口秀和娱乐节目。人们不想不断反观内窥、扪心自问，而是也想表达自己，说出**自己的真实想法**。内心净化不能无休无止，这种净化除了对游戏的组织者之外，对任何人都毫无裨益。观众把自己显示为原始崇拜的团体。只要**整体**真实，观众会慷慨地对小事故和失误忽略不计。若是歌手的嗓音刺耳，观众的反应会是愤怒的，因为这让人受不了。在音调处在危险之中、不和谐音越来越强的近现代，人们特别需要伟大的旋律。观众精神最难集中之处是鬼魅争战的场面，他们看得最津津有味的是幕间戏，如小丑来到幕布前。马戏表演很受欢迎。如果戏太花哨，即实在太无聊了，观众觉得被耍弄了，他们就会离场。这被称为**戏剧危机**，其实那仅仅是那整场演出安排的危机。观众已经成熟了，没有人在等待**机械降神**。①

　　第一幕结束并等待休息的铃声。本演出季的回顾：在不寻常时期上演的一出寻常剧。可以看到的不足：嗓音清晰度和转调不够，吟唱缺乏自主性，偏好短期效果，配合不够完美。钱不是一切。能够按照乐谱演奏还算不上一场音乐会。中音部分偏弱，独特的独唱者、**光芒四射的首席女歌手**也难拯救一台戏。强势导演说了算的戏剧已是强弩之末，布景奢

---

　　①　拉丁语 deus ex machina，意为舞台机关送来的神，相当于天降神兵、有如神助等。——译者注

华的剧现在也没钱搞了。人生不仅只由节日构成。

我们已经清楚的是整出戏还没有结束，只有第一幕演完了。我们在等待戏的继续。德国是个很大的礼堂，人们也许进去听了，正在思考。也许人们在考虑角色的重新调配，或许会给告别舞台的人授予**勋章**。也许人们会更换艺术总监或解散乐团。也许人们会更加注意整体配合，而不是将重任交给那些有经验的老手。我们需要新的面孔和声音，演员**底气要足**，并受过良好的训练，还需要有创作自由的人，他们有权并敢于发出自己的声音。他们是**中间音大师**，如果注意听，就能听到他们准确的起奏。因为现在没钱支撑庞大的管理机构和复杂的技术设备，也许人们会抽出时间听听新思路。如日中天的**伟大女歌手**告别了舞台，离不开舞台的歌剧女主角还在唱。一切都会变得更好，不是在临时舞台上演出，而是在新建的漂亮歌剧院。人们在准备盛大登场。同时，人们要写那些令人永远看不够的故事。它们登在报纸上，位于房地产和地方新闻栏目下，不在文艺副刊。那是一种无穷无尽的**活动纪事**，与重大事件和国家大事相比都是些无足轻重的小事。那里响起的声音都在后卫部队战斗厮杀的喧嚣渐渐消失之后。战场上的规则是写进沙石中去的，游戏按这些规则继续下去。

一种音调是自然出现的，不是人为的。音量或者达到或者达不到某个程度。它来得毫不费力并游刃有余。它不再痉挛，而是拥有可以表达一切它所愿意表达的自由。它自然生发，而不欣喜若狂。它没有对错，只是一种存在。它是力量，却自由飘荡。它柔软却不感伤，它准确无误却不强硬。

它找得到通往心灵的路径，而不是偷偷溜进人们的耳朵。它富有弹性。在它的全部技能被需要时，它才感到如鱼得水，它一直在扩大自己的保留节目。即使没有富丽堂皇的场景，它也能征服听众。它对听众的要求很多，却从不用**充满信念的胸音**压服任何人。它是中间音、半音和四分之一音的大师。它不依赖音量，而是学会掌握对位法。它知道什么是多声部乐章，它绝不希望我们再退回到复调音乐以前去。

在合唱中每个人都有自己的嗓音。有朝一日真正的彩排将会到来。

（首次发表时题为《镇静与歇斯底里》，见《国际通讯》，1992 年 1 月 16 日）

马利恩邦①的另一侧或个人经历的冷战

冷战的终结或人如何变老。如果一个人曾是某个时代的见证者，那么他即使不情愿也会成为那个时代的历史学家。一个时代结束后，若有人描写这个时代，那他同时就是在描述自己的一段生活，反之亦然。个人生活与历史时代重叠在一起，这与自爱或自视过高无关。这一点在和年轻人交谈时最明显，某人讲述的亲身经历发生在那些年轻人出生之前。这个人所叙述的自己的时代却是年轻人无缘经历的时代。仔细回忆这个时代是值得的，主观回忆中保留着具体细节、细

---

① Marienborn，德国萨克森 - 安哈尔特州的一个地名。——译者注

微差别和价值认同，这些在历史研究中或者被忽视，或者被发现时往往已为时过晚，需人们费力复原才能得到。

平台。认知点。沿柏林墙的许多地方——当然也包括两德或德国与捷克斯洛伐克边境——建起了人们可以爬上去的平台，供人越过边境、越过无人区去看看对面的情况。这类平台在柏林的国会大厦和克罗伊茨贝格区的贝塔尼恩（Bethanien）医院附近都有，奥伯鲍姆（Oberbaum）桥上带窥视孔的观景台让人联想到碉堡上供射击用的垛口。来柏林的游客爬上这种平台去观望另一边的状况。那边有人站岗，有的地方甚至安装了晃眼装置，哨兵用望远镜观察那些登上观景台的人。所以就出现了敌对观察中常见的场面：观察者相互观察。人们主要通过这种固定观察获得对对方的认知，但他们所看到的也仅仅是事实的一部分。人们得从观景台下来，改换视角，才能看清是盲点处的东西。

过渡礼仪①。对于一代人，甚至也许是两代人来说，越过两德边界——它同时也是两种不同的世界体系之间的边界——成为生命中的重要经验。人们通过所有感官体验这种经历，它几乎在人身上打下烙印。然而仅仅不到 20 年，人们就几乎很难回忆起当时过境的细节。那是一种味道——可哪种消毒剂会散发出这种气味呢？那是冬季长期室温过热的小屋——要是护照有什么问题，人就会被请进这种小屋，那手势和眼神能让人感觉到，作为想过境者毫无尊严，随时可以被截住进行盘问，甚至也许被拒绝入境。过热的房间

---

① 一种庆祝跨越了一道社会界线的仪式，如成年礼。——译者注

中——这是社会主义制度下浪费能源的典型特征——充斥着汗味，这汗不是因害怕而出，而是由于不舒服和不确定性，直到你离开边检人员的领地，这种感觉才会消失。人有时间，有大把的时间来进行观察。用来观察的时间甚至也是一种自我安慰的形式，是对必须在两个世界之间的闸门所度过的时间的排遣。所有设备和装置的目的似乎都是放缓动作。汽车该及时驶入众多车道之一，哎呀，没留神错过了一条提示或警告，其后果是还要多等很长时间。如果我没记错的话，有时甚至得通过一种类似障碍滑雪的通道，道上有各类混凝土屏障和侧柱。这是一个由层层岗哨和边检人员组成的体系，冬天或雨天这些人肩上批着青褐色的披肩。人们必须摇下车窗，递出证件，注意盘问者的语气和语调。有一个不断需要解释和评论并值得注意的设备是一条传送带，它由木头、金属片和有机玻璃包裹着，检查站把护照和驾照放在上面，如果人最终过了境，就可以从传送带上拿回自己的证件。从证件消失在传送带上到人们再次拿到它们，这期间是否有人做了手脚，对此人们只能猜想。两德统一后研究过境细节和程序的历史学家肯定发现了其中的奥妙，这方面的资料也一定多如牛毛。我们作为这种边境闸门的亲历者不会再去看相关档案，但我们可以给那些只听说过两德边境而没体验过的年轻人细说当时的真实情况。这类边境不止一处，我们这一代人的心灵地图上还存储着下列几个地方：劳恩堡（Lauenburg）、普罗布斯特采拉（Probstzella）、萨斯尼茨（Sassnitz）和巴特尚道（Bad Schandau）。是的，在其他边界也有这种过境程序。

铁幕欧洲之新生

跨域列车，巴黎—莫斯科。火车——当年最快和最舒适的直通车（D-Zug）——的设计还没有像 20 世纪 90 年代那样在外观上有那么多不同。那时在西欧开始出现模仿飞机设计的空气动力学高速列车（TGVs）和城际列车（ICE），东欧的列车的外观则在整个 20 世纪都没有什么变化：四四方方的车厢连成一串，由黑色车头牵引。车厢看上去如客厅装上了轮子，透过车窗可以看到外面的景色。在柏林墙倒塌之前还出现了一种统一的欧洲铁路：从巴黎至莫斯科，在布列斯特边界需要更换适用于苏联铁轨宽度的车轮。巴黎—莫斯科特快列车的颜色是冷杉绿，终点站不是柏林动物园和弗里德里希大街。坐这种车的是另一拨人——外交官、艺术家、干部，当年这些人出行还不是乘飞机，而是坐软座或睡卧铺。人们在车上可以进行有趣的对话。普通的跨域列车车厢里坐的是普通人，他们已经习惯于被检查来检查去；没有受到这类干扰的是那些乘泛美航空公司飞机的人，他们为了自身安全得从滕珀尔霍夫机场坐美国飞机（那时当然也有供大学生乘坐的特价飞机，学生们坐它回"西德"——回家，在那个时代柏林的大学生堪称后来有补贴的廉价航班乘客的先驱）。在跨域列车里出现了一种特定的氛围：人必须得坐车过境，由于有一起经过黑尔姆施塔特（Helmstedt）/马利恩邦和格里博尼茨湖（Griebnitzsee）/德莱林登（Dreilinden）隧道的体验，彼此便有了默契。因为询问和检查往往当着其他乘客的面进行，所以大家无意间就知道了他人的隐私，没有人能够逃脱这一命运。人们互相交换观察所得的意见：检查的严谨性，牧羊犬，可能还会说到新制服等。跨域列车是滚动的百

科全书，从它们身上可以看到世界历史事件的进程。故障大
多不是出在运行方面，而是外交纠葛带来的后果。巴黎—莫
斯科特快列车也最详尽地反映着世界分裂的终结：20 世纪
80 年代中期，莫斯科帕特里斯·卢蒙巴大学的学生就机智
地坐这趟车往返于莫斯科和西柏林，他们作为非社会主义
国家的公民享有行动自由，所以他们定期来西柏林这座孤
岛城市。这么一来动物园火车站有几年变成了便宜的消费
类电子产品的集散地，康德大街则成为东西双方的集市。
这值得从历史角度进行描述：它是东西方冲突终结的另一
个故事，促成此事的是聪明的和有文化的蚂蚁商人，其中
有来自第三世界的工程师、农学家、水利专家。还没有人
对他们表示过感谢。

卡尔斯巴德，布拉格和比较靠东部的地区。像我这样生
长在阿尔高（Allgäu）农村的人，第一次知道还有比慕尼黑
更东边的地方是通过难民，战后他们住进了我父亲的农家
院。光我们家就收留了三户人家，村里近三分之一的人口都
是从原来的德国东部新迁移过来的，战后他们的家乡分别划
归苏联、波兰或捷克所有。但又过了很长一段时间，我才有
机会亲自前往这些他们经常提到的地方——他们的家乡：捷
克南摩拉维亚的埃格尔（Eger）/海布（Cheb），泽奈姆
（Znaim）/兹诺伊莫（Znojmo），南波希米亚的布德维斯
（Budweis）/布杰约维采（Budêjovice），甚至布雷斯劳，现
在叫弗罗茨瓦夫（Wrocław）。20 世纪 60 年代我跟一个同学
第一次去捷克斯洛伐克转了一些地方，在席尔恩丁
（Schirnding）边界有了过境体验。火车站煤烟的味道刺鼻。

乘车经过的主要是该国的边缘地带，那里在战争结束后近20年仍旧人烟稀少。农庄坍塌的屋顶没人管，过道的灰泥已经剥落，修道院的巴洛克建筑或是在其中驻扎着苏联军队，或是被改为精神病院。有两百多万人被移居和驱逐出这片土地，就是这儿的居民被迁移到了巴伐利亚。特别是靠近边界的地区仍旧停滞在战后时期，像埃格尔这样的城市仅因为一家或几家罗姆人——当时人们管他们叫吉普赛人——才有了一点活力，他们搬进了德国人已经撤离的城市。然后是布拉格。这座曾遍布花园、教堂、圆屋顶和古老桥梁的城市曾阴暗得如同古老而又风化的残垣断壁，就像战前的黑白照片。但它再度崛起时，其巴洛克的辉煌和汇集了各种建筑风格的都市形象是无与伦比的（是的，当时在饱受战争蹂躏和战后的欧洲，瓦茨拉夫广场一直是欧洲最典型和热闹的城市广场之一）。布拉格是古老的，但同时又以一种令人惊讶的方式十分现代化，它从一开始就是中欧真正的大都市，是拉丁美洲、非洲和亚洲青年大学生会集的中心。这种青春和智慧的凝聚不仅可以在斯特拉霍夫（Strachov）区的学生宿舍看到，它也反映在布拉格小城和维诺拉第（德文译名，捷克语为 Vinohradská）区的啤酒馆和酒吧的气氛中。在西方游客光顾布拉格之前，它就是一个了不起的国际化城市。这种第三世界的国际主义在其他东欧大都市各有独具特色的体现：在布达佩斯和布加勒斯特有许多阿拉伯人，在莫斯科和索菲亚生活着很多中国人，在布拉格则可见到印度人、中国人和拉丁美洲人。人们在布拉格可以销声匿迹，那里有数不胜数的古董店、博物馆、酒吧、电影院和小型歌舞场。对生活在布拉格的印度工程师马亨德拉（Mahendra）而言，这座城市首先不是东欧集团的一座城市，而是代表着欧洲。科学与教育给东欧城市带来的国际主义，可以算作对其世界主义的一种小小的补偿，这种世界主义在纳粹坦克的碾压与民族和党的共产主义的高压下走向了灭亡。布拉格这样的城市对于从西欧来的年轻人则是一个信号：除了你们那些被炸毁又重新修建起来的丑陋的钢筋水泥城市，还有别样的欧洲，几乎毫发无损的欧洲。

牛仔裤，塑料袋，软实力。 20 世纪 60 年代中期，当我第一次去苏联长时间旅行时，我迅速学到了交换的语义以及一些具体商品的交换价值。有些特别聪明而且事先了解过行情的人，为这样的旅行做了相应准备。他们往箱子里装了至少两条或三条牛仔裤，还有一些人专门准备了圆珠笔，给孩子们的则是口香糖。牛仔裤经过在国家百货商场的厕所试穿后或在宿营地未经试穿就被买走了，宿营地是外国人和苏联人有接触的地方。今天人们大概会称每一个这种交换对象和交换过程为复杂的跨文化交流过程。无论李维斯牛仔裤是真是假，它们都有不同的档次，美国货当然最棒；香烟也很重要，人们买卖的牌子是波迈（长红）、骆驼或是切斯特菲尔德，这也意义非凡。到处通行的货币有牛仔裤货币、香烟货币、香水货币。也有图书货币，当时有人免费运送西里尔文①版的《圣经》，他们毫无赢利的可能。这些货物被运往

---

① 使用西里尔字母不少是斯拉夫语族的语言，包括俄罗斯语、乌克兰语、卢森尼亚语、白俄罗斯语、保加利亚语、塞尔维亚语、马其顿语等。——译者注

何处以及这种非常有趣的黑市是什么样子的，是转型时期的历史学家可以研究的问题。20世纪50年代在东欧首都出现了与西方年轻人摇滚粉丝类似的活动，晚上他们把高尔基大街的人行道搞得很不安定，他们的打扮——发型、皮夹克、瘦腿牛仔裤、窄皮靴——让维护治安的民警火冒三丈：在去斯大林化时代，这些被称作潮人的人都属于道德和意识形态方面的反革命。铁幕从来就不是绝对密封的。唱片和乐队的声音，布料的设计和色彩以及新的服装款式——新的服装款式本身也是一种货币，当然还有文学和书籍，这些东西都通过数千种渠道，被装在数千个袋子里进行着渗透。这并非强大的地下组织，却是一种符号和信号系统，不仅仅限于业内人士。瓦尔特·本雅明对时尚的评语非常到位，他说：谁若懂得解释时尚，他也能预言即将来临的革命。[1] 塑料袋最终成为另一个世界展示自己的最不起眼和最平常的方式。广阔世界的色彩和著名公司的标志随着这些塑料袋在莫斯科和华沙的街头游荡，它们免费乘坐地铁和地铁里的自动扶梯，最后甚至来到苏联和中国边境地带的边远小村庄。这就是封闭社会与世界的接触，威慑体制下的蚂蚁商人的运作。

　　太空中的噪声：自由电台/自由欧洲电台，美国之音。无论人们何时去莫斯科朋友们的家中拜访，总能听到难以忍受的噪声，这一般是收音机调频不准产生的。人们努力想从这种噪声中听明白什么话。尽管大多数收音机不是好收音机，但这并不是收音机的质量问题，也不是广播电台的事，原因是干扰台。有些地方的接收效果好一些，比如莫斯科郊外的乡间别墅或是波罗的海附近，也有的地方干脆什么也听不到。人们习惯了这种噪声，也熟悉广播电台用于识别信号的主旋律，人们扭动旋钮，自然而然就找到了要找的台，人们了解所有播音员：他们的嗓音，他们的口音，他们的气质，他们的观点。因此，相互关系和好恶就经过太空发展出来。但最重要的莫过于远方播出的有关自己国家的消息。经由伦敦、科隆、慕尼黑和华盛顿特区的编辑部，人们获悉什么稿子被没收，谁被传唤，谁离开了这个国家以及谁在流亡地找到了什么工作。流亡者通过太空与自己的同胞交谈。有人早就不再看报纸了，他们的信息系统，甚至他们的世界观变得越来越依赖无线电传播出的消息，那里的信息流从不间断，尽是揭露真相的消息。来自太空的声音为每天夜里在莫斯科厨房的社交聚会提供了交谈资料，人们称赞某位编辑的调查研究工作多么细致，但他如果出了错，就会被骂得狗血淋头。所以，全球化的世界在它还处于分裂状态时就已经存在了。对收音机进行的干扰也有积极的副作用，即增加了窃听难度。但这也许只是一种错觉。

我自己对政治上的东欧集团的回忆也与广播电台有关：那是 1956 年在布达佩斯发生的事。吃午饭时老式收音机上的绿灯亮着，里面传出了机关枪扫射和子弹击中目标的声音，那是勇敢的广播电台记者直接从布达佩斯的列宁林荫大道发出的现场转播，还有一个绝望的嗓音也给我留下了深刻印象。

马尔丘克（Martschuk）先生在他位于施瓦宾区的卫生用品商店。戴软边帽的移民。战后慕尼黑成为德国反苏移民的中心，西柏林太危险，那里被苏联特工绑架的人太多。许多人来自流离失所者的营地，战后这种营地在美国辖区有很多。他们滞留在那里或去那里避难。乌克兰人、俄罗斯人、立陶宛人、拉脱维亚人、波兰人，其中一些人往往履历复杂，他们不愿回到苏联辖区是有其特殊原因的。在慕尼黑聚集了一些有这类潜力的人，他们往往供职于美国人慷慨资助的机构，其中一个是苏联研究所，这里有做学问的，还有间谍和半吊子（因此在该研究所解散后，人们在慕尼黑的旧书店既可淘到无价之宝，也会遇到种种意识形态垃圾）。形形色色的人在这里走到一起，就像刚刚经历过大战的世界在重新组合时不可避免会发生的那样：难民、受迫害者、抵抗战士、纳粹帮凶、防御专家、情报工作者、从旧情报机构转到新情报机构的间谍。这些人中有正派的、刚遭灭顶之灾的以及发了战争财的。慕尼黑有的是这种人，充满了异国和国际化情调，同时也有躲在阴暗角落还没找到表现自己机会的人。马尔丘克先生在慕尼黑施瓦宾区的恺撒大街有家卫生用品商店。我是在20世纪60年代末认识他的。店铺的门一被推开，天花板上安装的一个铃就会响，一位戴着50年代角质架眼镜的男子就会出现，他用一只手拉开布帘，另一只胳膊是包着黑色皮革的假肢，他的胳膊是在战争中失去的。货架上几乎总是空的，我不知道他如何靠卖这些稀少的货物为生：洗涤剂、糖果、鞋带。但他的真实生活并不在卫生用品商店里，而是在旁边一间类似储藏室的阴暗小屋中，小屋的窗面向庭院。那里有一个沙发，或许马尔丘克先生也在那里过夜，那儿还有一张桌子，直抵天花板的货架上摆满了文件夹、纸盒子，很多纸张、文件、传单和重要通知，这些是我后来发现的。当我们之间终于建立起互相信任的关系时，马尔丘克先生告诉我，他不光属于梅林科派，即由安德里杰·梅林科（Andrij Melnyk）① 领导的乌克兰独立运动人士，而且还是在加拿大的乌克兰流亡政府的授权代表（很多年后，他介绍我认识了苏联将军彼得·格里金科（Petro Hrihorenko，这位将军加入了持不同政见者的队伍并走上了流亡之路）。我起初分不清所有那些派别和其意识形态方面的细微差别，显而易见的是围绕在卫生用品商店和马尔丘克先生周围的那种密谋性气氛。他过着双重生活，表面上是一家卫生用品商店的店主，暗地里是乌克兰流亡政府的代表，所以才有了仅仅为了打掩护的经商活动和他对附近客户那种保持距离的礼貌。实际上他从事的是具有高度戏剧性的政治活动，表面正常的生活是装出来的，这种误以为自己处于地下状态的假定显然也不是没有危险的：20 世纪 50 年代末一个克格勃杀手在楼梯间枪杀了住在慕尼黑的乌克兰民族主义领袖斯捷潘·班杰拉（Stepan Bandera），我甚至还记得当时报纸报道这次谋杀的通栏大标题。马尔丘克先生告诉过我，有重要国事访问时他和他的战友就会遭到软禁或是得不断去有关部门报到。当他让我结识他的大部分战友时——缘由是流亡政府的一位代表来访——那是给了我很大面子。他为我们进行介绍时提及了这些人的职务：教育部长、青年组织主席、外交部副部长等。

---

① Andrij Melnyk（1890 – 1964），乌克兰军官和政治家，自 1938 年起担任乌克兰民族主义者组织主席。——译者注

这些人都来到他那位于施瓦宾区的卫生用品商店的里屋。冷战有些很奇怪、黑暗而又荒谬的场所，那里的员工、手势和习惯都是这种环境中独一无二的。慕尼黑、普拉赫（Pullach）、加米施－帕滕基兴（Garmisch-Partenkirchen），各种美丽的和被战火洗劫过的地方令人遗憾地几乎完全消失在冷战神话的阴影里了：比如奥伯鲍姆桥（柏林），第三人（维也纳）①，用于交换间谍的格利尼克桥（波茨坦）。

英国公园附近作为公共寓所的苏联。 美国历史学家尤里·斯莱兹肯（Yuri Slezkine）的出色小品文之标题"作为一个公共寓所的苏联"——这是一篇探讨苏联国体结构复杂性的文章——令人惊讶地亦贴切适用于慕尼黑英国公园伊萨河畔的楼群，那里五十多年来一直是自由电台/自由欧洲电台慕尼黑总部所在地。²20世纪80年代，当团结工会威胁到波兰的共产党政权时，那里曾出现过炸弹袭击案，此外那里安静得就像英国公园所能呈现的那样。那是一排简单粉刷成白色的楼群，属于20世纪60年代经典现代建筑的变种，四周有围墙和阻拦车辆的栅栏，后来增加了严格的安检措施。办公室设施简约，看上去有些斯巴达式：那里有美国办公室常见的金属柜和可移动书架，走廊的软地毡总是一尘不染。那里大概是慕尼黑最国际化的地方，甚至在德国20世纪六七十年代都是如此。人们可以想象一下午休时咖啡厅的场面，在那里能听到以苏联为首的东欧集团的所有语言，此外还有电

---

① 《第三人》是一部1949年的英国黑白惊悚片，其中一些惊险场景是在维也纳的地下污水管道中拍摄的。此处指维也纳的污水管道。——译者注

台在争夺意识形态主导权时播音所涵盖的那些国家的语言。俄罗斯语，立陶宛语，爱沙尼亚语，白俄罗斯语，乌克兰语，格鲁吉亚语，亚美尼亚语，中亚的各种语言和方言，多种高加索语言。咖啡厅的玻璃柜里各种颜色的美国果冻色彩缤纷，服务、速度和礼节都是一种巴伐利亚 – 美国式的混合风格。英国公园附近隔墙后面的楼群隐藏着一个**微型**苏联，它受美国国会资助，它是一个非常独特的多民族、多语言、多元文化的综合体，里面有极为出色的研究苏联与东欧问题的专家和行家。他们在以苏联为首的东欧集团属于不受欢迎的人，所以只能被迫远距离对播音接收国的局势做出分析。他们常常住在慕尼黑郊区的**门控社区**，互相来往，却完全孤立于周围的巴伐利亚环境。广播电台拥有出色的调研部门、一流的文档资料和有天赋的档案管理员。"地下出版物档案"和其他许多藏品多年来在这里得到收集。1989 年后，这些藏品构成布达佩斯和布拉格新成立的开放社会研究所的核心档案资料。伦敦 BBC 广播公司和华盛顿的美国之音的情况类似。我们现在已经有了德国或苏联侨民在 20 世纪二三十年代生存状况的研究报告，包括关于他们创办的报纸和出版社的情况。无论是慕尼黑、伦敦还是华盛顿的"广播城"历史都是冷战史的重要组成部分，研究它们不仅仅是研究政治、火箭和宣传。

古斯塔夫·韦特尔（Gustav Wetter）[①] 的《**辩证唯物论**》（*Dialektischer Materialismus*）**作为共产主义世界的启**

---

① Gustav Andreas Wetter（1911 – 1991），出生在维也纳附近的默德林（Mödling），1936 年加入耶稣会，苏联历史与哲学专家。——译者注

蒙读物。自 20 世纪 50 年代末起，特别是柏林墙建成之后，每个学生都得去柏林参观。这确实是对一座前线城市的访问，随处可见废墟、被战争炸毁的建筑物和街道，在西德这类建筑物和街道早就被修缮好了。学校班级被高强度地带领着参观了很多地方，听了很多讲述，但真正留下印象的是这座城市的巨大、残缺和尚未复苏，其宏大规模在德国其他地方已经见不到了。若我没记错的话，介绍资料的一部分来自报纸报道，如东欧情报部门的绑架活动，但也有对马克思主义理论的阐述。我最早认真接触马克思主义是在一个为期两周的研讨会上，那是 1966 年我们毕业班组织去苏联旅游之前安排的活动，目的是对我们进行深入和系统的启蒙。研讨会的负责人是一位耶稣会神父——法尔克（Falk）教授，基本学习资料是耶稣会教士古斯塔夫·韦特尔——他是当时最精通"苏联的意识形态"的人——撰写的两卷本有关历史和辩证唯物论的著作。令人惊讶的是，在一所由本笃会僧侣管理的巴伐利亚寄宿学校，可以选修俄语课，当时举办这种研讨会不是为了揭露或反驳马克思主义，而是为了按照马克思主义的本义去介绍它和理解它。但那次研讨会也涉及政治、农业集体化、艺术家和知识分子地位等话题。冷战时期分裂的世界居然有巴伐利亚州修道院管理的那些可以学习俄语的学校，这意味着：世界并不像那些只会遵循体系思维定式的人所想象的那样密封和系统。

给赫鲁晓夫写信。我记不清这是叶夫根尼·叶夫图申科（Jewgeni Jewtuschenko）来德国之前还是之后的事了，这位年轻的苏联诗人像马雅可夫斯基一样激昂地在开放式舞台上朗诵了他的诗《斯大林的回归》（*Stalins Rückkehr*）和《巴比雅尔》（*Babij Jar*），引起很大轰动。总之，我写了一封信给尼基塔·赫鲁晓夫，告诉他我对俄语和俄罗斯文学感兴趣，问他从哪里能弄到俄文书籍。大约三四个月之后，我收到一大摞书，捆绑得很整齐，外面用粗糙的棕色牛皮纸包着，这种牛皮纸在西方早就找不到了。后来我才知道，只有在苏联邮局才能大量发送捆得这么结实的书籍。按我今天的理解，包裹的内容相当好地体现了 20 世纪 60 年代初的精神状况：其中包括一本厚厚的小说，作者是斯大林主义分子弗谢沃洛德·柯切托夫（Wsewolod Kotschetow），还有一本包装精美的出版物《诗歌日》（*Tag der Poesie*），其艺术设计继承了 20 世纪 20 年代俄国构成主义传统。20 世纪 60 年代，斯大林时代的气氛还没有消失，人们已经在尝试再次弘扬早期前卫艺术的不安分精神。

格林德根斯（Gründgens）[①] **和帕斯捷尔纳克的合影。**我不知道这张照片是谁照的，但仅凭该照片这位摄影师就可以在伟大艺术家的画廊中占据一席之地。我第一次发现它是在帕斯捷尔纳克的传记中，传记是 20 世纪 50 年代在莫斯科当记者的年轻人格尔德·鲁格（Gerd Ruge）写的。照片拍摄了这位演员和这位诗人，他们当时面对面站在莫斯科剧院舞台的背后，格林德根斯刚刚与汉堡剧院的剧团一起演出完《浮士德》。离德国人把可怕的战争打到俄国失败后不足二十

---

① Gustaf Gründgens（1899 – 1963），德国著名演员、导演和剧院经理。——译者注

年，德国戏剧中出类拔萃的《浮士德》就用德语在莫斯科上演。格林德根斯还没有卸去梅菲斯托的脸妆，脸上涂着大片白色，有着充满个性的下巴和突出的鼻子，他的对面站着帕斯捷尔纳克，后者在 1910～1912 年曾是马尔堡大学的学生，也是《浮士德》一书的译者，他的面部轮廓让人联想到一匹血统高贵的马的头骨——下巴前倾，嘴的线条分明，令人难以置信的鼻子和给人印象深刻的额头浑然一体。人们似乎能看到获得诺贝尔奖后的帕斯捷尔纳克不得不忍受的痛苦。该照片让艺术家相遇的瞬间得以永恒保存，20 世纪虽然在他们身上留下了自己的痕迹，但艺术家最终仍旧是艺术家。帕斯捷尔纳克和格林德根斯在舞台后面，四目相视，对我而言这完全是难能可贵的严肃和幸福的瞬间，尽管战争烧毁了曾经把俄国和德国联系在一起的一切。

停滞的时间。只要在弗里德里希大街或东火车站——也叫西里西亚火车站——登上火车，人就进入了一个不同的时区，哪怕直到苏联边境的布列斯特都属于中欧时间（MEZ）区。人们脱离了习惯了的快节奏，那个与必须和能够跟上时代步伐有关的速度的专制不翼而飞了。人们进入了放松和减速的区域，完全没有理由浪漫化这种区域，但有必要确证这一点，因为若不这样人就只能谈论胁迫、恐惧等消极特征。在后来的年代，在末日、社会主义的停滞期、"勃列日涅夫"衰败期，人们能切身体会到一种沉重和疼痛。但是，时间的独裁消失后也有让人觉得愉快的事。时间充裕，人们想去拜访的朋友总有时间，总是在家。如果人不胡作的话，生活没有大的意外，简单而清晰。一切都被事先安排好了，对职业和技能的需求是无止境的，尽管实际上这可能只是一种虚构，然而在社会主义经济中反正也无所谓需求。人们不必为未来的工作岗位担忧。人们很早结婚，很快就有了孩子，也许孩子的父母还在上大学。尽管有种种限制和约束，生活氛围还是安稳的。从西方来的人一直受到关注，来自外面的人有很多可以讲述的，人们不用过分努力就肯定会得到众星捧月般的待遇。因此人们坐在著名的"莫斯科厨房"里，被形形色色的人围绕着：物理学家的真实身份是历史学家，地理学家则在业余时间编辑诗集。在莫斯科并不宽敞的公寓中人们仿佛置身于篝火旁，友谊和信任构成了一个安全的世界。如今这一切都已成为历史，人们对此就看得更加清楚。过去毫无疑问会相聚的朋友如今都在路上，他们在博洛尼亚和巴黎参加会议，他们得挣钱，他们挣的钱足以去周游世界。人们不用讲述什么，现在他们自己去四处观看。大边界消失后陌生人的重要性大为减弱。开放后时间的统治权也不期而至。历史似乎被解放了，各种事件层出不穷，有时人们都不知道第二天会发生什么事。激动人心的时代意味着人要重新整合整个神经系统，要开阔自己的生活眼界。冷战时期东欧的封闭社会存活在同质时代，这一点在其今天已经分崩离析后才显得更加明晰。离开对时间的不同感受和不同时期的政权，冷战史就是无底深渊（在此人们常常会遇到一种情况，即不去思索时间本身的历史工作是相当浅显的）。

在空间中消失，自由。华沙条约组织、经互会——对年青一代来说这些已经是毫无意义的史前符号了——肯定是一种强制性关系，它是靠警卫、封锁、墙壁、铁丝网和铁幕维系的，再往东铁幕甚至像人们常说的变成了竹幕①。但若想毫无缝隙地进行统治与控制，这个帝国还是太大了。东欧集团有着明确和不可逾越的边界，但在其中领土最辽阔的国家苏联境内是没有边界的：从俄罗斯去格鲁吉亚或乌兹别克斯坦，从列宁格勒去塔林或里加，其间是没有边界的。在某一封闭集团的内部没有边界，这对小国林立的欧洲的一些国家来说是很难想象的事情。在强制性关系内部有着大量盲点和巨大黑洞，人们可以在这些地方消失，藏匿起来，那里有逃生走廊和无界空间。人们知道这些。³ 那些被囚禁在"易北河与奥得河之间"某国的公民对窘境感受最深，他们也特别爱出门，去一切可以去的地方：富有接待游客经验的捷克斯洛伐克，巴拉顿湖（Plattensee）和黑海沿岸，贝斯基德山（Beskiden）或上塔特拉山（Hohe Tatra）。我曾在最人迹罕至的地方遇到过来自东德的大学生：在高加索格鲁吉亚的军事公路上，在开往斯维尔德洛夫斯克的火车上和在列宁格勒附近的乡间小屋中。他们露宿在克里米亚的悬崖上，或是参加地质学家在帕米尔山脉或阿尔泰的探险。再后来，当帝国已经开始分崩离析时，我与一群波兰人——中年男子——坐火车离开莫斯科。他们刚在乌兰巴托旅游多日后回来，在那儿他们收集了许多半成品宝石，准备回到家后去卖（那是 20 世纪 80 年代初波兰危机开始时）。后来我才知道，他

---

① 竹幕（Bambus-Vorhang）是铁幕在亚洲的扩展，指的是冷战期间的东亚社会主义阵营。——译者注

们都是老江湖，去过很多地方。几年前他们曾前往朝鲜和太平洋沿岸进行过类似旅游。人可以从能发现一切的雷达屏幕上消失，这是我的最初经验之一。搭车，野外露营，坐火车不买票——无处不在的禁锢和物资匮乏令人没有其他选择，只能自己上路去远方。认为所有行动都是有组织的和受到控制的想法是相当幼稚的，这是事后的计划崇拜的表现。当然存在国家组织的旅游和工会的度假别墅，但更多的人是自己出门去玩的。东半球的休假期也是一个特殊时期：人们往往摆脱了控制，是尝试、散漫、放纵和无度的日子。安东尼奥尼在《扎布里斯基角》（*Zabriskie Point*）一片中所拍摄的画面——加利福尼亚州沙漠中的肆意狂欢作乐——与 20 世纪 60 年代索契夜晚海滩的场景相比就是小巫见大巫了。

中央电报局。手机被发明前的时代。即使在西方，要想象手机被发明之前的通信状况也绝非易事。那么在东边，具体到苏联的情况就更是难上加难了。20 世纪 80 年代初，大学生想打国际长途电话就得去位于莫斯科市中心高尔基大街的中央电报局。在那儿先得进入想打长途电话者的长蛇阵，在莫斯科这种大城市想打这类电话的人可就太多了。终于排到后得填表，写上自己想拨打的电话号码和通话对象的姓名，然而再回去等，直到自己的名字被叫到，等待时间可达 2 ~ 4 个小时。话费要事先支付，只要钱一用完，通话不经事先警告就被掐断。这个过程既辛苦，又费神，根本不利于沟通。最好在逗留莫斯科较长时间时能习惯中断与国外的联系。不言而喻的是：所有拥有电话的外国人都必须预计到自己的电话会被监听。跨境交流方面的官僚主义升级也是预料之中的事。我记得自己往德国邮寄所购买书籍的过程：列宁图书馆专门有一个部门负责此事，负责人是个非常和蔼可亲且知识渊博的图书管理员，她干这个肯定是大材小用了。并非所有在这个国家购买的书籍都可以寄往国外。十年以前出版的书籍需经特别批准才可以寄，1945 年以前的书籍被视为珍贵古旧书籍，是绝对禁止输出的。要是我没记错，对想寄出的书籍要提供一式六份的列表，需要填写的项目有：作者，标题，出版地，出版年，出版社，页码，印数和价格。由于在一年之中购买的书籍太多了，为了完成这一表格我在国际邮局走廊那儿坐了一整天，而且对这些书让不让寄心里一点底都没有。这些书后来在国际邮局当着主管人员的面被打包。只有人到了国外，书也到了——情况可并非总是如此——这才算完事。

四通八达的大帝国。这里只有一家航空公司——俄罗斯航空公司，但这家公司的飞机飞往各地，这些地方或者彼此毫无关系，或者联系甚少。从莫斯科乘飞机四小时可到达到处是棕榈树的苏呼米（Sochumi），呼吸到巴库上空的石油味，或走进格鲁吉亚姆茨赫塔（Mzcheta）的昏暗教堂。瓜果梨桃来自本国，石油、天然气和钻石也产自本国。机场航班指示牌上显示的目的地或是航线中所标示的城市涵盖欧亚大陆的所有区域，各机场的运作模式都是一样的：拥挤的长蛇阵、货币、价格和窗口拒人于千里之外的不友好服务。哪怕各地区的景观再不同，苏联那一套在哪儿都一样。选择在什么地方建市的规划是中央规划机构做出的，然而看上去如此同质的区域其实是迥然不同和四分五裂的——在语言、审美和气氛方面。在塔林有个卧城①，初看上去与莫斯科或卡马河畔切尔尼（Nabereschnyje Tschelny）的卧城毫无二致，但塔林有哥特式教堂、市政厅和市场，这些地方 800 年来几乎一直没有变化，在塔林人们仿佛置身于哥特式的中世纪欧洲。莫斯科和塔林之间有多条"哥特分界线"。在亚美尼亚能看到苏联现代建筑，也能参观被发掘出的乌拉尔图废墟，这一有数千年历史的王国的文化受到两河流域的影响。所以，苏联公民可以生活在一个国家，却是不同的世界。该国如此之大，以致人们可以忘掉大边境。在整个欧亚大陆行走，人们甚至不需要护照。

东德书店。西德游客在东欧旅行都出手大方，他们有天赐的西德马克优势。在布达佩斯他们出入的饭店是在家乡慕尼黑或科隆不敢光顾的。手中有西德马克，他们就住得起豪华宾馆，让成群结队的服务员来服侍自己，并请乐队来演奏吉卜赛乐曲。我想大多数人对这种变化是会感到尴尬的。本就不富的大学生们一般试着用外汇差价来买书。在整个东欧地区书籍都要比西方便宜许多，因此几乎每个西德大学生在旅途的最后都会去书店：布拉格护城河街的书店，莫斯科高尔基大街的友谊书店，或是基辅克雷斯查提克大街的书店。在这些共和国的首都也都有东德书店，那里可以买到"蓝封面"的马克思恩格斯全集，1968 年后这套书很抢手；此外还有装帧漂亮的红封面马克思主义经典作家的书，如普列汉诺夫，有的人甚至会买三卷本的列宁选集。当然也有其他

---

① 又译睡城，是大城市周围承担居住职能的卫星城。——译者注

在西德和西柏林搞不到或很难搞到的书：东德最好的出版商推出的全部古典和现代作品，这些书的装潢艺术非常棒，还有精美的艺术画册。我记得德累斯顿艺术出版社出过介绍20世纪20年代苏联建筑的书，是马戈梅多夫（Chan-Magomedow）的伟大作品；还有拉丽莎·沙多瓦（Larissa Shadowas）研究马列维奇（Malewitsch）的著作。在我的记忆中，东德书店总是顾客盈门、你来我往，所以书籍——同时也意味着思想——的交换从来没有间断过，书籍文化的传递和传播从未中止过。例如彼得斯（Edition Peters）和莱比锡的 Breitkopf & Härtel 音乐出版社都出版过巴赫、舒伯特和莫扎特的乐谱，这在西方几乎都是无价之宝。这类书店还有另一种意义：人们领悟到，在第比利斯（Tiflis）、基辅或里加存在德国文化，无论是世界的分裂还是冷战都无法削弱它，而所谓的德国式争吵（querelles allemandes）① 在更广泛的范围内居然毫不起眼。

东方快车，高速公路。高速公路不通向东方，而是通向东南方，通向巴尔干地区，从慕尼黑经菲拉赫（Villach）和克拉根福（Klagenfurt）、卢布尔雅那（Ljubljana）和贝尔格莱德、斯科普里（Skopje）前往塞萨洛尼基（Thessaloniki）和伊斯坦布尔。年复一年，每当科隆的福特公司开始放假或是巴登－符腾堡州的学校假期开始，都会有一眼望不到头的轿车队伍开上高速公路。其中有土耳其人、南斯拉夫人、希

---

① 此为法国流行语，认为德国人喜欢为一些无关紧要的事争得面红耳赤。——译者注

腊人，堪称现代版民族大迁徙。若干年前这种迁徙的主要媒介还是火车，特别是东方快车，它完全没有传说中豪华列车的异国情调。疲倦的人拿着沉重的箱子，渴望着回家乡度假，他们几乎全部是男人，穿着看上去不合身的西服。在每一个大火车站都会上来新乘客，每节车厢里都有凑在一起的塞尔维亚人、克罗地亚人（他们大多乘快车去里耶卡[Rijeka]）、波斯尼亚人、马其顿人、阿尔巴尼亚人、土耳其人、库尔德人和希腊人。火车停车的时候，人们冲出去买新鲜的水、水果和一些吃的。后来更常见的是全家人开车走在高速公路上，车顶上都装满了东西。成千上万人都堵在高速公路上，因车祸而丧生的估计也得有好几百人。这就是一条苦难之路①，它把西方与巴尔干以及东南欧连接起来，但它主要经过那些人们除此之外不会前往的国家：南斯拉夫、保加利亚和罗马尼亚。南斯拉夫是另一种东方，它其实并不属于那里，谁有一本普通护照都可以入境，在边境可以迅速而简单地获得签证。南斯拉夫有西方的汽车，在报亭能买到西方画报，还有现代化的服务业。当年在非黑即红的欧洲，南斯拉夫就构成一种例外。现在人们几乎忘了，在东西对峙的时代就曾有过这种可以体验的有趣现实——第三方。战后的南斯拉夫若是能恢复前往那里的高速公路，能把老东方快车改造成高铁，则会比就扩展后的欧洲所展开的许多辩论有用得多。

---

① 拉丁语 Via Dolorosa，即"受苦难的道路"，是耶路撒冷旧城的街道，是耶稣背着十字架前往其被钉十字架的地点时所走过的路。——译者注

铁幕欧洲之新生

1968 年的布拉格。被窃的年华。我未能亲身经历华约部队入侵这座城市。我的签证在两天前——8 月 21 日过期了，我必须离开这个国家。但要发生什么事已显而易见。人们每天都坐在电视机前，电视报道了军事演习中军队调动的情况，也引用了西方情报部门的分析。但几周前出现了酷似 20 年后冷战真正结束时的场面，后来的改革让人感到似曾相识，可其间相隔了 20 年，那是整整一代人的年华。看到很多人在电台、电视上公开发表自己的看法，发出自己的声音，打破套话，人们不敢相信自己的眼睛。新鲜的词语、大胆的思想和长期遭到禁止的东西都能在报纸上读到，被迫销声匿迹的人又重返公共空间和众人的记忆，那是一种梦幻般、振奋一切的状态。城市中遍布外国游客，布拉格再次成为欧洲中部的大都市。甚至瓦茨拉夫广场树木上的树叶都知道，不同寻常的事就要发生了：它们跟着震颤，人们都能听到它们振动发出的声音。布拉格又开始放射光芒了。在这个 8 月的夜晚我正走过捷克斯洛伐克和奥地利的边境，走在从布德维斯通往林茨（Linz）的路上。当时正值午夜，签证马上就要过期。边境卫兵提起我那装满书的沉重箱子，我们握手告别。奥地利这边已然看不见任何灯光，但我在一家旅店还是找到了一间过夜的小屋。

（2008 年 11 月 9 日在法勒斯莱本城堡所做同名报告的轻微删节版，首次发表于《霍夫曼·冯·法勒斯莱本协会通讯》，2009 年 6 月，第 56 年集，第 83 号，第 4~25 页）

德国国歌那些事

"多美好的一个星期天啊！"人们想如同约阿希姆·高克（Joachim Gauck）当选联邦德国总统后那样大喊一声，即便今天这个周日刚巧是 6 月 17 日①，这个日子曾经是民族的纪念节日，两德统一后它很快，可以说是仓促地被取消了，另一个节日代替了它。也许这是个巧合，"霍夫曼·冯·法勒斯莱本（Hoffmann von Fallersleben）② 具有时代批判精神之作品奖"今年选在 6 月 17 日颁奖，因为我了解组织颁奖工作的基金会是非常谨慎和小心翼翼的，所以我更愿相信，这一安排并非仅仅是时间表上的巧合。1953 年 6 月 17 日在东柏林和东德其他城市爆发的工人起义和德国国歌那些人人耳熟能详的段落——"统一、正义和自由，为了德意志祖国！"——之间的关系，可不是瞎编和臆想的。

这类荣誉的一个义不容辞的美好责任就是：那些没想到自己能获此殊荣的人，这回有理由去更深入地了解为此奖冠名者的"生平和著作"。这意味着暂时离开自己所熟悉的领域，也就是自己平常所研究的学科，进入一个不了解或不太了解的范围。我是研究东欧历史的，不是日耳曼语言文学学

---

① 1953 年的这一天东德人走上街头举行了示威活动。起因是 6 月 16 日 300 名建筑工人的经济罢工，后来示威者提出了撤走一切外国军队，实行言论和新闻自由，释放政治犯，举行全德自由选举等政治口号。该示威活动在苏联驻军的参与下遭到血腥镇压。西德随后将这一天定为"德国统一日"。——译者注

② August Heinrich Hoffmann von Fallersleben（1798－1874），德国诗人、语言学家和文学史家，德国国歌作词者。——译者注

者，不是文学史家，当然更不是霍夫曼·冯·法勒斯莱本专家。当然，在准备今天的发言时，我查看了此前获奖者的演讲。令我感到惊讶的是，霍夫曼·冯·法勒斯莱本的生活是那么五彩缤纷，他曾涉足过太多领域，以至于每个在我之前的获奖者发言的侧重点都不同，都向我们展现了一个迄今几乎未被注意到的不同的他。每个人对他内涵丰富的作品都有不同的理解。如此一来，颁奖词和答谢词几乎形成了一种新的文学体裁。每个人都做了新的尝试：有的围绕这一人物发挥，有的仰望这座纪念碑并试图得出自己的结论。人们对他的阅读方式各有不同：仔细拜读、持批评精神、尖刻讥讽、大加赞赏。鉴于其自相矛盾，有时甚至是癖性特殊的性格，人们也常感到困惑，其性格经常被形容为"难以相处"，与他打交道确实并非易事。

因此我第一次更加详细地研究这位不安分者的生平。我自然没有因此而成为法勒斯莱本专家，即使今后我也会把这个头衔留给别人。但我有了一个发现：在我知道有霍夫曼·冯·法勒斯莱本其人和他是何许人之前，我对他其实就不陌生，因为我和许多人一样是唱着他的歌长大的：《所有的鸟儿都来了》（*Alle Vögel sind schon da*），《森林里传出布谷鸟的叫声》（*Kuckuck Kuckuck ruft's aus dem Wald*），《小蜜蜂，嗡嗡嗡》（*Summ，summ，summ*），《森林里的小矮人》（*Ein Männlein steht im Walde*），《别了，冬天！》（*Winter，ade！*）和《圣诞老人明天到》（*Morgen kommt der Weihnachtsmann*）。在我知道《德意志之歌》（*Das Lied der Deutschen*）的作者前，我早就会唱德国国歌了。

德国的 D 大调发声练习

即使是老生常谈，但它仍旧是事实：很少有歌曲会像《德意志之歌》这样被如此不同的人在各种不同场合唱起，无论是在国家欢迎仪式上或其他权力仪式上，还是在更轻松愉快的场合，比如国家足球队获胜后在某体育场。如果允许我这么说的话，我们是其歌曲的歌手，即使我们自己不知道这一点。哪怕我们犹豫是否该跟着唱，他的歌也回响在我们耳边。我们犹豫着不张嘴，是因为我们相信有好的理由这么做，即使仅仅由于背不出被删减得只剩下第三段的国歌歌词。①

这首歌的历史及其接受史被充分研究过。露特·克吕格（Ruth Klüger）称它为"我们民族认同的重写本"。它于1841年8月诞生在当时属于英格兰的赫尔戈兰岛（Helgoland），几经辗转，却仍旧以本来面貌传到我们这里。在经历了三月革命、1848年革命和德意志帝国创建的各个时期后，它于1922年在魏玛共和国被当时的总统艾伯特（Ebert）定为国歌。在希特勒纳粹统治时期，第一段国歌唱完后马上接着唱霍斯特·威塞尔（Horst Wessel）之歌②。经过两次世界大战、德国分裂和再次统一，这首国歌一直常唱不衰，正如埃伯哈德·罗泽（Eberhard Rohse）所述，人

---

① 德意志联邦共和国现行国歌的曲谱由著名古典音乐家海顿作于1797年，歌词由自由主义诗人奥古斯特·海因利希·霍夫曼·冯·法勒斯莱本教授作于1841年8月26日晚。第一段开头为："德国！德国！高于一切，高于世间的一切"，在纳粹统治德国时期这一段特别受重视。现在的国歌只用其第三段，强调的是"统一、法制与自由"。——译者注

② 德国纳粹活动家霍斯特·威塞尔（1907－1930）填词创作的歌曲，又称《旗帜高扬》（Die Fahne hoch）。这首歌是纳粹党的党歌，1933～1945年期间也是德国的第二国歌。——译者注

们借同一首歌表达着不同的情愫：抒发对爱国与民主的向往，当作表白或反对歌曲来唱，作为民族主义士兵之歌，甚至是作为帝国主义沙文主义的战斗歌曲。魏玛共和国、国家社会主义的德国或民主的联邦德国都将其作为国歌。"德国历史上的每个时代都用相同的歌词唱着一首不同的歌。"赫尔曼·库尔茨克（Hermann Kurzke）如是说。这么说来，每个人都有自己心目中各不相同的海因里希·霍夫曼·冯·法勒斯莱本形象：难道他是个哈哈镜，折射出完全不同、互不相容的希望和表演？难道他在如此长寿的一生中（1798 – 1874）恰逢如此动荡的百年——它开始于令人震惊的法国大革命并将进入第一次世界大战的"原始灾难"——会让人格外惊奇吗？在这个人的一生中，在他那一代人的一生中所有现存关系都被颠覆和推翻。他们见证了德意志民族的神圣罗马帝国几乎悄无声息的消亡、革命法国的帝国扩张、普鲁士和整个欧洲旧世界的崩溃；他们同时也看到了反对王侯权力和外来统治的世界民主和民族解放运动的兴起、大规模巷战和谍战、国际市场的力量、工业化的前进步伐和交通工具的革命——哪怕是再偏远的省份都被卷入其中。他们目睹了一个诸侯林立的分裂小国走向了统一，亲身经历了发展的步伐势不可挡的创业时代的繁荣。这是现代公民社会和现代国家诞生的时刻，充满力量，但其动力也是难以驯服的。这远远不是一般人的一生所能经历的。这个人的一生就像他所生活的那个世纪一样多变和矛盾重重。[1]

　　对于后人而言，到给人印象深刻的人物身上去寻找认同总是容易的，甚至是具有诱惑力的，特别是如果这些人是正面英雄的时候，或是情况需要时与其对立的人物。因此对一个经历了 68 学运[①]年代的人，我视自己为这类人，不难体会霍夫曼·冯·法勒斯莱本反对诸侯和旧制度的激情，而且同情他。霍夫曼在他的回忆录中对反对派的行头有过如下描述："每个身穿德国外套、留小胡子的人当时都算是非常危险的人物，人们相信他什么事都干得出来。"看到这段话每个人都会想起自己的学生时代。他忠于自己的批判性见解，知无不言，言无不尽，甚至不惜为此失去在布雷斯劳大学的教授职位。经历过职业禁令，或是为了就职得去各种机构跑断腿的那代人，谁读了他下面这首讥讽俗人——特别是教授们——的诗句不心生敬佩？哪怕读者本人也是教授。

谁在整个学术生涯中都垂涎头衔、勋章和金钱？

谁是世上最满足者并顺从任何政府，

只要他尚可苟延残喘？

你们问：这种男人会是谁？

他们是，他们只能是德国文人。

从今天的角度来看，人们很难赞同他替犹太人想出的改善处境的主意——"解放"，一首写于 1840 年的诗被冠以这样的标题，他认为犹太人只有"通过自由之门"，也就是远离他们那"整天想着放高利贷和欺骗"的神，才能得到解放。人们更难理解他为什么对法国人恨之入骨。其实这种

---

① 指发生在 20 世纪 60 年代西德的学生运动。——译者注

仇恨并不难解释，因为当时为自由和独立而进行的奋斗是和反对外来统治不可避免地交织在一起的。那时不能理解仇恨法国和热爱自由怎么能联系在一起的，仅仅是那些简单地将世界划分为非黑即白的人。

我与霍夫曼·冯·法勒斯莱本也可以说还有一点直接关系。我所在的大学，20年前重建的奥得河畔的法兰克福欧洲大学，在其1811年关闭并迁往布雷斯劳的时候把图书馆的书籍打包逆流运往了新校址，这些书籍成为新的大学图书馆的基本藏书。那位对这批书籍进行了艰辛编目工作的人不是别人，正是大名鼎鼎的海因里希·霍夫曼·冯·法勒斯莱本，这一点有现在波兰布雷斯劳大学（Alma Mater Vratislaviensis）马雷克·霍拉普（Marek Holub）的研究为证。[2] 在德国科学基金会的资助下，如今这批书——在经历了战乱、波兰大学创建和奥得河百年洪水之后——以数字化形式作为虚拟图书馆重新返回了它们的老家。人们可以在网上点击、浏览和打开目录。霍夫曼·冯·法勒斯莱本，如果您同意的话，属于古老书籍世界的守护者；此外我们还得感谢他，这位在那座城市从未感到过幸福的人——"布雷斯劳对我来说是有些令人感到陌生的地方，我从未觉得自己生活在一座德国城市。""这儿离德国真是太远了。"——是他让我们认识了这座西里西亚大都市文化和社会生活的方方面面。在普鲁士强力兼并西里西亚后，他是为数不多能看到这一地区的斯拉夫历史并承认它的人之一。1829年他写道："很久以前西里西亚也是完全属于斯拉夫的，这是不争的事实。"作为充满激情的民歌收藏家，他也收集了很多波兰歌曲并将其出版。这肯定也是布雷斯劳和法勒斯莱本之间的关系如今这么密不可分的原因之一。多年来我一直致力于追溯奥得文化圈的历史并试图让这个题目成为我所在的大学的研究重点，了解到霍夫曼·冯·法勒斯莱本的这一面对我来说亦是一个重要发现。

尽管有这么多接触点，让我进一步走近霍夫曼·冯·法勒斯莱本的却是另外一件事，现在我就来说说此事。此奖是颁发给"具有时代批判精神的作品"的，其中之一就是我此生已经研究了很长时间的题目：德国人重新面向东欧，他们曾与东欧脱节，是自己把自己甩出来的，经过很长的战后时期、受铁幕和一条穿过他们国家的边界的阻隔，他们被排除出东欧。有一本我在 1986 年，即柏林墙即将倒塌前出版的书的标题对我来说具有纲领性意义：《中心向东：德国人、失去的东部和中欧》 （ *Die Mitte liegt ostwärts. Die Deutschen, der verlorene Osten und Mitteleuropa*)。我列举这个书名不是出于怀旧，而是因为它蕴含着一个庞大而强有力的主题。这个题目在某种意义上就是一个工作方案，不是我抽象地给自己设定的，而是就这么"出现了"，所谓"可遇而不可求"。1989 年所发生的不同寻常的事情居然以令人惊讶的方式让我在这篇杂文中提出的观点和追求的目标——"中心向东"——得以实现：铁幕的消失使得我们又可以接触一个世界，它对我们来说已经几乎陌生得如同月球背对着地球的那一面。刚刚还存在于泛黄相册中的风景，突然又变成了邻国的景点。曾经被切断的路径突然又通车了，终点站又成为中转站。欧洲得到了重组，逃往西方的事也在不经意间结束了。战后西德人最憧憬的地方曾经都在西边，现在这些地方遇到了竞争对手。现在旅游不再仅仅是去巴黎或纽约了，也许是去邻近的布拉格、布雷斯劳和布达佩斯。地平线上突然出现了许多以前只存在于文献中的城市，这些地方涌现了有故事的照片，许多故事发生在很久以前。大约 20 年前，在世界还分裂为东西方时，有谁又能想象会出现这样的事：欧洲足球锦标赛在波兰和乌克兰举行，成千上万的球迷前往以下各地看球：但泽、布雷斯劳、伦贝格、基辅或哈尔科夫。电视观众和球迷之前最多也就听说过这些城市的名字。

但这一切与霍夫曼·冯·法勒斯莱本又有何相干呢？我属于那代对德国国歌心存芥蒂的人。这些人——至少是我们中的大多数——无法不假思索地张开嘴，更不能扯着嗓子吼出国歌。这不仅仅是因为我们唱不出开篇那句"德意志，德意志，高于一切"，其实我们早就知道作者和他那个时代的歌手所要表达的意思：创建一个德国，它将超越自私的各自为政的诸侯林立的境界，为了人民和民族的共同事业限制诸多公侯们的利益。作为出生在第二次世界大战的阴影中、成长于冷战阴影中的人，这首国歌对我和许多我的同代人来说已经无法再唱了，它被滥用了，一唱起它就让人想起闪电战的胜利，还有那些不仅是以德国人的名义，而且就是德国人所犯下的罪行。尽管作者、歌词，尤其是海顿的旋律本来是无辜的，就像李斯特的前奏曲，它们全都诞生于纳粹德国国防军的捷报传来之前。但这所涉及的并非仅是一首国歌，而是所有有关荣誉、忠诚、民族和国家的概念。直到有着梦游者般特立独行态度的康拉德·阿登纳——他曾是被纳粹罢免的大科隆市市长——才敢于 1950 年 4 月 18 日在西柏林饱受战争蹂躏的泰坦尼娅宫让这一旋律再次响起，并分发一首还被禁止的歌曲的歌词为止，这首在纳粹时代遭到滥用的《德意志之歌》才获得了新生。

尽管我现在已经分析和理解了它，但我从来没有真正学会过这首歌的歌词，恐怕这辈子对它都只能心存余悸了。诗句和旋律的根可以扎得很深，不是仅靠思维就能改变的，这方面最好的例子就是霍夫曼的儿童歌曲。

然而比"德意志，德意志，高于一切"受到更多误解和污染的是另外两行歌词，它们出于同一原因不再被唱起："从马斯到梅梅尔，从埃施到贝尔特。"这两行歌词憧憬着一个大德意志梦，所有德意志人都统一在一起，包括奥地利，而不是普鲁士德国的小德意志解决方案。正如《德意志外国人之歌》（*Lied vom deutschen Ausländer*）所述：

> 没有奥地利，也不再有普鲁士！
> 只有一个统一的德国，辽阔雄伟，
> 是上帝赐予的自由德国！

"从马斯到梅梅尔，从埃施到贝尔特"，这是一个巨大区域的文学密码，灾难发生前德意志人曾在其中活动。这种文学的划界语义模糊，甚至没有详细的地理界定。它们所指的那片空间中当时不仅生活着德意志人：从波罗的海，也就是贝尔特，到阿尔卑斯山以南，即埃施；从普鲁士及德国的东部边界，也就是梅梅尔，到莱茵河左岸德意志人聚居的地方。最迟到 1866 年克尼格雷茨（Königgrätz）战役，这一被憧憬的大德意志分裂为两个民族和民族国家——德国和奥地利——就最终成为不可逆转的事实了，正如托马斯·尼佩代（Thomas Nipperdey）在其历史巨著中引人深思和悲伤的评论所言。

希特勒也把《德意志之歌》中的这两行歌词拽入了深渊，从而让整个世界也跟着坠入深渊。纳粹灾难的一个常常被低估或是被掩盖的长期后果就是：至今人们都很难谈论德国在东欧的历史。这一历史长达数个世纪，它早于 12 年的纳粹统治、第二次世界大战和古老东部和中部欧洲的衰亡。纳粹 12 年的倒行逆施毁掉了数百年和许多代人的工作成果，但此前的那段历史是无法抹杀的。这两行歌词的消失标志着整个地平线的消失，暗示着一种对往事重提的恐惧，提起这个题目很快容易做错什么事或是遭到误解。如何才能将一个大话题从可怕的纳粹历史的旋涡中拯救出来？面对古老东欧的衰亡、欧洲犹太教中心的毁灭以及 1945 年后德国人从东欧的消失，人们怎样才能谈论曾经在那里生活和工作过的德国人的成就，以及东欧往日的辉煌和美丽呢？德国人在东欧犯下滔天罪行后，在此阴影下还怎么谈论那些让他们自己最后也成为受害者的罪行？如何让人们既不会忘记历史上的巨大损失，又不会在生活于今天的人中间挑起新的冲突和敌对行为？人们该怎样谈论自己这边的受害者，而不会陷入自怜，甚至招来质疑或颠倒历史因果关系的猜疑？人们可以毫无困难地继续提出类似问题，它们说到底是同一个问题：德国人，不仅是战后流离失所者，而且是所有德国人，怎样面对 1945 年后的损失——这种损失导致德国整个精神结构的失衡，怎样对付这种局面才不会陷入怀旧或图谋报复的死胡同？一方面人们得彻底认输，另一方面巨大的文化遗产又活生生地存在于人们的脑海中，这根钢丝该怎么踩？这条路很难走，而且充满风险，因为它似乎布满了地雷，而且夹在两个前沿之间。冷战的世界，哪怕是在后期，是不同意识形态阵营的世界，双方都充满猜忌，缺乏忠诚和认同感。脱离东西方阵营的游戏规则和语言规则，是无限耗费精力的，而且时常需要勇气。要等待很长时间，直到 1989 年那个**奇迹之年**，处处剑拔弩张的局面才最终消失。

我与东欧世界的接触开始得很早，早在我自己第一次去那里之前，也早于我能在巴伐利亚一所高中开始学习俄语之前。我的俄语老师是个"流离失所者"，也就是难民，他不愿返回斯大林的帝国。与德国各地一样，我们阿尔高那个村子当时来了数以百计的难民，他们来自"奥得河和尼斯河以东的区域"，其中有些人就住在我们院里，我们这些孩子是跟他们一起长大的：有一家人来自布雷斯劳，很快又搬走了，因为乡下没有适合这些高素质的城里人可干的工作；另外一家来自埃格尔一带，男的是个真正的波希米亚音乐家，女的来自摩拉维亚，曾在维也纳当厨娘，她能做出村里没人能够想象的美味佳肴。他们就是那人数超过 1200 万名的难民中的几个，他们失去了一切——房子、院子和家乡，他们得再次白手起家。但他们脑袋里保留着家乡的画面——集市、墓地、婚庆和风景，这些向每个游子施展着它们无尽的魅力。但时间越长，这些图像褪色得越多，失去的世界难以企及，而且几乎不可能告诉那些对家乡一无所知者，他们失去了什么。知道的和不知道的、外来者和本地人中间有一条深深的鸿沟。事后我们知道，一切都以事先难以预料的方式向好的方向发展了：数以百万计的难民和遭到驱逐者重新融入了社会，这场前所未有的人口革命是伴随着领土变化而发生的。德国人在东方和西方不仅掌控了局面，而且——至少在西方——还创造了经济奇迹。

但内心的界限还是存在的，这从一个人的外表很难看出。人们不能说存在某种禁忌，恰恰相反：各级政府中都有流离失所者，他们保持着老乡间的关系，维持着自己的习俗，得到了官方的关心和财政支持。然而他们的知识和回忆大体上保留在自己人之间，时间越长，这种知识和回忆越被边缘化，虽然从文化上拯救失去的世界的事本该是所有人，甚至是全民族的事。

我一直想说的那种机制就是从这里开始的。"从马斯到梅梅尔"，这句歌词被污染和联想了，它不再是三月革命前德意志人的浪漫之梦，而是被等同于希特勒的大德国狂想，纳粹德国国防军的进攻，焦土，狂怒的作战命令，没有生存空间的人民和对犹太人的谋杀。在发生了所有这一切后，谁也不想否认，那两行歌词不可避免地无法再唱了。但这在文化上也是一种间接的沉默、遗忘和丢失的迹象，而其丢失的对象是原本没有必要丢失的。德国和欧洲文化中的很大一部分在很长一段时间是失去了家园、无处藏身、没有领地的东西，它们仅存在于精神王国中，作为回忆，作为概念。受到纳粹污染的诗句阻碍着人们进入一个此前就已存在的世界，无论人们愿意与否，对那个世界的兴趣是存在的，哪怕被怀疑要贩卖顽固分子的货色。一种已经站住了脚的社会共识体现在语言规则中，尤其是在政治敏感范围。很快在苏联占领区就不再用难民这个词，而是称移民，这自有其意义。同理，20 世纪 50 年代初东德几乎以快要自我否定的方式努力使用正确的地名弗罗茨瓦夫，而避免用布雷斯劳。语义上的细微差别折射的是现实状态。很长时间人们能从一个人用加里宁格勒或柯尼斯堡、但泽或格但斯克看出其政治态度是支持还是反对新东方政策。后来那一时刻出现了，玛丽昂·登霍夫女伯爵（Marion Gräfin Dönhoff）[1] 给她的回忆录起了一个意味深长的名字《没有人再提起的名称》（*Namen，die keiner mehr nennt*）。这种不再用的地名不光东普鲁士有，其他地方还有很多，而且还有更多的地名已经无人知晓了。

说了这么多之后应该清楚了：我不是主张恢复"从马斯到梅梅尔……"那句歌词。我们在经历了 20 世纪灾难性的混乱历史后——无论幸运与否——对国歌进行了删节，只保留了最后一节。但我的真正意思是，常见的利用这一点大做文章、危言耸听的行为其实是不恰当的，更为得体的做法是，应对一向讳莫如深的这件重要事情重新评价，这首先意味着：从单一民族叙事的狭隘框架中走出来，在欧洲意义上对其做出全新诠释。我主张我们需要对"德国人和东欧的

---

[1] Marion Hedda Ilse Gräfin Dönhoff（1909－2002），德国《时代》周刊出版人之一，曾任总编辑。——译者注

德国文化"这一复杂的题目进行欧洲化，对它进行再描述，即把它从出于众所周知的原因而长期以来所沾染的民族主义臭气中解救出来。这一话题，还有流离失所的环境以及随之产生的不满和怨恨都导致了一种边缘态势。我们应该把它们重新引入开明和更为自信的德国社会的视野中，这种社会不再将其视为一种危险和负担，而是将之看作文化财富的增值。这是一种变"历史包袱"为文化资本的工作。这种工作把哀伤的事转化为动力，为德国人和东欧其他民族的合作提供灵感。

巨大的分界线消失后欧洲重新进行了分类，在改变后的欧洲，"东欧的德国人"这个复杂的综合体也找到了新的、合适的位置。与此有关的题目丰富得如同其背后蕴藏的超过800年的历史。无论我们在东欧走到哪里，只要我们有兴趣和注意观察，都会看到德国人留下的痕迹：汉萨同盟城市的高耸入云的建筑；位于里加的约翰·哥特弗雷德·赫尔德（Johann Gottfried Herder）和理查德·瓦格纳的纪念碑；维尔纽斯犹太教堂所在的那条街从前叫德意志大街，那些牧师和学者世家属于爱沙尼亚和利夫兰（Livland）① 人文地理的重要组成部分，沃尔克·施隆多夫（Volker Schlöndorff）曾在库尔兰（Kurland）② 的庄园大屋拍摄过《致命一击》（*Der Fangschuss*），该片讲述的是德国波罗的海世界的终结。这些痕迹还包括保存完好的柯尼斯堡阿尔贝蒂娜大学

---

① 欧洲北部的历史地区，即现在的爱沙尼亚以及拉脱维亚的大部分领土的旧称。——译者注
② 现在拉脱维亚西部的一个旧地名。——译者注

（Universität Albertina）的教学大楼，以及矗立在楼前的康德纪念碑复制品或大教堂东北侧的康德墓。潟湖，库尔斯沙嘴——拥有松树林和沙丘的梦幻风景，它们藏匿在反映冰上难民队列的黑白照片上。约翰内斯·波勃罗夫斯基（Johannes Bobrowski）出生在蒂尔西特的一幢房屋中，今天叫苏维埃茨克。人们徒劳地寻找着汉娜·阿伦特住过的动物园大街，她是在柯尼斯堡长大的犹太人。建筑师埃里希·门德尔松（Erich Mendelsohn）在阿伦施泰因（Allenstein）、柯尼斯堡和布雷斯劳留下了杰作。不该忘记的还有汉斯·夏隆（Hans Scharoun），我们今天在这里举行颁奖仪式的房子就是他建造的，他独具特色的早期作品还包括在布雷斯劳沙伊特尼希（Scheitnig）别墅区的单身公寓。我们无法一一列举那些战前被照片和明信片记载下来、未经毁坏的地方的面貌，战后这些地方被陌生人——他们自己也常常是背井离乡者——接管和使用，从而获得了它们的第二生命。痕迹随处可见：房屋、墓地、纪念碑、广场和街道。这种取证工作早已展开，尤其是在当地，因为这些地方的新居民知道，他们若是不了解那里以前的历史，就无法进行规划和建设，也不能把那里变成自己的家园。不承认柯尼斯堡/加里宁格勒的双城身份，以及它有着不止一种历史，那就很难令这座城市获得一个真实与还算相宜的面貌。布雷斯劳还有其他名称：Wrocław、Breslaw，Civitas Vratislaviensis[①]。没有各族人民——德国人、犹太人、捷克人——齐心协力做贡献，就不会有布拉格现代

---

① 分别为波兰语、拉丁语等各种语言对该地的称呼。——译者注

派建筑和布拉格文学。罗兹在成为"东部曼彻斯特"中的"应许之地"前，叫利茨曼城（Litzmannstadt），那里生活着的"罗兹人"分别是德国人、波兰人、犹太人、亚美尼亚人和俄罗斯人。倘若没有那些住在切尔诺维兹的犹太作家写出的作品，德国近代文学还不知要逊色多少呢！要想描写和讲述这段历史可不是那么简单的事：人们得掌握德国人生活过的那些国度的语言，才能如实了解和领会当时德国人在各地的生活环境。当年的拉丁文和现在的英语可能是其中最好的方式，民族敌对情绪至少在语义上得到了克服；虽然一些词语如今以膨胀的方式变成了流行语，但人们必须在词语的真正意义上来跨民族和跨文化地使用它们。人们必须掌握文化史的全部内容，从各种法律形式到基础设施和现代化过程的影响。这是一项伟大的工程，一直以来我都希望这项工作能在科学的心脏——大学里进行，而不是交给别的什么机构去运作。

德国在东欧的历史从来不仅仅是德国人的历史，只有把它作为相互交叠和紧张关系的历史来探索、展示和叙述，才是适宜的。像所有的历史一样，它是杂糅和污浊的历史：充满了仇恨敌意、恶语相向、怀疑指责、哗众取宠和社会嫉妒，但数百年来这种共存也曾是可行的。失去这种共存让德国人——但不仅仅是他们——变得贫乏了。与东部的关系遭到破坏后，德国人被剥离出一个丰富的文化共融背景，1945 年后所赢得的世界主义——至少在开放的西德——几乎无法补偿失去与东部的联系后德国人不得已的自我乡土化。现在是摒弃自以为是，看看周围情况的时候了。各种修正论无可奈何地过时了。1989 年后，我们置身于一种环境中：现在我们可以讲述和聆听自己的历史，而不必大动肝火。我们甚至不必构建一个唯一真实的完整故事，缺了紧张和暴力的因素这大概也是做不到的。最佳状态是：先听各种版本的故事，听进去并保持沉着冷静。这是很难做到的。另外这不仅适用于德国人，我们不是唯一失去了"东部领土"的。波兰人亦有他们失地的历史，甚至比德国人失去得还要多。出自亚当·密茨凯维奇（Adam Mickiewicz）[1] 之笔的他们的民族史诗[2]毕竟是这么开头的 "Litwo! Ojczyzno moja! ty jestes jak zdrowie"（"噢，立陶宛，我的家乡！"），不是也没有人觉得这是在号召修正边境现状吗？数百万俄罗斯人是曾经的苏联帝国同类人中的第一批人，他们也必须放弃其祖先与父母居住过的地方。塔什干（Taschkent）、第比利斯、基辅和维尔纽斯现在已是不同独立国家的中心，人们得设想一下后帝国时代的状况，那也是 20 世纪欧洲的一种背井离乡的情景。他们所有人都必须学会如何面对和处理这种局面。

走出民族叙事的窠臼，这种必要性不是要求我们在政治上改正自己，而是由于它是处理历史的最合适的方式，因为仅用具有民族局限性的方式是无法叙述打破了民族疆界的历史的。自身经验告诉我们这并非易事，我们只要想一想，哪些人——无论是德国还是波兰方面——曾经试图垄断和利用

---

① Adam Bernard Mickiewicz（1798－1855），波兰浪漫主义的代表诗人。——译者注
② 即《塔杜施先生》，又名《在立陶宛的最后一次袭击》。——译者注

被驱逐者之事来兴风作浪，尤其是在大选前，历史被用来当作党派斗争的替代性场地。一般而言，看上去似乎 1989 年以来出现的开放和正常化局面随时都会因这类争吵而前功尽弃。

我敢肯定，作为心灵独立、叛逆和活跃的人，海因里希·霍夫曼·冯·法勒斯莱本会站在那些人，即当老路狭窄不通并充满官僚主义障碍时走新路的人的一边。一句话，他会迈步奔向新欧洲。他这个对失踪了的手稿和罕见来源嗅觉异常敏锐的人，肯定早就去那些现在可以自由进入的档案馆和图书馆寻宝了，他也一定发现了稀世之宝并立即对它们进行了编辑整理。他熟知如何巧妙地骗过警察和特务，怎样利用通行证和有限逗留许可，他肯定在冷战时期就已经试图穿过铁幕了，现在欧洲不存在边境了，他更是会在新欧洲到处行走。国家有关部门几乎追不上他，他以自己神秘的方式快速与反对派和有不同政见背景的人建立了联系，在我们这个时代这类人分别叫作七七宪章、劳工保护委员会、团结工会和赫尔辛基人权委员会。作为诸多小册子和非政治性诗歌的撰稿人，多家被禁止的出版社的作者，他在地下出版物和地下刊物氛围中一定感到如鱼得水。无论在什么地方——广场、火车站、酒馆——作为歌手登场，他都吸引了众多观众。他在德国境内和境外的行走速度之快，即使 150 年后一位习惯了乘城际列车和飞机旅行的人都会对此感到费解与神奇。短短几个月他就推进了数千公里，交通工具是驿马车、轮船，后来则是快得令人难以置信的火车。他就这样从法勒斯莱本出发，不断扩大半径：前往黑尔姆施塔特和哥廷根，

德国的 D 大调发声练习

不久又去了波恩、莱顿（Leyden）、柏林和布雷斯劳，后来又不断前往欧洲所有的主要城市——维也纳、布拉格、佛罗伦萨、罗马、巴黎、哥本哈根、巴塞尔和斯特拉斯堡。我们从未发现他描述自己看见了什么值得一看的，即使偶尔提到什么也多是大加贬损，他写的几乎总是关于自己的事：他的歌、人们对这些歌的反响，也有生意上的成就，最终就是社交。海因里希·霍夫曼·冯·法勒斯莱本是个以自己为主角的社交空间的创造者，这意味着：他是公民活动、结社、协会和俱乐部发展的推手。那时正是市民社会即将诞生的时期，或者像我们今天大多会说的：公民社会，即这个社会不只由生意人、工厂主和名人构成，而是由成千上万的各种协会的活跃积极分子组成，在德国尤其如此。他的非政治性歌曲在某种意义上可以说是这种强有力的分子形成发出的声音，这种形成不是首先出现在街垒战中，而是在协会碰面的饭店和酒馆，没有这些就不会有社会运动。人们可以把海因里希·霍夫曼·冯·法勒斯莱本的游程陆续画出来，从中可以看出持不同政见者运动的轨迹，亦可看出一位百折不挠的遭驱逐者和流亡者的行程。并非巧合的是：他的熟人中有一个名叫卡尔·贝德克尔（Karl Baedeker）[①] 的人，在 1843 年去莱茵河畔的科布伦茨的一次旅行中他把贝德克尔介绍给了费迪南德·弗莱里格拉特（Ferdinand Freiligrath）[②]。用贝德

① Karl Baedeker（1801－1859），德国出版商，以出版一系列旅行指南著称。——译者注
② Hermann Ferdinand Freiligrath（1810－1876），德国诗人与翻译家。——译者注

克尔的方法可轻松地重塑三月革命前的政治地貌：其中心、幕后、印刷机和被禁止的文章秘密流传的路径。如果加上他的歌曲，那就同时留下了声音的轨迹，它领引我们走进让市民社会粗具规模的房间。霍夫曼·冯·法勒斯莱本的行程也描画出想象的共同体（Imagined Community）的轮廓，想象的共同体是罗杰斯·布鲁贝克（Rogers Brubaker）在他那本广被引用的书中为民族下的定义。其歌曲——从《森林里的小矮人》到《德意志之歌》——为这段动荡的历史配了乐：用时髦的德语可以这么说——三月革命前的时期作为**音景**。有朝一日总会有一位音乐人跻身霍夫曼·冯·法勒斯莱本获奖者之列，我们将会得到启发：团体与民族，也就是想象的共同体的形成要通过歌唱和音乐。

我谈及霍夫曼·冯·法勒斯莱本旅行的惊人灵活性和广泛性，不是因为我自己去过很多地方，把旅行当作学习和研究的一种高级形式，或是我认为我们需要霍夫曼·冯·法勒斯莱本这个超级权威告诉我们应该做些什么，原因在于我们自己不能找到足够强有力的论据；而主要是因为我们目睹的现象让我想到霍夫曼·冯·法勒斯莱本当时所积极参与的对想象共同体的建设。今天是 6 月 17 日，这个星期天不仅令我们想起 1953 年的起义，而且告诉我们今天还须保持头脑清醒和镇静：希腊大选、法国大选、埃及大选，欧洲出现了结构性转变的症状，甚至是命运性抉择。存在"欧洲危机"，像所有危机一样它也让人们看清，什么是站不住脚的，而什么又是势在必行的。危机蕴含着令人丢掉幻想和启蒙的潜力，只要危机没有把人打倒，那通常走出危机时他会更强大。局面正如大家感觉到的那样严峻，但我们也不该歇斯底里和惊慌失措。欧元区不等同于欧盟，而欧盟也不等同于欧洲。欧洲需要布鲁塞尔、欧洲央行与欧洲议会，但不是所有的道路都通向或通过布鲁塞尔、法兰克福或斯特拉斯堡，甚至不总是通过欧洲的大都市。然而欧洲总是能同舟共济，不是得益于良好意图和政治宣言，而是由于日复一日、年复一年完全不引人注意的日常工作，这种良好运转是慢慢演练出来的。这个欧洲已经超越了小国林立、边界重重的状态，人们根本无法想象再倒退回过境验护照的时代，当然这不包括某些地点的安检和搜身。人们也许不是浪漫主义者，但他们自然乐于乘廉价飞机和高铁前往地中海。统一欧洲大陆的并非职业政客，而是那些承运商，那些跨国的长途汽车线路，那些伊拉斯莫斯大学生和那些穿梭于卡托维兹和曼彻斯特、布加勒斯特和贝尔加莫之间的人。看到这些非政治运动和尚未政治化的运动，海因里希·霍夫曼·冯·法勒斯莱本会感到喜悦，舍此就不会有其他进一步的改善。他会加入这些运动，很可能哪里有行动他就出现在哪里：去克拉科夫的雷内克（Rynek）参加文化之都的庆祝活动，去斯图加特总火车站或基辅的独立广场加入示威者的队伍。他总一如既往地在民间追寻消失了的歌曲和旋律。他当然知道官方的《欧洲之歌》——贝多芬谱曲的席勒的《欢乐颂》，实际上他一直在为新欧洲寻找一种最合适的声音，这当然不可能通过简单规定或预订而获得。他甚至会抄近路前往夜间灯火通明的巴库湾林荫道，只为参加在水晶宫举行的欧洲歌唱大赛，好知道新欧洲的曲调是否已经调整好。我相信，能够写

出《德意志之歌》如此美丽歌词的人也能写出一首完美的
欧洲人之歌。但是这需要时间，现在尚需等待。

(2012 年 6 月 17 日作者获"霍夫曼·冯·法
勒斯莱本具有时代批判精神之作品奖"的答谢词，
略有删节。)

一个展览会上的图片：转型时期博物馆的
宣传小册子

1989 年后的中欧和东欧曾是人们在科学术语中所谓的
过渡期或转型期的主要场所。一个新生的正规研究分支在花
费了大量人力和财力的情况下得以建立。20 世纪 90 年代转
型研究（studies in transition）——过渡理论曾是热门领域。
但是，如果我们想对这个改变了欧洲的动荡时期的概貌有所
了解并相信转型研究的工作成果的话，那我们就输定了。该
研究的任务是：对 20 世纪八九十年代几乎自发产生的混乱
进程给予概览式追踪，当时的局面最后导致了苏联解体、前
东欧集团消失。经济学、社会学和政治学各方面的专家应该
解析出一些主线，也就是"发展路径"，好以其专业知识为
政治精英提供帮助、评论以及决策论据。他们的工作围绕着
的大问题是"已加速的社会变革"：国民经济的去国有化、
财产的私有化、建立自治机构、发展政治结构和形成党派
等。至于这些知识性调查研究对实践上制定重要方针有何
"裨益"是有争议的。囿于体系的思索在面对东欧的现实现
象时总是手足无措，而"体制"的完全崩溃令人震惊也就

不足为怪了。危机进一步恶化，对体制研究进行反思以及对社会主义进行分析，这些在 1989 年后均没有像一些人所宣告的那样真正出现。可以想象系统思维者们的理论武装很差，在某些地方人们在体制崩溃后几乎可以观察到类似幻肢痛和戒断症状的表现。这门全副武装的高端科学的敌人，而且是熟悉的敌人，不翼而飞了。体系批评通常无须涉及具体的地方和给出具体场所，但如今具体的场所和空间又出现了。体系体现在模式中，实际上其中是没有时间的。现在时间又被释放，不同的时间激烈碰撞。关于理论模式影响力的回顾式评估能对"转型过程的控制"产生多大影响，其结论是五花八门的。有的观点认为模式决定了转型的速度及成败，相反则有人认为模式充其量不过是学界想出的点缀而已，是自我指涉的又一个蝴蝶结、话语时代的阿拉伯式花纹。对此，20 世纪末的科学史迟早会给我们一个定论。

但不可否认的是：过渡社会、过渡、转变和转型的说法本身就带有一种奇特特性。过渡的说法暗示着，目前出现在我们眼前的现象在质量上是不尽如人意的。经验和现实仿佛被打上了括号。当前的现实似乎有必要为自己进行辩护。只有它显示是落后的或需要克服这种落后时，它才是重要的。当前的所有现象都注定是暂时的，会被未来的其他什么东西取代。在"强势"过渡理论中，出发点就是方向或指向性，甚至可能是历史和社会的可塑性，其过程本身具有内在逻辑。所谓的"过渡理论"解释的是如何符合"转型过程中的逻辑"。换句话说，该理论有一种不可忽视的、强大的目的论特性。它成了政策咨询和各类咨询公司的看家本领并非偶然，这些专家号称知道——现在不得不说：号称曾经知道——旅途会通向何方。过渡理论从根本上说对当前不感兴趣，它那（虚假的）稳操胜券的态度来自对过去和未来的规范性假设：从社会主义到资本主义，从专制走向民主，从国有财产转变为私有财产，从计划经济到市场经济，等等。它着眼于纯粹和极化的形式、理想类型和模式。每种分析所面临的大问题——找到描述现在的语言，即布洛赫的"黑暗的生活瞬间"，不是它的问题。它感到自己的责任不是研究世界的现象，而是其本质，有时甚至是其法则和逻辑。现象存在于出发地和目的地之间。它没有用更敏锐的目光去注视现象，而是仅仅指出了其过渡特征，从而使自己的价值大打折扣。因此现实的图片仅剩下了强塞在两极间的残余物：弥漫、灰色、模糊，而且还肮脏。

如果每个在中欧和东欧逗留的人都深切感受到的现实并未出现，那这一定与理论构成、模式图览和理论家的状态都有关。在这些分析中人们没有给城市面貌的迅速变化留出位置。其中也没有出现那些永远年轻的前共产主义和社会主义领袖，他们改头换面，变成了新型企业家。在模式中也没有巨型集贸市场的位置，它们有的建在大城市里，但大多是在城外的绿草地上。模式里也没有预计到数十万的购物游客，即那些蚂蚁商人，他们往返于基辅和伊斯坦布尔、里加和斯德哥尔摩、塔林和赫尔辛基、俄罗斯远东地区和日本之间。学术界开始意识到他们的存在时，其实他们已经又准备要消失了，让位于"规范的"的贸易和商业方式。在此不是要谴责科学缺乏必要的色泽，不够生动直观，也不是埋怨它缺乏"明白易懂"的表述能力，而是它把现实本身排除在外了，仅此而已。

人们想获得 20 世纪 90 年代的画面，但这在图书馆汗牛充栋的转型研究文献中难以实现。因为转型研究太迟钝和不灵活，所以它无法对意想不到和令人惊讶的运动及时做出反应。它太拘泥于统计数字，而这些数字根本不再能揭示双重现实。转型研究的写作是从书本到书本，所引用的资料陈旧，新的现实和形式在其中还完全没有被提到。转型研究不是走出书斋前往汹涌变化的世界，踏上正在发生一切的土地，而是把自己禁锢在陈旧的现有知识中。在一个一系列国家解体、很多社会脱离常轨、许多生活方式不复存在的时代，转型研究怕冒发现新大陆时必须冒的风险。转型研究不敢"解放思想"，它宁愿墨守成规。它没有想到世界会天翻地覆：虽然它熟悉昨日世界舞台上的演员、各个研究机构和院校的负责人、各种国际会议和委员会的谈判首领，可它不认识草根出身、现在有权决定游戏规则的那些人。正儿八经的研究一向对不属于它的人怀有一种恐怖，它对新现实感到非常厌恶。它更喜欢像迄今为止那样在国际会议上抖威风，那里人们互相熟悉，而不是走出去接触尚需探索和启蒙的现实。我永远都不会忘记和转型研究专家们的谈话，他们对有人会去集贸市场或新欧洲的边境口岸了解情况感到奇怪。可他们也认为这类现实报道毕竟是"有趣"和充满"异国情调"的。

人们把现实留给记者们。他们是快速反应部队，专门负责筛选现实和保存现实。现场电视台的摄像机捕捉画面，这类图像不可逆转地标志着某事的结束或一个新的开端。麦克风记录下新的声调，此后就以这种声调来谈论世界。作为普通的电视观众，人们在及时了解到最新情况的同时，从认识论方面又不准备为自己得出结论。

时间测量，实地考察

注重现实的分析会有其研究领域、碰头地点和测量站。人们可以按固定的时间间隔并按一定顺序去这些地方，随后人们就会发现有关社会变革的一些节拍、冲击力和表面现象。人们可以了解**事件史**（histoire événementielle）和**大历史**（longue durée）[①]。通过长期观察人们可以让目光更敏锐并赢得判断力。画面和印象是主要的，它们不再是"印象主义的"。如果莫斯科的天际线几乎每半年都会改变的话，那么它在一定程度上揭示了向俄罗斯首都投资的压力。若是圣彼得堡仍然在等待启程的时机，就像一艘搁浅在时间的沙洲上的油轮那样，这说明要想让俄罗斯帝国的首都重新恢复活力需要什么样的力量。要是人们在下诺夫哥罗德（Nischni Nowgorod）见到一幢令人印象深刻的建筑，它重新启用了当地典型的建筑方式，这透露了地处"边远地区"的城市的自治程度，它们不再唯首都的马首是瞻，而是又找回了自我。

人们据以得出结论的指标几乎到处相同，眼睛看到的"第一印象"最重要。一个城市的面貌自上次访问后有何变

---

① 也译"长时段"。——译者注

化，是更为都市化了还是变土了，人们的穿着和出行有什么不同？所有的细节均很重要：报纸的广告占多大份额，尤其是房地产广告；电影院里在上演什么电影；在超市中顾客以什么速度被接待；火车站大厅的状况和买票的手续是怎样的。发展得好不好的万无一失的指标是：过境的程序，酒店前台服务的速度和礼貌。评估一个城市的状况，街头咖啡馆的数量很说明问题。如果集贸市场和售货亭已经从市中心消失，这表明经济生活已恢复正常。要是没有那么多的人穿着运动服和锐步运动鞋四处走动，那说明原始积累已经完成，新一轮发展已经开始，人们开始拥有自我意识并开始自我表现。火车站的状况能说明火车时刻表是否可以信赖，如果人们从容地在等公交车，这就证明它会来。一个伟大的遗忘时代已经开始：年轻人竟然不知曾经无处不在的长蛇阵为何物。如今去过柏林、维也纳和伊斯坦布尔的人已经想象不出与世隔绝的滋味。一些恐怖的场景没有出现：转折之后席卷了原东欧集团的消费和乱丢包装的热潮开始降温。其他事件让人们曾经最抑郁恐惧的事变得微不足道：巴尔干地区和北高加索地区的暴行在半个世纪后演变成真正的战争，而不是模拟的战争，战争又返回了欧洲。人们现在已经学会适应新的社会表现型人物：那些总是坐有黑色车窗的黑色轿车的人，停车后则有戴入耳式耳机——耳机线消失在后颈部——的光头年轻男子替他们打开车门。所有迹象都说明一定问题：地铁、公共汽车和火车价格上涨，新买的带条形码的书籍，新餐厅的装潢设计。人们找到可靠标志去判断，现代化到底只是个别出现的孤岛现象，还是遍地开花的永久性现象。看一眼外墙就能知道市中心的房屋价值高低以及房屋市场的私有化程度。宜家的胜利让我们明白，整个社会都在置办新家具，而那些过时的家具都被扔进了"历史的垃圾堆"。人们可以测到东欧大都市时间的加速以及外省时间的减速；看到数字化时代的降临以及前现代时期的生计经济的回归。刹车时轮胎在碎石路和林荫道上发出的噪声让光滑的柏油路上的刹车声显得柔和不刺耳，一个时代的声音就这样走到了尽头。气味的消失：白海（Belomor）牌 Papirossy 香烟①的刺鼻味和变质食品的味道都无影无踪了。原来叫体育，现在称健身；原来的简易度假村现在叫保健中心。华沙市中心的高层建筑的数量，塔林或波茨坦广场的玻璃塔都是在以建筑物的方式否认曾经耸人听闻的"历史的终结"的论点。曾遭禁锢的时间被松绑。过去东欧集团唯一过剩的时间现在已成为稀缺货。东欧机场办登机手续的流程表明这些国家的时间已经与世界时间接轨了。过去十年每次到该地区旅行，都能体会到旧时代逐渐瓦解、新空间已达到时间的同质化。创造新的时间区域，从而获得新的生活经验与视野。实地考察如果不仅局限于参观景点，而是考察生活进程，那它就是对时间进行诊断的形式。从公共场所的改变上人们可以读出衰败期和孵化期。正是这种情况，让同时代人成为历史学家，让历史学家成为同时代人。

那些能够把凝结过渡时期的图片安排在一起的专家们，即有权筹备转型期展览的策展人，大概不是专业的观察家和

---

① 一种特殊的东欧型无过滤嘴卷烟。——译者注

评论家，也就是说不是知识分子和作家。在过渡期内他们仍然主要负责编织欧洲梦和批评不幸偏离了这些梦想的现实。若是能有格奥尔格·齐美尔这种大师级的人，他们站在新欧洲的中心——布达佩斯、华沙或圣彼得堡——架设起自己的天线，近距离观察和分析新社会的构建过程那该多好啊！然而确实出现了一个新阶层，他们知识丰富、机动灵活，他们将收集改变后的欧洲的图像。这些人也许是物流专家和运输商，是他们开辟了新运输路线，他们都是在扩大了的欧洲寻找最佳路径的专家。其中可能也包括各种经销商和走私者（武器、人员、毒品），其具有攻击性的智力要胜过那些战略家，后者自以为是整个发展过程的主人。修建新的桥梁道路的工程师们做出的贡献可能要超过那些不断声称要打造"欧洲大厦"的空想家。一位为货币和资本流通建立了新基地的银行家根据自己的见解评判"转型时期的经济学"，倾听他的观点会让人学到很多东西。日复一日与过境者打交道的边境公职人员讲述的故事更能发人深省。一类新的跨国工作的外籍员工已经形成，他们根据不同的经济或政治形势不断变换工作地点：今天是布拉格，明天是布达佩斯，以后或许是布加勒斯特和基辅。欧洲也有了自己的有智慧的蚂蚁商人。

一个展览会上的图片

也许现在是时候举办一次展览会了，当事情正在发生时我们无暇办这样的展览。每个时期都有其特定的目光，这个时期过去之后大概才会有平静的目光，它"直视"、宿命般平静，也带有忧伤。开始期距离事件还太近，气氛紧张而忙碌。也许现在时机适合：不断变化的世界崭露了头角，历史悠久、优雅从容和过分自信的欧洲的教条主义正在消失。新欧洲可能会被当作异国情调遭到排斥的时期结束了。花了太长时间人们才开始再次相信自己的眼睛。

一个作为事后庆祝而安排的过渡时期展览会将会收集到众多图片，这些图片是转型研究未曾展现给我们的。这些图片是以家族叙事形式代代相传下来的，它们也体现着每代人的时间视野。它们主要是彩色照片，用柯达或富士胶卷照的，甚至有视频图像，总之不会是战前和战后时代的黑白照片了。展览目录中出现的不是我们大家熟知的历史性瞬间，如齐奥塞斯库的退场、柏林墙的开放、萨哈罗夫当选为苏联人民代表大会的成员，而是周围改变着的环境、分子过程和毛细血管分叉这类见微知著的变化。人们可以看到白蓝红条纹的聚乙烯袋子，它们出现在火车站台、长途汽车站院子、边境口岸和渡轮上。它们仿佛象征着对边界的渗透和对商品流通的颠覆，它们是整整一代蚂蚁小商贩的行李，这些人的足迹踏遍全欧洲，到处都成为他们经商和积累经验的地方。展览会上会有以圣索菲亚大教堂、塞萨洛尼基（Saloniki）港口码头或巴勒莫（Palermo）为背景的照片，游客们前往那里，却不是为了观光①。相册中的照片体现着新的世界经验：现在土耳其海滨或者西班牙和意大利出现了。旅行社的宣传小册子不仅仅是广告，还是去西边大玩特玩的审美证

---

① 为了移民。——译者注

明，只有西欧在 20 世纪五六十年代的旅游热可以与之相比。相册中出现的城镇往往地处偏远地区，现在又脱离了被遗忘的状态。人们在本次展会上会重新见到过渡时期物质文化中最具特色的东西：装在塑料瓶里的各种颜色的饮料和果汁；来自土耳其的休闲鞋；为扩建乡间小屋从建材店买回的货物清单；第一批出了名的街头咖啡馆用过的塑料椅子；铝和塑料门窗框架；终于被丢弃的棉门帘；不再被收藏准备传给下一代的儿童读物，下一代更喜欢视频游戏；社会主义的勋章、奖章、证书，它们现在被摆到游客云集场所的货摊上待售；被推翻并需要处置的纪念碑；学校和文化中心废弃的图书，没有哪门课程会再用到它们；遭到淘汰的家具。这些是一个时代的外壳和不复存在的生活方式的图像。

（发表于《水星：德国欧洲思想杂志》，2005年 10 月 9 日，第 911 ~ 917 页）

| 俄罗斯空间 |

在我这一代，有不少人都完全有理由希望能活着看到一个不同的俄罗斯：这个俄罗斯彻底摆脱了 20 世纪的恐怖和苏联解体后的混乱。这个俄罗斯不再意味着过激行为、乌托邦式的承诺和巨大牺牲，俄罗斯终于只是一个"像其他国家一样的正常国家"！人们早就明白，历史不会遵守计划或行车时刻表，俄罗斯走的是自己的道路，为此它也需要必不可少的时间。这通常会让一些人——我自己也是其中之一——非常无奈和失望，这些人几乎一生都在与这个国家打交道。那种痛苦有些类似单相思，但更多的是困惑。秋切夫（Tjutschew）的名言"用理智难以理解俄罗斯"似乎再次得到证实。然而人们也可以说：是该审核一下我们的范畴、标准和分析矩阵的时候了，而且也必须允许没有固定结论的调查研究了。那么困惑就不是必须接受反正要发生的事的廉价借口，而是愿意探索新的未知领域的理由。这种经历了数百年时间成长起来，而且并非仅仅靠武力维系在一起的帝国空间的解体过程，显然不是一个简单的从 A 到 B 的过渡模型所能描述和涵盖的。因此，当权者以及分析师同样以为自己是这一进程的舵手，这很显然是种错觉，实际上他们充其量不过是被驱动者或参与其中的观察员而已。今后俄罗斯也会让最疯狂的想法的追随者没有喘息之机。也许现在时机才刚刚成熟，俄罗斯知识分子最彻底的自我反思之一——第一次俄国革命后不久于 1909 年出版的杂文集《路标》（*Wegzeichen*）——终于在欧洲其他国家找到了迟到的回声。

输家？苏联解体20年后的亲俄派和俄罗斯知音

生活不只是由轶事组成，然而轶事中有时浓缩着一些独特的东西。那是好多年前的事了，2003 年圣彼得堡庆祝创建 300 周年，一艘游轮经过波罗的海沿岸各港口驶往该城。当时我有幸和其他俄国通以及俄罗斯的朋友们一起，协助近1000 名乘客，为他们的圣彼得堡之行做准备。我们在船上的电影厅举办了各种讲座：有关俄罗斯纷繁的历史、俄罗斯艺术和博物馆等。当白色的轮船经喀琅施塔得（Kronstadt）驶近该城时，大家都迫不及待地期待着亲自体验这个国家。因为大多数人是第一次访问俄罗斯和这座城市，所以大家都有些不安、躁动和紧张。也有一些年纪较大的人，他们当年是在所谓的"远征俄罗斯"时认识了这个国家。这些人都饶有兴趣、开朗豁达，多数受过良好的教育，他们乐于积累新经验，放弃冷战时流行的对苏联的看法和偏见。在经过仔细研读旅游手册和博物馆指南后，人们对上岸很好奇：人们想象着埃尔米塔日博物馆的宝藏，前往皇村叶卡捷琳娜宫和漫步涅瓦大街的感受。

但后来的现实完全不同，不知道是由于旅游行程安排得不好（当时签证和入境规定方面存在不确定性），还是当地的人为错误，这我无法断言。反正那些准备上岸并高度紧张的乘客在长达约两个小时的时间里不许下船，后来他们被带往圣彼得堡最偏远的工业港口，举目四望，那里除了铁锈和煤灰以及停靠着几艘破船的船坞外，根本见不到有着金碧辉煌建筑的圣彼得堡。所有人再一次回到了船上的餐厅和影院，为了排除人们心头出现的不悦，那里在举行起着类似心理治疗作用的各种于事无补的练习。当人们最后终于获准离开轮船时，又下起了瓢泼大雨，一个由老兵们组成的铜管乐队以悲伤和忧郁的方式打着伞演奏。乘客们登上由崭新的车组成的车队时，他们不明白为什么一整天非得待在一起，而不是像他们平常所习惯的那样可以去城里自由活动：签证仅当日有效，团体签证不能分开行动。对于大多数人来说这是奇怪和不可理解的。几天前我作为历史学家想方设法把这座城市大夸特夸了一通，结果登陆就出师不利，出现不和谐音，令人大失所望。人们无法设想到达这座传奇城市以后会有这种遭遇，作为豪华游轮的乘客，人们不习惯这种待遇。我最后一次去圣彼得堡时听说那里现在为豪华游轮开辟了专门码头，但只有团体签证才可上岸的疯狂规定仍旧有效。

　　唤起了别人期望的我不断问自己，是不是没有做好准备而误导别人产生了不切实际的希望？作为出于职业原因几乎一辈子都在和这个国家打交道的人，作为比一般游客更了解情况的人，我无法就一些最简单和一般的问题给出令人满意的答复：为什么该去一个官僚主义如此严重的国家旅游，如果它事先就能彻底败坏人们的兴致？如果作为顾客不被招揽，反而几乎被视为负担，我为什么要在这么一个国家旅游？为什么要到一个国家旅行，如果在那里不是真正受到欢迎，而是要拼尽全力去克服种种障碍和壁垒？在全球旅游的时代，为什么要对俄罗斯的过境手续和程序妥协？那些不是提供服务，而是想从来到陌生国家完全无助的游人身上获利的出租车司机，人们为什么非得成为他们敲诈的对象？既然有那么多友好礼貌的国家，在那儿一扇门不会在你面前被粗暴地关上，而是走在你前面的人会替你撑着门，人们为什么还要容忍如此无礼的待遇？既然我们有这种自由，去那些不必接受、忍受和忍耐什么的国家旅游，为什么我们要强迫自己受这份罪和忍受这一切呢？

　　这一切听起来有些矫情，诸位或许会问，在知情的听众面前讲这些干吗，特别是这还是在被称作"庆祝性"活动上的演讲？我们这些研究俄罗斯及其语言、文化和历史的人，我们访问该国，传授相关知识，想让我们的同胞，尤其是年青一代对这个国家感兴趣，"带他们游俄罗斯"，但我们却遇到一个问题。当然，我们一如既往地读俄罗斯文学，去参观苏联前卫艺术作品的展览，看施隆多夫导演将托尔斯泰的作品搬上银幕，但这一切都敌不过另外一个俄罗斯，这个国家登上了舞台，无论我们愿意与否，我们不断遇到相关提问并且必须予以回答。诸位都知道这个国家，它是那个俄罗斯：在蔚蓝海岸、肯辛顿和伦敦西区拥有别墅；为被宠坏了的后代雇有法国和英国家庭教师；印刷精美的小册子和专业建筑杂志中推荐的室内布置，在莫斯科郊区卢布廖夫卡（Rublijowka）或柏林的绿森林别墅区的豪宅中均可见到。这个俄罗斯手提装满现金的箱子，在世界各地购买地产，乘私人飞机往返于卢加诺（Lugano）、达沃斯和贝尼多尔姆（Benidorm）。在这个俄罗斯，客机坠毁、大坝和管道事故频发；在这个俄罗斯，记者和律师们殒命街头，却从没有一个杀手被抓住过；在这个俄罗斯，到处行驶着黑色豪华轿车：切诺基、悍马、兰博基尼和迈巴赫。

我们已经厌倦了人们反复跟我们提起这个俄罗斯，提起那些不知道什么是私有财产的人，因为他们的财产不是通过自己的劳动获得的，而是通过掠夺。我们听人说起那些俄罗斯新贵在塞浦路斯和蒙特卡洛赌场的所作所为，听得耳朵都长茧了。对不知第几次杀人的职业杀手我们也没什么可说的了。我们的智慧可以说是用尽了，只能说这是转型社会惯有的混乱，这种过程并非独一无二。美国也用了很长时间，那些强盗大亨才发展成后来的望族如梅隆、洛克菲勒和卡内基。除了这些过激行为外，我们不应忽视还有别的东西：一个正常的、一般的和普通的俄罗斯，像"你我一样平常的俄罗斯"，总之这个俄罗斯是我们可以走近和理解的，我们曾经理解过它，或至少相信理解过它。

"亲俄派"和"俄罗斯知音"，这些词在公共领域和政治辩论中即使不带非难色彩，也具批评味道。根据过去十年中隐含的指责，"亲俄派"和"俄罗斯知音"要求在观察和评价俄罗斯时使用特殊标准。从根本上说，"俄罗斯知音"对俄罗斯缺乏批判精神并怀有歉意。每当谈到普遍人权和公民权利时，亲俄派都会要求温和对待俄罗斯的情况，认为它拥有得到理解的特权，直至重提费奥多尔·秋切夫的名言——用理智难以理解俄罗斯。在评估德国与俄罗斯政府之间的关系时，当讨论铺设波罗的海海底天然气管道时，以及外国基金会在俄罗斯的工作受到妨碍或澄清记者遭到谋杀的问题上该采取什么态度时，人们所用的词起了作用。这些词与国内政治和党派政治的紧张状态有很大关系，绝非仅仅是某些现象的信号或标识。人们从中可以识别出，谁是严肃或比较严肃地对待人权的。

　　"亲俄派"和"俄罗斯知音"，这些词也用于反对扭曲俄罗斯的情况——无论是臆想还是真的——或德俄关系。这些情况和关系有着超过百年的传承：这里要提及《陶罗根停战协定》、俾斯麦、《拉帕洛条约》和其他有纪念性的场所。会出现的情况是，这些反映德俄关系的正面线索会被作为纯粹的感伤主义而遭否认。

　　如今在德俄关系中找出伤感的色彩或倾向不是难事。我们两国人民之间的可怕冲突太深、太严重地深深刻入了我们社会的心理和精神结构中。特别是战争的经验令父辈和祖父辈刻骨铭心，迄今为止这种经验要对德俄关系的心理基础负责。它怎么可能是另外一种样子呢？战争、占领区政权的暴行、劫掠、无边的苦难、数以百万计的死者、亲眼看到的罪行、抓捕和战俘囚禁，这些怎么能不留下痕迹和以家族故事的方式世代相传？在一场你死我活的战斗中以极端仇视的方式兵戎相见的俄罗斯人和德国人，他们完全有理由在生存的每一个微小角落都感觉到这种敌意。这不是人们轻易能从头脑中或思维活动中清除的。

在战争结束了半个世纪后，对这个国家的报道还能体现出这种基本底色。让我们回忆一下我们的主要电视台派驻苏联及俄罗斯的记者们——弗里茨·普莱特根（Fritz Pleitgen）、德克·萨格尔（Dirk Sager）、克劳斯·贝德纳茨（Klaus Bednarz）、格尔德·鲁格（Gerd Ruge）——所做的大型报道，他们接近这个国家的方式均离不开历史悲剧的影响。俄罗斯不是"和其他任何国家一样的国家"，这与精神的亲缘关系甚或"俄罗斯之魂"的特殊性无关，而是与两个民族在 20世纪相遇的残酷性有关。为俄罗斯形象在德国的形成起过决定性作用的那些人，他们对这个国家怀有深切的同情，这种同情是一种巨大的资本，不该轻易拿它去冒险。人们有时感到惊奇，尤其是在温馨和舒适的圣诞节期间，俄罗斯世界的图像是多么强烈和彻底地进入了德国客厅：西伯利亚的河流、堪察加半岛的火山、西伯利亚中部的露天采矿城市、大江大河、寺院设施、被风吹得摇摇欲坠的小屋和夯入永久冻土的预制板建筑废墟。我提到这些是想说：除了当前每日新闻中播报的政治消息外，还有一个巨大而坚实的关于俄罗斯的丰富形象。这是件好事。这些证明：俄罗斯不只有灾害、事故、罢工、暗杀和人口下降。俄罗斯还拥有大江大河，它幅员辽阔，无论是越过它还是驯服它都要付出巨大努力。有一整块大陆，它行动在自己的时间中，没有人对这种时间具有统治权和影响力，从外部窥视这个国家的人更没有这种能力。我不相信如今存在对俄罗斯的神秘化，对该国东部的美化，甚至是"光自东方来"（ex oriente lux）① 的潮流，虽然在 20 世纪初这种潮流确实出现过。对我来说，未来也不会出现这样一种视俄罗斯和欧亚为救赎的意识形态。原因在于我们的新闻报道太翔实、警觉，对浪漫化起着免役作用，这方面德语媒体也有一些人的名字值得一提：如克斯廷·霍尔姆（Kerstin Holm）、索尼娅·策克利（Sonja Zekri）或马库斯·阿克雷特（Markus Ackeret）。

尽管如此，为什么我们获得这个国家的适宜形象还这么困难呢？我们如何衡量它？我们的比较点何在？许多我认为有划时代意义的东西，对比较年轻的同时代人来说都平庸得不值一提。也许不是全部，但很多东西还是发生了变化，这些变化显示出一种"发展"，这方面最有力的证据就是那些我此生亲眼看到的变化。今天当我在研讨班或讲座中谈到社会主义后期勃列日涅夫时代的情况时，我常常怀疑自己在谈论几乎是史前时代的陈年往事。几乎很难向如今成长起来的、这拨在"此后"才开始他们有意识的生活的年轻人讲清"此前"的生活状况。这个大厅的在座者中可能还有一些人能忆起那些日子。那个时代的一切都进行得非常缓慢，人们意识得到几乎静止的时间。就像置身被堵住的河流，人

① 这是一句拉丁谚语，它有两层含义：其一是日光每天自东方升起的自然现象；其二是指文明的缘起和播散，因为基督教的发源地从欧洲视角看是东方。——译者注

们无法判断时间是在向前还是在倒退。那是一个"铅一般沉重的时代",那种缓慢过程几乎能让人感到一种身体的疼痛。前往苏联——从广义上讲就是去东欧集团——就是一次时光倒流的穿越。谁在那里逗留,就会有一阵脱离时间,"消失了",可望而不可即。这是另一种时间体验,对于手机时代的孩子们来说是很难想象的。作为访问学者往家打个电话是件费时又费力的大动作,也许得花一下午甚至一整天时间。这种程序颠覆了人们所熟悉的时间概念。如果得花一整天做这件事,看表就变得毫无意义了。如今用手机可以在不到一秒钟的时间内找到任何人,边境和边检都被撤销了,这些天翻地覆的变化只有那些人才能体会,即那些亲身在这一切都完全不是天经地义的时代生活过的人。今天即使行驶在西伯利亚铁路上,都不再是"与世隔绝"的。自从有了手机和发射塔,西伯利亚就不再是曾经的样子了。

或者我们再举另一个当代人很难理解的程序为例:往家里寄书。人们在国外待一年买的书会很多。我们得为这些书列出清单,前往列宁图书馆的有关部门送审,获得批准是手续之一,此外还要在清单中详细列出作者姓名、头衔、出版社、出版地和出版年、页数、印数和价格,而且这份清单还要一式六份。工作量这么大,我们在回国前几个星期就得开始动手。

当年日常行动之艰辛是如今的人们无法想象的,举几个例子:购买火车票或飞机票,在各地办理住宿登记,更不要说最简单、最基础的吃饭问题。今天在俄罗斯的大城市到处可见快餐店、咖啡馆和餐馆,人们很难设想,曾经有一段时期得有专门的本事，才能找到吃饭的地方。要想保持平常的生产和效率标准，是要以付出一定努力为前提的。会发生这样的事，即在到达工作岗位——图书馆、档案馆和实验室——之前，人就累得筋疲力尽了。这意味着对日常生活的驾驭制约着其他一切事情的基调与节奏，因为日常生活的艰苦与折磨人是非同一般的。

相比较而言，至少在大城市今天的生活节奏快了很多，以至于让人几乎觉得眩晕。对于一个来自柏林或慕尼黑的年轻人而言，或是在阿姆斯特丹和纽约居住过的年轻人来说，这一切都不在话下。为什么要大肆张扬这些正常生活的出现呢？

然而它既不光是个人回忆的问题，也不是什么怀旧情绪，而是关乎我们的评判以什么为参照系的问题。对我这一代人来说，从高尔基大街中央电报局打国际长途的程序过渡到使用手机是划时代的跳跃。我会说：不愿谈论这一划时代跳跃的人，他应该对苏联的解体保持沉默。从思想和语言上对这个时代的跳跃进行梳理是问题的核心，这是我所要说的。

在我的感觉中，所发生的事情仍旧是非常不可能和根本难以置信的。苏联的终结并非仅是变换一下装潢而已，不光是政治体制和行政结构的崩溃，而是一种生活形式的结束。方方面面都受到了影响，我们每个人都能立刻举出几十个甚至上百个例子，这些例子显示出这种破旧立新的变革的全部力量。

莫斯科，还有所有苏联的城市都是灰色的，无色而单调，好像有个魔术棒一夜之间就让它们变成了色彩缤纷的东方集市。对于在苏联时期没有去过莫斯科或列宁格勒的人来说，如今的大街和建筑外墙一片灯火通明，城市的夜间照明方式表明有来自巴黎和拉斯维加斯的灯光艺术家参与了设计，这也许并不值一提；但对我们这些在苏联漆黑灰暗的城市中上过街的人来说，这种变化堪称奇迹。颜色的变化不仅仅是颜色发生了变化。颜色的改变说明：有要展示自己的主体，他们认为自己重要或是要让自己变得重要，存在一种竞争，人人都想与众不同，突出自己。全球知名品牌像风暴一样席卷了这个国家，甚至连最偏远的小镇也没放过：对此有人可能会报以微笑，但在一个封闭了几十年和数代人的国家，符号和画面世界一直是密闭和同质的国家，突然出现了万宝路广告，电视中渗透进了音乐电视网（MTV）的美学和杰尼亚（Ermenegildo Zegna）的设计，这就意味着什么了。未来的文化史学家将研究和还原这一基本和不可抗拒的过程：形式的分解、崩溃和重建。可惜的是，在科学领域里——无论是历史学、社会学或是文学——最重要的证据，即那些预示了不可逆变化的证据，往往是最不受重视的。

让 20 世纪 80 年代末 90 年代初那些目瞪口呆的游客——至少是我——感到震惊的都是些什么呢？我们熟悉那些预制板建筑间的彼此相隔甚远的通衢，或是距离大街很远的住宅楼，人们总要费很大劲才能克服这些距离和空旷，尤其是在换季的时候，比如春天或秋天那些无路可走的季节开始时。从上一次到下一次访问，一切突然变了样：阴郁的地下通道和地铁入口处成为售货通道，在那儿能买到所有的东西——

廉价首饰、产自各地的各种果汁，人们能闻到新出炉的面包味或香水味。以前只能听到人们匆匆赶去上班的脚步声的地方，现在突然有了噪声，市场的喧闹声热闹得就像是阿拉伯的市集。商品匮乏、永远得排长蛇阵、对顾客充满敌意的世界似乎突然消失。从现在开始商品好像一下琳琅满目了，只要你有足够的钱。走上大街，一眼望不到头的宽阔大街也改变了面貌，售货亭和各类集市先是无政府地蔓延，然后就秩序井然了。处于城市化之前的空间在很大程度上被城市化了。流通、分配和商品交易的世界似乎突然占据主导地位，而不再是工业或办公室工作。

所有这些现象的背后是一股不可阻挡的、几乎是自然史的力量。这类变化不是肤浅的，整个城市的景观、社会的审美口味或行为举止都发生了改变，最终人际关系也变了样。这一切不是导演出来的，在某种意义上说它们是不可逆的。这是通过训练有素的社会学观察力所捕捉到的现实，它让我说：是的，出现了不可逆转的变革，它并不是对进展目的论的一种悄悄的信仰。对这种历史进程的逻辑化背后隐藏着不仅仅是相应的恐惧，即对未知、不确定和不稳定的东西的恐惧。对这类模式的相信与其说是一种对待历史——没人能知道历史会如何以及向什么方向发展——的态度，不如说它证明观察者对安全有一种需求。我更感兴趣的现象是力量的角逐，在进行较量的场所中明亮的色彩与脏兮兮的灰色、开创新生活的激情与人类生活的平庸和卑鄙在最残酷的条件下混合在一起。

对我们这类喜欢读书的人来说，书店、旧书店、报纸和杂志市场当然是衡量时局的一个重要指标。那么自上次访问之后我必须再次承认：图书大厦（Dom Knigi），环球书店（Biblioglobus）或位于 Maly Gnesdikowski 大街的、码放风格杂乱的法兰斯特（Falanster）书店中摆出的图书品种可谓十分丰富。尽管没有目录，而且买不到外地的书籍，如萨马拉（Samara）和新西伯利亚（Nowosibirsk）等地出版的书籍，但新出版物的种类之多以及题材之广令人难以置信。有价值的东西都被翻译了，更确切地说：大多数外国基金会赞助过的书籍、整个思想界都进入了俄罗斯图书市场，甚至包括那些我们说出他们的名字还觉得心里不安的人。这里几乎可以买到所有西方作家的作品，人们不禁会问：谁会读所有这些专著呢？首次出版和翻译之间的时间距离大大缩短了，这说明思想交流的速度加快了。虽然可能缺乏在这方面有影响力的全国性报纸，然而有相关的虚拟互联网网站和博客，而且比其他发达国家的要大得多。

衡量变化的另一个指标是交通：堵车成为进步的标志，人们放弃了乘坐公共交通工具，转而躲进了私车空间，即使被迫堵在路上数小时之久。在曾经看不见车子的影子的高速公路和大街上，莫斯科这座拥有 340 万辆汽车的城市的交通瘫痪得令人抓狂。城里到处能听到汽车的轰鸣声，在莫斯科这座大城市中从环道和林荫大道疾驰而过的汽车发出的咆哮声，肯定是生活中最残酷和最不人道的方面之一了。那些开车的人至今没有学会，哪怕是出于自身安全的原因也不该把车开得那么狂野。我上次去莫斯科访问时，四天之内在街上就看到三个被撞死的人，他们躺在柏油马路上就像被碾得稀烂的野生动物。人们原以为通过交通可以培养出自律，其实它是人之不堪一击的最明显和最野蛮的例子之一。还有一些东西让对这个城市已经有几十年了解的人都无法相信：惊人的价格——一杯普通的卡布奇诺 6 欧元，还有房租；按庞贝式风格装修的新建别墅；现在不允许公共交通工具通过的庭院和通道，那里由大量佩戴入耳式耳塞的年轻男子控制；络绎不绝的黑色豪华轿车，这种密度在西方大都市是罕见的。但人们也可以再次提出相反证据，证明在规范化和便民措施方面已经恢复或新创了许多东西：Zamskworetschje 的街头咖啡馆，中产阶级光顾的自助餐厅的运营效率，年轻人认为网吧是理所当然应该有的。

我在各个机场读了目的地显示牌，在多莫杰多沃（Domodedowo）机场最近四小时内的目的地有：阿什哈巴德（Aschchabad），埃里温（Erewan），塞萨洛尼基，蒂瓦特（Tivat）——这个地名我都没听说过，慕尼黑，两次航班飞往特内里费岛，撒马尔罕，莫纳斯提尔（Monastir），瓦尔纳，达拉曼（Dalaman），辛菲罗波尔（Simferopol），特拉维夫，博洛尼亚，布尔加斯（Burgas），法兰克福，基希讷乌（Kishinew），多次航班飞往安塔利亚，布哈拉（Buchara），苏黎世，巴库，芝加哥，沙姆沙伊赫（Scharm El-Scheich），伦敦，维也纳，基辅。总之一句话：目的地既包括不复存在的旧日帝国的地盘，也有新的广阔世界，尤其是地中海、红海和大西洋各处的海滩。

对知道过去的出入境手续意味着什么的人来说，能迅速通过边检真是一种让人高兴的体验，也许有时还掺杂着对象征性行李检查的惊奇：人们毫无麻烦就通过了检查，除非你是来自塔什干、比什凯克（Bischkek）或阿什哈巴德（Aschhabad）的打工仔。

俄罗斯已经与国际接轨了，现在地球上任何地方都听得见俄罗斯习惯用语了，这些地方可以是利古里亚海岸、博登湖岸、开往特雷勒堡的渡船、黑山（Montenegro）或是巴黎。俄罗斯人成群结队地旅行，什么档次的都有，什么地方都去，这种大规模的国际化和欧化是前所未有的，除了那些——无论是1812年或1944年之后——以自己的方式认识了外面世界的成千上万的军队士兵。用自己的眼睛看世界，亲自去国外走一走，外国不再是谣传或电视画面，作为直观教育，几乎没有什么比这种方式更具可持续性了。我深信，没有这种数以百万计人的蜂拥而出，就无法解释铁幕消失后特定经验的产生和实践的步伐如此之快。

这方面也存在不足：这本该是最令民族学家、人类学家和社会学家兴奋的题目之一，即研究这些分子电流，也就是追踪我所说的"潜流"，分析它们的长期影响。重要的是要看到：莫斯科虽然是通向世界的主要门户，但早就不像以前一样是唯一的门户了。今天人们可以从萨拉托夫（Saratow）飞往伊斯坦布尔和塞萨洛尼基，从叶卡捷琳堡飞往天津，从圣彼得堡飞往北京。边境变成多孔的了，以前只有经过莫斯科才能到达的边远地区不再与世隔绝了，这是一个非常重要的事实。

老莫斯科城——到处是巨型脚手架和苫布——如何掀起了一阵拆旧建新的旋风，新莫斯科城又是如何出现的，对此有许多不同的解释：五彩缤纷，力的颤动，各种噪声几乎令人恐惧。新老帝国的所有财富都聚集到首都，这里的权力和金融中心拥有垄断地位，莫斯科市作为苏联的前首都囊括了旧都和新都的一切特权。各种力量共同阻止了局部战争的出现，尽管完全有可能出现这种局面——我们眼前还浮现着莫斯科白宫因炮击而起火冒烟的画面——这自然促成了这座城市或多或少的和平转型成功。我们都知道莫斯科是个特例，它是欧洲最大的大都市，约有居民 1500 万人。莫斯科这颗行星突然开始在不同的轨道上运行，把它背后那片广袤的土地甩在了后面，让那里在许多方面——基础设施、经济——发生倒退并对莫斯科形成依赖。人们只要离开莫斯科周边 50～100 公里的富人区——近 20 年来这里大兴土木的真正热潮可能比莫斯科市新金融区的规模还要令人印象深刻——就能看到落差有多大，同时也会明白，若是我们想理解和描绘"俄罗斯"，用概括和平均数字是说明不了问题的。

还有些地方能让人陷入深深的绝望，因为人们看不到那些地方如何能够重新获得力量。那是些异乎寻常的贫困和潦倒之地。只要从 Sawjolowsker 火车站乘轻轨向北，例如去基姆雷（Kimry）看看就够了，那是伏尔加河上游的一座老城，它在沙皇帝国后期曾是繁荣的制鞋行业的中心。轻轨沿莫斯科—奥尔加运河驶过，运河上的货物交通已经中断，那里在斯大林时代曾经是德米特罗夫（Dmitrow）劳改营，现在则停着莫斯科国际游艇俱乐部的各式游艇。如今人们在基姆雷仍旧可以看到往日繁荣和富有的痕迹：也许没有什么地方能看到这么多漂亮的青春艺术风格的建筑和木制别墅，但现在它们的状况令人痛心。从莫斯科乘车只需两小时，人们就能见到这些俄罗斯现代主义的珍宝，但它们已如此衰败，满目疮痍，令人语塞。即使至苏联解体 20 年后，依然没有人对这些珍宝——"资产阶级颓废的表现"——感兴趣，那些别墅被火烧焦了，可能是有人纵火，亦可能是电线故障所致。伏尔加河岸高处的公园人行道上躺着醉鬼们，偶尔有黑色吉普车驶过，车上配有散热格栅与深色车窗。

因此几乎每个在那里周游过的人都会有这类经历：鼓舞人心的和令人寒心的，所熟悉的古道热肠，以及令我们猝不及防和伤害我们的漠然冷酷，例如地铁入口处的摆动门，这种门总会极为规律地被走在前面的人不管不顾地甩手关上。

但也有完全不同的画面，如 9 月中旬莫斯科的"城市日"。整座城市灯火通明，斯大林时代的高层建筑和宾馆像拉斯维加斯的赌城大道一样张灯结彩，通往市中心的路禁止车辆通行，成千上万的人走上街头，只想和城市一起欢庆并等待这一天庆典结束时燃放的烟花。那里的年轻人在柏林和慕尼黑也会遇到，他们喜欢运动，年轻男人比以前更男性化，年轻女性越来越美丽与优雅，到处喜气洋洋并拥有城市的从容。当然，因为潜在的恐怖袭击危险，政府也采取了安检措施。市中心新翻建的"莫斯科酒店"仍像是一艘巨大的远洋客轮，黑沉沉已经很多年了，好像人们对其能否建成下水完全无所谓。丽思卡尔顿酒店前豪车云集，特维尔大街奶油色光彩夺目的服装精品店几乎无人光顾。但接着报纸上就登出了通知，到本周末红场禁止所有游客通行，那里要为特定观众举行为期一周的军乐会。这回又遇上了这类事：一方面是世界大都市的气氛，几乎有些自命不凡，然后又下这么一项政令，问都没问公民的意见，就把公共空间当私人问题处理了。使公众的地方私有化，阻塞大众通道，武断决定什么该被拆除或拆旧建新，这些都是齐头并进的。

类似的情景也出现在圣彼得堡。深秋的城市展现在傍晚的白光中，河岸旁的皇宫犹如瑰丽珍宝，将数公里外都照耀得熠熠发光。然而城市杜马和州长一夜之间突然做出决定，要在奥克塔中心修建 400 米高的盖茨普洛姆塔①。它本该象征着圣彼得堡的历史在继续前进和该城迈步跨入 21 世纪，结果却成了权力完全不受控制的标志，天然气垄断企业成为帝国古都的主人。

上述均系一些小事，有人会问，为什么该纠缠于这种事情？这类对细枝末节的分析能起什么作用？切斯瓦夫·米沃什（Czesław Miłosz）曾在《欧洲家族》（*Rodzinna Europa*）中说过，从如何端茶杯上即可看出文化界限。他说得对：细节、缜密的描述和现象学方面的研究有时会比统计数据更有帮助，而且人们根本不知道那些统计数据是否真实。公共厕所的状况比贸易统计数字更能说明一个国家的现状，这方面的变化大概也比统计学家图表上的上升或下降曲线更有说服力。

因此一切现象中都融入了惊奇，对前所未有的变化的惊奇，以及经过沉思之后对这种变化的诘问——为什么有些东

①　俄罗斯天然气工业股份公司准备赞助的项目，因遭到了公民、民间团体和国际组织的激烈反对而未能实施。——译者注

西根本没有改变或是变得更糟糕了。一方面我们看到售票柜台已经改为电脑操作；另一方面，俄罗斯联邦某总领事馆的场面依旧一片混乱。最简单的事情似乎是无法做到的：规规矩矩排队，并有一套人们可以信赖的签证程序。相反，那里的程序不透明，一片混乱，似乎是有意在制造压力。办理一份文件或申请一次签证非得变成羞辱和让人抓狂的过程，一个大国怎么能够允许这种情况存在?!

许多年，有时甚至是从记事起一生都在与这个国家打交道的人，他们都疲惫不堪了。这类人聚在一起时常常交换最新经历：旅行变得更困难了，不仅签证一如既往地难办，而且没有一般的酒店可住了。对一般旅客而言酒店已经贵得离谱，更不用说服务方面毫无改善。有的地方的档案馆比过去难进了，有的甚至根本不让进了。特别是：人们已经听腻了不绝于耳的抱怨，即这一切都是外国介入造成的。

俄罗斯的朋友们都身心疲惫了，很多人都苦恼。他们在思索，并几乎总是认为进步不快是因为死去的先辈们阴魂不散、没有强有力的民主传统和切实可行的公民社会之日常规范。作为历史学家，人们可以指出 19 世纪大改革后的地方自治运动、1905 年后的杜马选举以及 1900 年前后俄罗斯向整个欧洲辐射出的令人着迷的独特魅力。谢尔盖·佳吉列夫（Sergei Djagilew）掀起的"俄罗斯热"（Saisons Russes），斯特拉文斯基的音乐，语言和造型艺术的迅猛发展，这些都是世界此前未曾经历的。但当代发生的事情亦是对宿命论的反驳。我们在 20 世纪 80 年代末期经历了没有计划的东西：当时我们生活在一个沉重的时代，人们认为不可能的事情突然毫无征兆地发生了，最后导致整个苏联帝国的解体。后来几年我们眼前出现了一个完全不同的俄罗斯，已经令人难以置信。出现了"急流勇退的英雄"［汉斯·马格努斯·恩岑斯贝格（Hans Magnus Enzensberger）语］，告别权力比用具有攻击性的空洞雄辩言辞战斗需要更大的勇气、胆量和果敢。那个时刻是真理的语言与自由的语言相逢的时刻，这种语言就是俄语。不久后亚当·米奇尼克（Adam Michnik）在圣彼得堡说：我们是在监狱中阅读《真理报》《消息报》和其他所有报纸的，我们不敢相信自己的眼睛。那不是媒体发明的，而是对自由与同感的追求，也是 20 世纪 80 年代和 90 年代所爆发出的热情的基础，西方有些人嘲笑地称其为"对戈尔巴乔夫的热情"（Gorbimania）。正是我们这些与年轻人打交道的人感觉到：兴趣在增加，新读者涌现，谈到俄罗斯电影我们会想到玛雅·戈尔多夫丝卡娅（Maja Goldowskaja）的《索洛夫基的钟声》（*Glocken von Solowki*），厄勒姆·克利莫夫（Elem Klimow）的《去看看》（*Geh und sieh'*），以及长期被禁演的田吉思·阿布拉泽（Tengis Abuladse）的杰作《忏悔》（*Reue*）或是亚历山大·阿斯科尔多夫（Alexander Askoldow）的《女探长》（*Kommissarin*）的上演。这种新声音让欧洲脱离了冷战后期的僵化状态，人们第一次重新认识了一个俄罗斯，它的强大不是因为拥有导弹，而是因为它的语言、它所传递的消息和它的文化。那些日子看电视，就好像在看着一个国家诉说自己所形成的思想。

如今看来，这段历史、这一历史瞬间在俄罗斯被解释为垮台、崩溃和没落的前奏，意味着俄罗斯在世人面前屈辱投降了。随之而来的一切——苏联在 1991 年的正式解体，无政府和混乱的去国有化和私有化方式，所有负责秩序的主管机构的瘫痪，私人势力集团的膨胀，暴力机关的私有化，商品供应的崩溃，老年人、退休人员和残疾人遇到的危机——确实带有灭顶之灾的特点，许多人认为这是国家行为，是改革，有的人认为改革成功了，其他人则认为失败了。但一个存在了数百年的帝国的消亡是不可能用党派之争和议会任期所惯用的范畴及雄辩方式去讨论的。欧洲的其余部分——一般来说——对此过程都失语了，尽管它们自己——当然是在很久以前——也经历过帝国的灭亡。所有概念方面的词不达意——一个帝国的解体被当作改革项目——只是表明，我们多么跟不上时代的步伐。指责戈尔巴乔夫，或是后来指责叶利钦，说他没有"方案"，差不多是指责他未能驾驭历史进程，这种指责既幼稚又脱离现实。

此后一晃又是 20 年过去了。这期间有戏剧性高潮，甚至是血腥的。1991 年 8 月发动政变未遂，叶利钦宣布一个骄傲和自信的俄罗斯联邦——Rossija 的独立。苏联解体，出现了后苏联时代众多充满离心力的独立国家。1993 年在炮轰议会大楼的事件中有数十人丧生。1998 年的卢布狂跌让苏联公民所拥有的财产再度贬值。然后，经济从最低点开始复苏：人们迎来了经济增长的时期，石油和天然气出口带来了滚滚财源，一些人一夜暴富，但政府并未采取真正大手笔的现代化措施，就连该改造的基础设施的问题也未得到解决。城市周围修建了道路和高速公路环线，汽车市场和私车交通迅猛发展。超市、商厦、购物中心、美式巨型超级市场在大城市通往城外的公路干线旁拔地而起。各处的机场为苏联人民走向广阔世界起到了桥梁作用。这个国家早已离开了共产主义，而且是毫无过渡地直接抵达了消费主义的最后阶段。各城市周边到处掀起建筑热潮，但北方不再得到政府补贴的城市则是一派荒凉景象，人们忙着从那里撤离。大迁移开始了：从新独立的共和国迁往曾经的祖国，来自中亚或高加索边缘地区的劳动力现在做着迄今俄罗斯人所做的工作。在历时多年的建设热潮中大城市吸引了大量工作移民和外籍劳工，城外城到处出现：它们有的是集装箱，有的是宿舍和廉价住所。在机场人们可以了解到后帝国时代人员流动的空间走向：塔什干，比什凯克，杜尚别（Duschanbe），埃里温，巴库，基希讷乌。

俄罗斯，这个伟大的和一望无际的国家是个事物彼此不同步的国度：繁荣城市旁有鬼城，人们在逃离北部城市的同时在意想不到的地方疯狂建设新城。列车仍一如既往地运行在帝国无垠的铁路线上，然而变得独立自主的城市与过去完全两样，它们各自找到了自己的节奏，就好像一向如此似的。几乎每个城市都拥有自己的奢侈区，知情者出入那里的酒吧和饭店，同时也有自行衰败的区域，那里的生活变得比以往任何时候都艰难。

我一直感到惊奇，这个大国是如何忍受并克服了苏联的解体，除了北高加索部分地区发生了战争外，其他地方大体上保持了平稳。这首先当然不该感谢政治领导们的危机掌控，他们关心的主要是他们自己。"人民"不得不独自应付局面。当基本供应瘫痪时，人民如经常发生的那样实行自给自足。在所有的钱都贬值的瞬间，人民开始以物易物，把乡间小屋变成再生产和储备食品的基地，并如此度过了危机。成千上万的人那些年出了远门，他们放弃了自己的职业和资格，以购物游客的身份前往伊斯坦布尔、巴勒莫、特拉布宗（Trabzon）、塞萨洛尼基、天津和乌鲁木齐。拯救国家于危难之中的正是这些数以百万计的人民的个人危机掌控计划，是他们的行动和来自底层的自我创意使国家挺过了混乱和危机。当时在人们不知情的情况下，俄罗斯曾掀起过一波侵吞国家财富的浪潮，寡头政治的俄罗斯和暴力与监控的俄罗斯曾想站住脚，强迫国家接受他们的品位、节奏和语言规则。

对国家而言幸运的是，它得以享用不断升值的自然资源——出口石油和天然气的收入；但这同时亦是一种不幸，因为这让国家感受不到那种必须进行现代化的压力。现在，当全球金融危机也波及俄罗斯时，真理的时刻——和其他任何地方一样——就来临了。现在就该看看这个国家应对和制伏危机的能力到底有多强了。

也许现在才能看到，过去十年不为企业、民间和活跃力量松绑的代价有多高。或许现在才变得明显的是，那种独裁观念，即认为大国应该实行从上到下的垂直控制，相对于依靠实行区域自治超过任何其他的手段而言，是多么于事无补。也许现在才能看到，媒体口径一致，把电视改变成一个赶潮流的天地，一个充满了广告、肥皂剧、软色情片和伪爱国复古文化的大杂烩，这直接促成了社会和公民意识的麻痹，而没有这两种意识国家就无法找到走出危机的路径。

俄罗斯空间

一个穷途末路的政权手上仍有一张牌，那就是敌人，敌人越不确定越好：包围着国家的外敌，想整垮苏联并看到俄罗斯一败涂地而从中获益的敌人，在国内有同盟者——这些人以特务和"第五纵队"的身份出现——并资助和操控他们的敌人。敌人有许多面孔：他可以是外籍工人、外国商人、基金会、恶狠狠的犯罪分子或是"陌生人"。敌人精力充沛，再繁殖能力强，从人口统计学上看充满威胁地呈上升趋势。自相矛盾的是，当每年都有几十万人因为国外有景点可看、安塔利亚和柏林的物价比索契和莫斯科还要便宜出国旅游时，认为俄罗斯受到国外和陌生人威胁的观点反而大大增加，而且绝不仅仅局限于狭窄民族主义圈子内。在危机时期能找出要对一切负责任的人或替罪羊是很受欢迎的。后帝国时期的冒犯成为一种政治权力的游戏材料，这种权力不是想办法克服自己的弱点，而是一定要寻找别人的短处。用培养被侮辱感来取代"失败的文化"，就像沃尔夫冈·席沃尔布施（Wolfgang Schivelbusch）以历史事件为例所显示的那样。如果社会凝聚力的其他资源枯竭时，怨恨的文化在任何时候都可以经煽动而形成。

我们应该认真倾听，听出敏感性的起源以及它们在什么地方是事出有因的：当然，说起最近有关战争爆发的辩论，我们这里讨论更多的是《莫洛托夫－里宾特洛甫条约》，而不是不光彩的 1938 年《慕尼黑协定》。并不新鲜的是，奥马哈海滩①登陆纪念日每年的庆祝规模要远远胜过斯大林格

① 第二次世界大战诺曼底战役中盟军四个主要登陆地点之一。——译者注

勒战役的周年纪念日。历史经验和记忆的这种不对称性势必还要陪伴我们很长时间，这也是冷战时期世界被划分为不同阵营的长期后果之一。

尽管这些都是真的，但同样真实的是：一味自怜不是长久之计，在此基础上既不能立国，亦不能实现现代化。一个大的主权国家只能自救。人们可以从外部提建议，作为同情者和旁观者——俄罗斯的政治经济状况与这些人息息相关——我们却无法提供处方。倘若在这个国家内部能展开有关何去何从的公开辩论，如果能生发出一种贴切描述异常复杂的现实的语言，那我们可能不会那么一筹莫展。开弓没有回头箭，返回到冷战——像人们有时猜测的那样——是不可能的。世界已经成为另一个不同的世界了，它是崭新的，其形式是神秘的，往往也是吓人的。在这个世界，钚的足迹随着新航线的开通进入更广阔的新世界；耳朵里塞着入耳式耳塞的保镖在豪华精品店让人给他们毛茸茸的爪子美甲。在这个国家，新的世界主义与近乎古老的对陌生人的恐惧混合在一起，那里超市的灯光 24 小时从不熄灭，新富们在老沙皇的皇宫举办各类庆典，镍业公司的亿万富翁收购美国篮球队，喀山克里姆林宫要塞城堡上矗立着的圣索菲亚大教堂规模的蓝顶清真寺，在阳光下熠熠发光。从前有数千人在那里工作和生活的一些城市，如今被废弃，重新返回大自然的怀抱。每年 9 月 1 日，女孩子们头扎白蝴蝶结、男孩子们脖子上围着红围巾走进学校。疯狂的人们开着玛莎拉蒂在莫斯科的花园环路上飙车。什么地方出现过这些现象？前所未有的财富一夜之间完成了集中，权力顶端的人来自曾经的神秘帝国的最核心部门；无耻的掠夺，但那里仍然有默默无闻的英雄主义者在工作：档案和图书管理员在工作，虽然他们靠工资无法生存；女教师和女医生们在坚守岗位，尽管她们离开这个国家收入可以翻几倍。如果不想失去判断力，人们在头脑中必须给不同节奏留出空间。谁想跟上时代的步伐，就必须运用分析能力和聪明才智，敢于冒大险。

我们自己也早就经历了那种无奈：一个美丽的时代结束了。1989～2009 年是一段漫长的路：从苏联体系的崩溃到世界经济危机，从社会主义乌托邦消失到投机泡沫破灭，我们发现自己又置身于一个老办法不再管用的世界中。幻灭，即失去幻想，这其实就是自我启蒙的一种方式而已，这会给我们带来好处。我们不是输家，我们只是生活在极其激动人心的时代。

（2009 年 10 月 1 日在图宾根德国斯拉夫语言文学研究者大会开幕式上的演讲，略有删节，刊于《东欧》，第 59 年集，第 11 册，2009 年 11 月，第 15～36 页）

"俄罗斯空间"：空间掌控和空间拓展作为俄罗斯历史书写中的问题

这是一个古老的问题，自从人们开始对自己和自己的历史进行思索，他们就想弄清，他们的行为方式在多大程度上取决于甚至依赖于他们生存于其中的自然环境。有一段时间这个问题不再显眼，甚至消失，然后似乎一夜之间又突然重新出现，就像现在这样。在苏联还存在时，我们谈论"体系"，其所指相当清楚：那是一种政治秩序，每逢 5 月 1 日和 9 日以及 11 月 7 日，人们在电视屏幕上就能看到坦克车队和远程导弹驶过红场。一群老年男性，他们身着灰色西装、戴着帽子，站在列宁墓上方的检阅台进行检阅。苏联在地图上给我们留下的印象是一大片常常染成红色的领土——"地球面积的六分之一"，但我们中的大多数人从未去过这个国家，或是哪怕有过这样的愿望。它离得太远，要想到"那里"去，办手续时所需克服的官僚主义障碍太麻烦。即使办妥了一切手续，人们一般也是前往苏联地图上离我们最近的地方，即其欧洲部分的景点：莫斯科、列宁格勒、基辅，也许会绕道去一趟克里米亚或高加索地区。若是乘坐西伯利亚铁路穿过整个大陆，从莫斯科到太平洋，可谓圆了人生的一个梦。但这首先需要时间，除了大学生或是退了休的有钱人，谁又会有这么多时间呢？有一种空间画面，它有自己的固定坐标、精彩闪亮点和确定性。它也包括对这个国家广袤无际的想象，它的辽阔，更不用说其气候，它那零下几十度的极端最低温度总是让人感到恐怖。伟大的波兰记者和作家雷沙德·卡普钦斯基（Ryszard Kapuściński）是这样描述那里的——他的文字说出了很多人的心里话——"和昨天一样的平原。和前天也毫无二致（我想冒失地补充：与一年前，甚至是几个世纪前都没有什么变化）……所有的时间尺度都迷失在广袤、单调的大地上，没有了任何效力和意义。小时失去了形状，成为无形的，它们被延伸得像是萨尔瓦多·达利画作中被扭曲的时钟……乘坐西伯利亚铁路上

的火车旅行，人们能看到这个国家的什么真相呢？其实什么
也看不到。大部分时间火车驶过的地方都隐藏在黑暗中，即
使在白天目力所及的地方也不过是白雪覆盖着的、一望无际
的沙漠。在任何一个无名小站，寂寞的夜里苍白的灯光犹如
幽灵，盯着穿过暴风雪向前急驰的列车，列车迅速消失，被
下一片森林吞噬得无影无踪……一个俄罗斯人在叶尼塞
（Jenissej）河岸或沿阿穆尔河（Amur）① 的针叶林深处会想
到什么呢？无论他向哪个方向走，道路似乎都没有尽头。他
可以沿着那条路走上几天、几个月，走来走去他仍旧在俄罗
斯境内。"[1]

　　奇怪的是，对这个国家的那些日常知识或想象，包括那
些俄国通脑子里装着的画面，在描述和书写俄罗斯历史时鲜
有提及。表达广袤体验和迷失在浩瀚无边的国度中的感觉成
了作家与诗人的事。拍摄一望无际的地平线和西伯利亚壮观
河流的任务则落在记者和制片人身上，这些人——德国恰好
有这方面的杰出范例——努力捕捉画面因其局限性难以表现
的宏大景色。这种广漠也正是让许多人秘密向往的核心，他
们想离开窄小的欧洲。与这种辽阔相比，坐上城际列车几个
小时之内就能从一头抵达另一头的联邦德国实在是不值一
提！从这种狭小网状的世界前往俄罗斯旅游，总像是一次进
入自由、通畅、无垠之旅，除了在美国 66 号公路或泛美公

---

① 即黑龙江。19 世纪中期以前，黑龙江本是中国的内河。1858 年不平等
　　的《瑷珲条约》签订后，黑龙江开始成为中俄大部分地区的边界。
　　2004 年，中国和俄罗斯签署最后边界协定，将两国国界以黑龙江为基
　　本界限划清。——译者注

路上的冒险，那种体验是在别处无法经历的。

如果苏联或俄罗斯给人印象最深刻的这种经验，在俄罗斯史学中没有或长期没有得到体现，那必定是有原因的。这听起来有点夸张，甚至像是一种谴责。因为，几乎每本俄罗斯或苏联历史书开篇自然都会先介绍那里的自然条件：地质、地理、土壤和气候、植被生长期、景观特色、矿藏资源和交通线路。[2] 但在大多数情况下，对自然和文化空间关系的描述只是一个开场白，提供的是一种框架，在历史事件的展开中此框架后来就不起作用了。只有这样才能解释，为什么我们直到不久前都必须等待那类研究，即不仅将俄罗斯帝国的现代化视为政治措施、机构改革和经济发展的综合作用，而且把这种现代化当作一个过程，在此过程中基础设施在技术和组织方面得到了迅猛和集中的发展，从而产生了那种社会空间并保障了帝国现代化得以成功实现。也就是：若没有铁路，就不会有 1900 年前后的现代俄罗斯！

换言之：有关共产主义或党的文献汗牛充栋，相关的学术辩论和拉帮结派也被研究得细致入微，这些也不是了无趣味的；但直到最近都没有一项——是的，没有一项——研究关注过 20 世纪苏联人的核心生活地点——合租房。所谓合租房，也就是把原来大资产阶级的住宅划分开，不再只住一家人，而是每间房都住上一家人，有些甚至是三代人挤在一间屋里。原来的单户住宅，现在必须挤满 20 个人或 40 个人，此外他们还来自这个广袤的国家的不同角落，有着完全不同的生活背景。他们被迫生活在一起，不是临时和过渡性的几个月，而是无法估量的期限，也许一辈子，也许几代人。没有私人空间，被迫集体居住意味着什么？对苏联人私人空间的研究的缺乏——这只是一个例子——不能归咎于缺乏资料来源，而是与着眼点和视角构成有关，也就是说与以下问题有关，即生活环境、社会生活的场所是否出现在历史学家的"雷达画面上"，它们是否被认为是"重要的"。通过娜杰日达·曼德尔施塔姆（Nadeschda Mandelstam）的自传或约瑟夫·布罗茨基（Joseph Brodsky）的杂文我们了解到更多这些方面的状况。[3]

或者再举另外一个例子：无论我们阅读哪些有关斯大林时代劳改营生存条件的作品——索尔仁尼琴或萨拉莫夫（Shalamov）的《科雷马故事》（*Erzählungen aus Kolyma*）——里面都说到温度。我们根本无法理解，在零下40摄氏度的天气必须从事繁重的体力劳动，无法换衣服，而且没有足够的营养，人怎么能活过一个星期。但在斯大林主义时代，没有一篇论文述及严寒。如果我们这些后出生的人不知道何谓严寒，又怎么能认识斯大林主义呢？可严寒不被提及。

如果我谈论空间维度在俄罗斯史学中的缺乏，如果我强调这一点并希望这种现状能够得到改善，这些只是浮现在我眼前的三个例子。对此我想贡献一些自己的观察与反思，我的意图完全可以说是系统的。

首先要说明的是：了解历史思维中的空间维度或这种维度的复归不是我个人的想法，而仅仅是我接受和强调了一种史实。我只想概括描述，在苏联成立之前的俄罗斯史学中，空间的烙印就很强，在许多方面这仍在或是说又重新发挥着激发灵感的作用。接下来我想稍微提一下，如果俄罗斯历史中那些历史事件的发生地、场所和空间能受到其应有的重视，那 20 世纪俄罗斯的历史会带来什么。最后我要说一说大家亲眼所见的俄罗斯空间的变化。我希望最终能弄清楚，对空间敏感的俄罗斯史学在哪些方面更有价值。

在有关这一主题最近几年的出版物中——可能挂一漏万——我想特别强调费利克斯·菲利普·英戈尔德（Felix Philipp Ingold）的俄罗斯文化史巨著，空间主题是其主线；然后是艾玛·维迪斯（Emma Widdis）关于斯大林主义时代空间图像生成的著作；罗兰·斯域高夫斯基（Roland Cvetkovskis）对作为一种加速的现代化的研究；马克·巴森（Mark Bassin）有关帝国空间结构的研究和弗里乔夫·申克（Fritjof Schenk）论述帝国空间在铁路修建过程中和其后之发展的作品。我自己在几年前以《在空间中我们读出时间》（*Im Raume lesen wir die Zeit*）一书描绘了"俄罗斯空间诠释学"的轮廓。[4]

在后苏联时期的俄罗斯的空间复归

没有比历史本身更彻底的展示课了。因职业关系需要研究过去的历史学家有时会成为见证人和耳证人。在某个瞬间，他们不仅仅是历史学家，而且是——也一直是——同时代人，但是是有觉悟的同时代人。做同时代人是一种不可靠的特权，对有些人来说这意味着能参与关键时刻，对另一些人来说也许就是一种巨大不幸。一个帝国的灭亡是一种自成一格的直观课，这种现象一般几百年才发生一次。一切，几乎一切都改变了。

俄罗斯空间

苏联和东欧集团的解体就是这样一种结束。这种结束成为一个空间解体的教训，该空间的形成经历了几十年，甚至数百年；代替它的从此——有些无助地——被叫作"后苏联空间"。2004 年弗拉基米尔·普京把 1991 年发生的苏联解体称为"20 世纪地缘政治的最大灾难"。即使人们不接受这种最大灾难的说法，即使从另一角度来看，苏联的解体意味着统治、征服与不自由的终结，不可否认的是：这远远不止是政治改革或"体系变迁"，后者的成分也许甚至是最少的。不容怀疑的是：以前苏联日常生活的方方面面都发生了根本转变。苏联的终结是：政治结构和统治的结束；统一的国家领土的消失；数百万苏联公民变成边界另一边的少数民族群体和二等公民；一个中央集权的综合经济区解体，划分了新的边界，思想道德大崩溃。或者更概括地说：数以百万计——往往是几代人——一直生活在一起的人，他们的生活关系和背景不复存在。帝国的解体导致了新边界线的划分，出现了新邻居和新敌人，中心和边缘的关系发生了变化，这些出现在自然风景、家庭和人的头脑中。地图被重新绘制，先是标有边界线的真实地图，然后是人们脑海中的意境地图。

在这种旧状态和关系解体的时刻产生的领土，会使人说不清它们的归属：这是有争议的地区。它们甚至可以成为突破线，是的，成为前线。生存空间与生活视野仿佛一夜之间就土崩瓦解了，这是一种令人深感烦扰、不安和迷惑的过程，会动摇遇到这种情况的人的自信。如果对这种状况进行分析的人能亲自体验这类烦扰、不安和无助，那不失为一件好事，这样他们不仅会懂得在普遍的混乱中找到稳定支撑点的渴望是多么压倒一切，而且他们也会给自己提出一些长期以来未曾提出过的问题。这些在最戏剧性局面下新提出的尖锐问题就包括：苏联空间的凝聚力，这一空间将被什么代替？或者说可否论及早在苏联时代以前就存在的力量和传统，它们能否经受住苏联的终结？甚或更简洁地表述：俄罗斯的命运是否取决于其自然地理位置？这样我们在一定意义上又回到彼得·恰达耶夫（Pjotr Tschaadajews）的那句名言，即它出现在俄罗斯自我审视其在历史和世界上的位置的最初时刻。彼得·恰达耶夫于 1837 年——也是在一种不确定性和自我审视的情况下，其起因是拿破仑的进攻、俄罗斯精英与西欧的相遇、十二月党人起义的失败和俄国内部诸多未解决的问题——写道："有一个事实左右了我们数百年的历史进程，从未中断；从某种意义上说它蕴含了全部历史哲学，体现在我们社会生活的各个时代，同时也决定了这些时代的特征。这个事实——它同时是我们政治尺度的基本因素和我们精神昏厥的真实原因——就是地理事实……"[5]

　　俄罗斯空间的主题以一个意想不到的方式又成为热门话题。在这种话语权中，就像人们对领土和边界等问题所进行的讨论中一样，也——或许主要是——涉及人们所说的：认同问题、归属或不归属的问题，在世界上确立一种特定的俄罗斯方式，最终也关乎未来的俄罗斯形象，即俄罗斯联邦作为主要继承者的形象，如果不是以微型模式继续帝国的所作所为的话。总之，这不是过时历史中的过时问题，而是关乎生存的自我审视，各类戏剧化、意识形态化和各种新神话的建构都需要这种自我审视。

　　"地理事实"得以再更新的最显著迹象就是地缘政治和地缘文化热。莫斯科书店中摆着数不胜数的有关地缘文化和地缘政治问题的书籍，其中也包括为学校和大学出版的文化学方面的教科书。文化学在许多方面只不过是新瓶装旧酒，里面的内容都是以前在马列政治课上被介绍过的东西。地理学家们的文章很长时间内只能在专家圈内小范围流传，现在可以被更多读者读到了。[6]经典著作如费尔南·布罗代尔有关地中海的书终于得到了翻译。人们就空间问题组织了各种大型会议并出版了诸多特辑。那些欧亚主义者的文章出自那批俄罗斯历史学家、语言文学学者以及地理学家之手，他们在流亡索菲亚、布拉格、柏林和巴黎时清楚地认识到，俄罗斯是一个完全自成一体的世界，即欧亚世界的核心，它既不属于西方也不属于东方。而且他们与布尔什维克形成鲜明对照，他们认为俄国的出路不在于俄国革命，而是以自己的方式实现帝国的革新。王子尼古拉·特鲁别茨柯依（Nikolai Trubezkoi）、格奥尔基·弗罗洛夫斯基（Georgi Florowski）、彼得·萨维斯基（Petr Sawizki）和彼得·苏夫琛斯基（Petr Suwtschinski）——还有罗曼·雅克布森（Roman Jakobson）——的著作现在又开始重新编辑出版。经典的地缘政治书籍得到再版或翻译，而且发行量还不小：其中包括哈尔福德·麦金德爵士（Sir Halford Mackinder），1904年他因提出"历史的支点"（历史的轴心）理论以及被他定位于中亚的"欧亚心脏地带"理论而闻名；在文集中也有地缘政治家卡尔·豪斯霍费尔（Karl Haushofer）的文章，有些人称他为"希特勒背后的男人"；或是提出了"大空间理论"的卡尔·施密特（Carl Schmitt）。扮演了特殊角色的——格外声大气粗的——是那些所谓的"新欧亚主义者"，他们是在欧亚主义者之后涌现的一批学者和知识分子，于20世纪20年代走上了流亡之路。他们的纲领是走既不同于欧洲也不同于亚洲的第三条道路。为此他们激进地融合了反自由主义、反美主义和反犹主义。这已经明显地体现在安娜·阿赫玛托娃（Anna Achmatowas）的儿子尼古拉·古米廖夫（Nikolai Gumiljow）身上，经过多年的监禁和苦役后，他成为苏联持不同政见者的中心人物和偶像，并在古典欧亚主义和新欧亚主义之间起了承上启下的作用，冒险地"发展"了前者的理论。倾听这些观点是有益的，因为这些观点尖锐而声调清楚地告诉人们这不仅仅是个学术问题。当然，在保守派、爱国主义者、新斯大林主义者、法西斯分子和激进的欧亚主义者之间也有各种色调的差异，在此我们无法深入分析——斯特凡·维德克尔（Stefan Wiederkehr）在这方面进行了出色的研究，但即使是新保守主义者，如主张放弃暴力和反对为极右派开脱的亚历山大·S. 帕纳林（Alexander S. Panarin），也很清楚——如他1994年所强调的——苏联解体后的俄罗斯需要"像宗教改革和欧洲启蒙运动时期那么大规模的精神转折……"才能"克服从家庭到军队到处可见的群体性道德沦丧……"他呼吁一种新的"大文本"，"将多民族文化和多种族统一在一个'新的历史共同体'中，在此过程中让人们意识到欧亚作为整体的超民族优先权。"[7]

　　1993 年 2 月，极右派和欧亚主义作家亚历山大·普洛卡诺夫（Alexander Prochanow）更为尖锐地写道："欧亚……是原汤，用它不断做出了每顿饭，每次这块大陆作为一个大国都被赋予了新的轮廓而崛起。"新欧亚主义的思想先驱亚历山大·杜金（Alexander Dugin）整合文学知识、希特勒崇拜和愚民主义的手法令人惊讶，他解释了地缘政治与欧亚主义潮流为什么会繁荣。2001 年他在欧亚运动的宣言中阐明："马克思主义意识形态崩溃和西方在'冷战'中取得胜利后……没有确凿和稳定的、能够与自由主义（现由美国所体现）进行竞争的意识形态来替代马克思主义……在这种时刻，求知欲最强的头脑、最纯洁的心和最炽热的灵魂就转向了欧亚主义者的遗产。他们在其中发现了一种非常有价值的意识形态温泉，它能以理想的方式满足目前这一历史时刻的要求……新欧亚主义作为一种社会、哲学、科学、地缘政治和文化潮流形成于 20 世纪 80 年代。它起源于苏联 20 世纪二三十年代的欧亚主义，吸收了俄罗斯东正教正统的精神体验，同时还补充了俄罗斯民粹主义者（民粹派）和社会主义者的社会批判精神，它以全新的方式理解祖国历史中苏联阶段的成果，此外它还学习掌握了传统主义哲学、保守革命和地缘政治等方法……所以新欧亚主义在今天的俄罗斯就成了唯一严肃的世界观平台，构成一种科学学派与社会和文化创意的体系。"亚历山大·杜金比任何人都知道该如何利用媒体，特别是电视和互联网，而且他确实有通向权力高层的关系，比如总参谋部和总统办公室。他有多激进，这从亲克里姆林宫青年组织"纳什"（Naschi）① 出场的宣传背景音乐即可看出："'纳什'本是……欧亚秩序的同义词……'纳什'是这一大陆统一、看不见和最后的前沿，是国家的前沿，是绝对东方的前沿，欧洲位于其西部，'我们的'欧洲，这个欧洲与'西方'势不两立……欧亚大陆的教团是保守革命，是地缘政治意识的大觉醒……我们必须把海洋的仆人扔进大海……只有当我们的大陆自由了，当最后一个北约人被投入盐水中，我们才会放弃斗争……欧亚主义的战士你们准备好了吗？"杜金认为俄罗斯人是"构建帝国的民族"，通过莫斯科－柏林、莫斯科－东京和莫斯科－德黑兰等轴心的形成，俄罗斯将构建起新的反对美国统治世界的大空间。"欧亚大陆注定是一种地理和战略的联合。这是一个严格的科学和地缘政治的事实。俄罗斯不可避免地必须是这种联合的核心。俄罗斯民族必定成为这种联合的驱动力。这种使命与俄罗斯人的文明使命完全一致……新欧亚大陆帝国的地理和政治前提在世界历史和国际地缘政治中早已注定。对此进行争论是毫无意义的。"顺便说一句：在杜金的欧亚帝国版图上，除了阿富汗、中国北部和蒙古，还有芬兰和罗马尼亚。[8]

　　这种观点无疑是极端和少数的，肯定也是含糊不清的，却在很多方面具有代表性。此外苏联的解体让既定的研究乱

----

① 正式全称是青年民主反法西斯运动，直译为"我们的"。由瓦西里·雅克缅科（Wassili Jakemenko）于 2005 年 3 月 1 日成立，创建大会则在 2005 年 4 月 15 日举行。他们是普京对外强硬政策的坚定支持者。——译者注

了套。苏联解体几乎立即导致研究机构的大洗牌和更名。所有以前名字中有苏联或东欧和俄罗斯研究所的研究机构，现在几乎都改称俄罗斯和欧亚研究所了，这么一来研究目标的范围和研究视角都发生了变化：迄今以苏联为主的空间现在被当作欧洲、俄罗斯和亚洲空间，研究也进行了相应调整。新研究视角的出现体现在，美国俄罗斯史学家中一位中年领军人物斯蒂芬·科特金（Stephen Kotkin）出版了新著《蒙古联邦？穿越后蒙古空间的交换与管理》（*Mongol Commonwealth? Exchange and Governance across the Post-Mongol Space*），他完全重新考虑了一个空间的内在联系，此前该空间只被视为欧洲的边缘区域，而且传统上还带有"蒙古桎梏"的负面记号。

这一坐标的位移是巨大的，可以说是构造震动的回声：它随着苏联帝国的终结而出现，如今仍在继续。并不需要多大想象力，而是只要看一眼地图，就能知道发生了怎样天翻地覆的变化。

苏联解体的那一年，1991 年，俄罗斯的地理疆界曾部分地被削减到彼得大帝改革前的范围。波罗的海沿岸省份或波罗的海共和国重新获得了自己的独立，俄罗斯通往波罗的海的出海口只剩下圣彼得堡和加里宁格勒。叶卡捷琳娜二世统治时期帝国在西南部的扩展失效了。乌克兰宣布独立。被称作"俄罗斯城市之母"的基辅，以及敖德萨和克里米亚，都在俄罗斯境外。只在一个狭窄的地方，俄罗斯还有通往黑海的出海口。曾被俄罗斯统治一个世纪之久的高加索和中亚地区也成为独立和拥有不同主权的国家。整个西部、南部和东南部边界走向发生了变化。一度曾位于苏联的欧洲部分中心的城市，如顿河畔罗斯托夫（Rostow am Don）、阿斯特拉罕（Astrachan），几乎成了南方的边境城市。历史上属于俄罗斯的地方现在是"外国领土"，人们只消想想克里米亚、塞瓦斯托波尔（Sewastopol）或敖德萨。过去是苏联东方的地方现在也成了国外。远东的边界在形式上是不成问题的，但谁都知道，这里大片人烟稀少的地区是与人口稠密的中华人民共和国接壤的，那儿正在进行无声的移居，时间一长将从根本上改变人口结构。

但变化的还不仅仅是领土的外貌，这只体现在边界的走向上。数百万俄罗斯人居住在新边界以外的地方，还有数以百万计的人正准备移民，他们坐在自己的手提箱上，一代新侨民俄罗斯人在迁徙。

一套技术、后勤、通信的基础设施是在几十年的苏联时期建设起来的，有的往往更老，在领土分裂后这套设施也显得过时了。从前把联合企业、港口和城市连接在一起的线已被切断。即使在依然存在的俄罗斯联邦内，一种自发的、根据经济发展情况出现的移民也在所难免，人们从北部那些国家预算不再考虑的城市前往南部城市。迄今人口就相对稀少的北方经过这种迁移失去了更多人口。与"行星莫斯科"或莫斯科—圣彼得堡走廊地带相比，北方只有极少数地区拥有稠密的人口、资本和投资。但即使如此令人迷惑的难题仍未说全。俄罗斯联邦有着世界上最长的边界线，这些对外边界有时也是军事和经济同盟的界限。圣彼得堡离欧盟和北约不远，加里宁格勒是北约和欧盟境内的外飞地。美国在克里米亚进行军事演习并在格鲁吉亚训练武装力量，还在中亚国家建立了多个军事基地。国际和美国公司在里海开发石油和天然气。因此"俄罗斯群岛"（莱斯利·戴恩斯［Leslie Dienes］[①]）的概念没有错。仔细审视，俄罗斯是一个零散的国家，是由几个城市聚集区拼凑在一起的，就像是陆地上的岛屿国家。与暗示同质性的地图图像相比，至少这让人们对实际状况有比较现实的想象。问题是——在我的眼中——一个民族、一个政府、一个社会或国家，如何面对如此支离破碎的领土？面对"群岛"状态？如何才能保持它的凝聚力、一体化和完整性？

在这些条件下，所有古老的俄罗斯的国家性和认同性问题又被重新提出：我们如何在变化了的形势下定义自己？哪里是我们的边界？闭关自守还是向世界敞开大门？中央集权还是放权？纵向等级制度或横向网状连接？国家发展走依赖原材料和原材料丰富的自然区域之路，还是尽量减少这种依赖，发展经济中的生产部门？俄罗斯是否是个附属物，成了西伯利亚自然区域和其极为丰富的资源的人质？国家的发展应该按照西方模式还是东方模式，或是该在二者之间发挥桥梁作用？就这些问题人们在展开较量，这种较量是激烈的、煽情的、意识形态化的和严肃认真的。在此提到这些，只是为了替人们重新说明俄罗斯局面给出历史框架和指出其唇枪舌剑的激烈程度。所有关于认同性的辩论均须认真对待，这不是演戏，虽然也有演的。

---

① Leslie Dienes（1938 —　），美国地理学家。——译者注

俄罗斯空间作为俄罗斯文化的固定形象

谈论"俄罗斯空间"对德国人来说并非易事。这个词有负面内涵，受过污染。纳粹用过"俄罗斯空间"一词，指的是他们不是在印度，而是想在欧洲大陆建立的殖民帝国。"俄罗斯空间"代表着一望无际的麦田，"作为谷仓的乌克兰"，各种矿产资源，包括高加索和里海的石油；它也是"托特组织"（Organisation Todt）①的工程师们幻想着能在那里修建高速公路和洲际超宽轨距铁路的区域，这种火车应把煤和矿石从顿巴斯（Donbass）运往"帝国锻造厂"并把德国度假者送往克里米亚。俄罗斯空间对德国所谓人口过剩的区域意味着"生存空间"，为"生物和种族生命力的更新"提供了场所。纳粹德国国防军把这个准"生活空间"弄成了斯大林格勒、新罗西斯克（Noworossijsk）、普尔科沃高地（Pulkowo-Höhen）和明斯克等各处的焦土，一个大陆、一个国家变成了废墟。

德国对"俄罗斯空间"的幻想包括一整套计划：对原始性和纯正度的呼唤，古老和野蛮也不失为一种拯救力，这是一种优势，处于较高发展阶段的文明面对这种优势也必须进行自我保护。"俄罗斯空间"包含着一个恐惧程序。其中有对可行性的设想，包括土地和景观拥有无限可塑性。它是德意志东方主义的主要投影领域。后来又加上了对战俘经历

---

① 负责纳粹德国战争机器所需劳动力和各项工程建设运作的组织，创建于1938年。——译者注

的回忆，人们只要想一想约瑟夫·马丁·鲍尔（Joseph Martin Bauer）的小说《极地重生》（*Soweit die Füße tragen*）中主人公克莱门斯·福雷尔（Clemens Forell）的冒险经历，以及后来根据此书拍摄的电影。

但与这些幻想无关，俄罗斯空间是真实存在的。它不依赖于德国种族理论家或地缘政治家的构想。关于俄罗斯空间、俄罗斯历史空间和俄罗斯国家形成有着十分丰富和出色的文献，无愧于此研究对象本身。俄罗斯空间存在于画家伊凡·I. 希什金（Iwan I. Schischkin）、艾萨克·I. 列维坦（Isaak I. Lewitan）和康斯坦丁·F. 尤奥（Konstantin F. Juon）的风景画中。自从人类能够思索，它就让人念念不忘：作为福祉，作为命运，总而言之它是俄罗斯存在的基本形态。诗人们描述了俄罗斯空间、俄罗斯文化的立足点和俄罗斯风景，他们也参与了俄罗斯文化空间的塑造：从伊凡·屠格涅夫的《贵族之家》到展示内战场景的鲍利斯·帕斯捷尔纳克的《日瓦戈医生》。俄罗斯空间拥有自己的声音：火车车厢定期发出的碰撞声，伏尔加河或叶尼塞河上船舶停泊处扩音器中传出的告别乐曲，这些被一个在慕尼黑生活和工作了很长时间的俄罗斯人——菲多·施特鹏（Fedor Stepun），凭着移民特有的记忆充满激情地写了下来。[9]

俄罗斯空间不是西方的东方主义的发明，而是俄罗斯文化自身的结晶，尽管它很少受到过像哲学家伊凡·伊林（Iwan Iljin）那么严格和确定的表述："俄罗斯人注定要在严峻的自然环境中生活。自然无情地要求他们适应自然。它截短夏天，延长冬天，让秋季暗淡，使春季充满诱惑。它给了人们辽阔的空间，却让大风、阴雨和积雪充斥其间。它提供了平原，却让平原上的生活充满困难和艰辛。它奉送了大江大海，却把争夺出海口作为艰难的历史任务一同赠予。它在南方展开了一望无际的大草原，却从那里引入了一路抢劫的游牧民族。在干燥地区它慷慨馈赠了肥沃的土壤，并让沼泽地带长满茂盛的森林。俄罗斯人注定得生活得坚忍不拔，他们不知道何谓呵护。大自然要求他们百折不挠，在许多方面规定了他们的生活方式，生活中的每一步都离不开艰苦的劳动和清贫拮据。"这些往往不仅仅是对一个地区或空间的描述。安东·契诃夫已不止确认山水的特殊性，而是进一步揭示了山水和心理的关系。他述及"梦想着成就草原般辽阔的大事业"，"不停地分析"，并一口气列举了"无边无际的平原，恶劣的气候，灰色和粗鲁的老百姓，他们那沉重、冰冷的历史，鞑靼枷锁，官僚主义，贫穷，缺乏教育，省会城市的潮湿，斯拉夫式冷漠等"，为的是得出以下结论："在西欧人们灭亡是因为那里的生活环境太狭窄、令人窒息；我们这里则是空间太辽阔，空间大得让小孩子失去了辨别方向的能力。"[10]

俄罗斯空间和俄罗斯山水的特点——根据费利克斯·菲利普·英戈尔德的研究——几乎总是通过与西欧的空间对比得出的。决定了俄罗斯景色的有田野、草原、沙漠、森林，其特点是土地宽广辽阔、河流蜿蜒曲折、天高地远。俄罗斯景观的对照物几乎总是中欧或西欧的风景：小巧的海湾和峡湾，高地丘陵和高山，深深的峡谷。人们聚居的地方歪斜、暂时、可怜，在大自然中毫不起眼，几乎成为大自然的一部分。不过，这也有另一面：它承诺着辽阔、自由和无限，人们不受束缚，可以在空间中到处游荡，给流浪、漫游、朝圣者和游牧民族不在一处久居提供了绝好条件。俄罗斯文学中充满对英雄和这种景观的描写：来自草原的男人，毫无保留地热爱自由，不受羁绊，到处流浪。

最善于表达气质与自然，以及俄罗斯灵魂和俄罗斯空间之间的联系的人之一，就是哲学家尼古拉·别尔嘉耶夫（Nikolai Berdjajew）。离开苏联流亡后，他曾在德国短暂生活过，并从俄罗斯的生存环境推导出"俄罗斯的国家类型"。他直截了当地谈论"俄罗斯灵魂的地理学"："在不可思议性、无限性和无穷性上，俄罗斯的土地和俄罗斯的灵魂之间，自然地理和心理地理之间存在一种对应关系。在俄罗斯人的灵魂中同样有这种不可思议性与无限性，一种对无穷的追求就像俄罗斯土地一样辽阔。因此，俄罗斯人很难控制和塑造如此巨大的空间。俄罗斯人民拥有巨大的原始力量，相较之下他们并不擅长于形式。与西欧各民族不同，俄罗斯民族并不是以文化民族见长，它更是一个喜欢坦承和热情的民族，它随心所欲，容易走极端……两种对立的原则共同塑造了俄罗斯之魂：自然、异教、酒神的元素和苦行僧的正教观念。人们在俄罗斯民族身上可以看到相反的特质：独裁，国家庞大，无政府主义，自由；残忍，倾向于暴力或善良，人性化，温和；笃信礼仪和寻求真理；个人主义，对个性和非个性集体主义的深刻意识，民族主义，自我赞扬和普救说，适用于所有人的人性化；末世和救世式笃信，外表虔诚，寻找上帝和好战的无神论；温顺和狂妄自傲；奴隶制和反抗。"这里揭示了国家自然状况的辽阔和无限与生活在那里的人的精神或心理状态之间的关系。再引用一段别尔嘉耶夫的话，他认为俄罗斯特质的一个显著特点就是"俄罗斯之魂的博大"："俄罗斯人的灵魂是广博的，就像俄罗斯的土地和田野。斯拉夫的混沌在其中肆虐。俄罗斯空间的巨大没有促成俄罗斯人发展自律和自主，它在这硕大的空间中消散了。这不是俄罗斯民族的外部命运，而是其内部命运，因为外部的一切都只是内部的象征。"[11]

俄罗斯气质的全部复杂性在此基础上逐步形成：情绪化，缺乏纪律性和细节上的一致性，自我怀疑和依赖权威，非理性，有信仰能力，反对理性的暴政，慷慨，最高纲领主义。这些如果不是从现有的大自然中产生出来的，那也存在对应关系。就连俄罗斯特有的对自由的想象也是从空间衍生的，如格奥尔基·费多托夫（Georgi Fedotow）所言，他认为不受束缚的哥萨克人、漫游者和强盗是体现俄罗斯无政府主义的自由的主要角色，这是一种摆脱什么的自由（volja），而不是去做什么的自由（svoboda）："强盗是莫斯科式自由（volja）的理想，就像伊凡雷帝是沙皇的理想一样。由于自由（volja）类似无政府状态，无法在礼貌的共同生活中存在，所以俄罗斯的自由理想就体现在崇拜以下各类事物上：沙漠、洪荒的大自然、游牧生活、吉普赛人生活、放荡、忘我的激情、强盗生涯、叛乱和暴政。"[12]

这些引语足够了。它们表明，空间是俄罗斯特性自我解读中的一个重要元素。

空间在俄罗斯史学中的意义

俄罗斯现代史学的奠基人也看到了该国的自然环境，即俄罗斯的生存空间与历史发展之间的联系。像谢尔盖·索洛维约夫（Sergej Solowjow，1820－1879）这样的历史学家提出了下述论点。他认为俄罗斯之所以未能形成反独裁统治的社会力量，是因为所有农奴制和专制的反对派都会消失在浩瀚的空间里："国土的辽阔，行走的不受阻碍，巨大的空间，这一切导致本就稀少的人烟更加涣散（razbrod）。只要稍遇障碍——这种障碍是团结一致的力量能够克服的——人们就选择了放弃，因为联合是困难或不可能的。放弃是简单生活中的一个简单办法，而简单生活又受制于流动性和遇到障碍绕着走的习惯。"对索洛维约夫来说，草原和森林导致不同的生活方式亦是不言而喻的："草原为游牧民族哥萨克人的原始放荡生活提供着持久的条件，而森林则构成对人的更多限制，让人不能拔腿就走，而是脚踏实地，定居在一个地方，相反哥萨克人是自由和总在途中的。因此俄罗斯北方人平静、沉稳，其结果是他们从事的工作也比较固定；而南方人则不稳定。"[13]

在《俄国史》（*Russischen Geschichte*）中，伟大的历史学家瓦西里·奥西波维奇·克柳切夫斯基（Wassili Ossipowitsch Kljutschewski，1841－1911）系统阐明了这种关系，他对空间关系和历史进程有着透彻的反思性理解。对他来说，所有历史都开始于对自然先决条件的描述："当开始研究任何一个民族的历史时，我们首先遇到一种力量，这股力量仿佛把每个民族的摇篮都牢牢地攥在自己手中，这就是那块土地的自然构造。"[14]然而这种想法并不限于必不可少的序言中，而是在全书中得到了辩证展开。作为历史学家，克柳切夫斯基是对山水格外敏感的观察者和分析家。

但他并非环境决定论者。这首先可以特别清楚地从他对俄罗斯国家性质的发展史的描述中看出，这是移民、殖民和空间领土扩张的历史；从他对交通和通信，特别是水系对历史景观的出现和国家的形成所赋予的系统意义亦可看出这一点；最终还有气候的重要性和受其制约的动植物种类，以及草原和森林对俄罗斯文化生成的意义。辽阔和开放性，也包括空间的无遮拦，不会自动导致国家权力的浓缩和集中。在此，历史因素在起作用，不同的力量线与动机的起因并非植根于气候和土壤条件：古俄罗斯人的发展与拜占庭有着千丝万缕的关系，因此属于东正教范围；蒙古帝国作为抗衡力量，曾让俄国的欧洲部分与拉丁欧洲长期分隔，从而使俄国走上了一条特别但并不一定是特殊的发展道路。卡斯滕·格克（Carsten Goehrke），为数不多的德语区国家的一位俄罗斯史学家，一向对历史的空间和地理维度感兴趣，他提出一个问题，即如果基辅和莫斯科与西方的联系从未被切断过，那会是怎样一种局面？倘若有一个强大的帝国挡住通路，那哥萨克人和设陷阱捕猎的人的足迹还会不会抵达太平洋？当然会有以空间条件为基础的吸引力——首先在南方，然后在一望无垠的东北欧亚地区；当然有逃生、躲避和扩张的机会，这类机会一再延误了当地社会的形成，并阻碍了能与中央集权抗衡的民间区域力量的生成。然而肯定没有仅仅由于空间条件就产生的逻辑与合法性。

俄罗斯空间

克柳切夫斯基的现代俄罗斯历史学令人想起 1900 年左右的莱比锡学派和"年鉴学派"——确实存在知性和人脉关系，它们是 1900 年左右俄罗斯的普遍觉醒的组成部分，它们同样也与俄罗斯－苏联的现代派共命运，这一现代派于 20 世纪 30 年代初在压力与暴力下销声匿迹了。可以说，当时掀起了一股自我探索俄罗斯帝国晚期历史的热潮，人们广泛展开了对这一巨大的多民族帝国的人种学的自我调查，对俄罗斯帝国的地理、种族与文化空间进行了鉴别。但这些知识和科学工作被打断的时间长达数十年。随着布尔什维克的胜利和后来的斯大林化，史学有了范式转变，这些也无法在这里详细说明。简而言之：在历史思维的普遍社会化和权势化过程中，在着眼于国家的政治经济改造中，自然空间性完全消失了，或者它仅仅作为对手和敌人出现，成为必须采取一切手段去战胜的对象。现代化和阶级斗争的激情现在被转移到大自然身上，尊重自然界本身固有的规律和任意性被谴责为与自然搏斗中的客观主义，甚至是失败主义。

空间的消失以及苏联空间的拓展

从现在起一切皆有可能，苏联的地图将被重新绘制。新的高速公路、运河的修建、新城市和工业区改变着国家的面貌：在以前无法进入的地带，矿藏得到开采，哪怕这些矿藏在北极圈以北和永冻层中；如有必要，河流的走向作为自然界的"错误"会得到纠正或被改道；水路要连接环绕俄罗斯欧洲部分的五大海域，最长远的计划甚至要修建通往太平洋的水路。这一切使这个巨大国家瘫痪的距离即使不能完全被克服，也要通过海陆空方面的技术革命得到缩短。消灭距离曾是 20 世纪 20~30 年代的一个战斗口号，它同时还号召人们成为时间的主人。革命中的俄国是一个疯狂开展激进运动的国家，一切都须加速。没有任何地方像苏联这样相信飞机的力量，它能缩短空间距离并让国家脱离落后状态。没有任何地方像这个国家那样把机车视为加速和进步的象征与比喻，这里每年秋季或早春的烂泥地都会导致人们无路可走，从而让很多地方与世隔绝。对新技术在克服空间距离和加速可能性方面的绝对信赖使人期望以此战胜距离、无路可走以及落后。革命力量不再向浩瀚国土带来的问题低头。过度兴奋的运动和加速隐喻证明了它们的目的：克服惯性和缓慢、广漠和距离——这些阻碍着甚或是威胁着帝国的一体化。人们可以说，苏联统治的确立——无论公开承认与否——是用尽一切方法所进行的一场战斗，目的是建立一片连在一起和受到认同的疆土。在这样一片疆土上，辽阔空间的阻力被克服或打破。体系、国家、结构、政权、计划，这些都是最主要的坐标，所有的努力旨在实现上述目标，稳定并保卫它们。把苏联建设成一个以新面貌出现的帝国是一项大手笔的同质化工作，是制造一种大一统的空间和文明。它毕竟"运行"了好几代人之久，超过了 70 年。

那种把苏联斯大林主义社会想象成一个有良好秩序、一切俱在掌控之中的社会的做法是一种简单化，粗略地讲：它就是学术上的无稽之谈。如果人们不忘记苏联的空间维度将极有裨益。一个大国不能通过来自中心的指令统治，甚或掌控。不具有技术通信手段和基础设施的政权是一个非常无力的政权。一座城市，哪怕它再崭新，在五年计划期间内像变魔术一样从无到有，在一个广袤的国家它也只是一个微不足道的点，在许多方面它令人想起殖民地的创建或是一个被围的前哨，周围充满敌意。官僚机构的计划在中心可能很周全，但如果各地缺乏执行人员，并且执行不受控制，那这些计划大部分就是纸上谈兵。一个总是处于动态的国家——摩西·卢因（Moshe Lewin）称之为"流沙社会"，拉扎尔·卡冈诺维奇（Lazar Kaganowitsch）管苏联叫独一无二的"吉卜赛营地"——很难固定人们的住所和形成稳定的社会结构。直接暴力——民兵、秘密警察、军队——和游牧社会，即"变迁中的俄罗斯"，是并存现象。所有的恐吓言辞，以及斯大林主义在公共空间的自我展示，不过是一个本质上虚弱的国家权力的搔首弄姿，就像暴政永远不是绝对权力的标志，而是软弱无力和自我主张的表现。那种绝望的尝试，即对空间实行垄断绝不放手，也是如此。这就是不惜一切代价。带有规则和计划的拜物主义过分强调计划和权威，这恰恰说明，在实践中计划、规则和权威并未得到很好的执行与认可。表面上社会井然有序，特别是在公共空间；实际上社会处于混乱之中，已如野马脱缰，奔跑在自己选定的路上。架构权力同时就是架构应急体系结构，是搭建一种弱合法性的权力。苏联一直——不无道理地——把自己理解为一种"被围困的堡垒"。

如今我们面对的是苏联文明遗产。在国家分崩离析之际，苏联时代的同质性才显露出来。苏联是一个商标，空间同质化首先通过标记、一定的风格、具体品味和特殊饰品来完成。苏联远远不止是"政治制度",它曾经是生活世界、生活方式。这里的景观有其自身的魅力——帝国的魅力:从明斯克到塔什干文化和休闲公园中都建有凉亭,管乐队在里面演奏乐曲,儿童们在公园骑旋转木马,在那里的俱乐部中人们则可以跳舞,很久以前,20 世纪 60 ~ 70 年代,吟游诗人还在那儿演唱他们创作的愤怒歌曲。

20 世纪的俄罗斯历史可以被讲述为对俄罗斯空间统治权历史的证明和维护,以及想把它长期转变为苏联空间的失败历史。俄罗斯空间转化为苏联空间失败的历史还没有被书写。这将是运动、场所、空间、边界的历史,既在象征意义上,也在实际意义上。历史研究是对苏联的空间和场所进行大范围的考古发掘。

现在后苏联空间被重新编码,重新排列,重新配置。群岛的形象不符合仍旧令人想起面积"占地球六分之一的"国家形象。这个国家进入了大漂移期。如果你走在圣彼得堡—莫斯科走廊带,你可能会认为这不过是大都市走廊的延伸,它西起伦敦、鹿特丹,经柏林和华沙到达这里。这里行驶着高速列车,人们在互联网上遨游,计划前往迪拜旅游,他们研究兑换率和股票市场的行情。在此走廊地带之外的人还生活在一个不同的时代。莫斯科是权力的中心、垂直线的顶端。各机场挤满了要去世界各地的人。这个城市夜间灯火通明,像拉斯维加斯。莫斯科国际商务中心因经济危机停建的项目有朝一日会再次开工,俄罗斯塔楼将会成为欧洲最高的摩天大楼。各地疆土将会获得新标记:在圣彼得堡会是俄罗斯天然气工业股份公司的塔楼,在海参崴海湾则是一种远东地区的金门大桥。为不同的时间和不同的速度找到共同点很困难，几乎是不可能的。人们应该停止这么做，并承认一个事实——没有一个单一的俄罗斯空间，而是有很多，而且几乎快要建成的新兴城镇会发生衰败、萧条、没落，甚至会倒退回 19 世纪。人们必须在这个国家四处走一走，离开莫斯科及其周边地区，这样才能看得更仔细。人们必须追踪新路径和新迁移，以便找出这个国家在向何处去。

有关俄罗斯空间的新话语的出发点是：苏联空间的崩溃和对随之而来的认同性的质疑。一如既往，在这样的辩论中老问题在新视角下被再次提出，已有的答案被再次重复，达到戏剧化和新的神话化。在多声部合唱中，要分清什么是原创，什么是冗余，什么是清新，什么是怨恨和反动，这并非总是易事。在我看来，把"俄罗斯空间"意识形态化的主要形式是：认为俄罗斯的所有缺陷或成就都直接来自一个源头——俄罗斯空间。某些圈子不把俄罗斯空间理解为俄罗斯联邦的领土（Rossiyskaya Federacija），而是作为俄罗斯种族（russkij）空间。最后我希望不要以简短的套话来结束，而是对俄罗斯空间进行描述或叙述。我虽然不能像环球旅游者和探险者那样，借助幻灯片向诸位提供直观信息，但我也许可以给出暂时答案，即人们如何能高效加工俄罗斯空间的经验，而不必逃向历史哲学结构。

欧亚空间不是神话，而是技术问题

对于德国铁路柏林动物园火车站底层 5 号售票窗口的那位女士来说，解决俄罗斯空间问题根本不在话下。当我这个夏天决定乘火车从柏林前往上海时，我只需要去一趟火车站。排了20分钟队后轮到我，我对售票窗口那位女士说，我想买一张从柏林动物园火车站到上海的单程票。她甚至连头都没有抬，往电脑中键入所需路线。是的，有票，至少在夏季有柏林直达伊尔库茨克的列车，开车时间是星期三的15：07，抵达伊尔库茨克是下个星期二的23：20。从那儿换乘莫斯科—北京的特快列车，然后再搭乘夜车从北京前往上海。

这段旅程的通常出行模式是乘飞机，这种跨越欧亚大陆的飞行一般需要九个小时。在相应的气象条件下，人们像在地图册上一样可以看到整个欧亚大陆：夜间神秘的平原笼罩在黑暗中，为数不多的城市群岛犹如细线。

坐火车的经历则完全不同。旅程超过12000公里，需要十天。夏季因需求大，票不好买，而且人们还必须及时办理签证。但一旦这些办妥之后，旅客就有机会沿途观察和研究空间是如何被管理和产生的。一站站，一公里一公里，从一条河到另一条河，从一个边境到另一个边境。在有些地段火车行驶得如此慢，以至于若是遇到出轨它会就那么停下。这种火车不是模仿飞机造型的城际列车，也不是高铁，坐在这种列车中人们很容易看出火车发明于19世纪。一个星期的缓慢行驶，人们看着窗外风景穿过整个大陆。车厢内的情况是：车窗挂着绣花窗帘，夜间窗户像在飞机上一样被莫名其妙地遮挡住，就像怕给外面什么人当作攻击对象似的。行驶在柏林—伊尔库茨克这一段的列车像过去一样驶过敖德萨、辛菲罗波尔（Simfaropol）、基辅、哈尔科夫、圣彼得堡、鄂木斯克（Omsk）和新西伯利亚。火车绕行莫斯科，人们可以一直坐到伊尔库茨克。驶过柏林总理府和国会大厦五天后就到达新西伯利亚，十天后抵达上海。

人们行驶过约 10000 公里的长形走廊地带。经过所有欧亚大都市的后院，人们可以看到：车站、厂房、工业区；上万公里的涂鸦墙；去工业化区域——工业废墟、废弃的工厂和仓储设施，一条穿过欧亚的锈带，直至中国边境。火车行驶在黑暗中，当它接近大城市时，天空突然放亮，在远处就能看到华沙、莫斯科、叶卡捷琳堡的摩天大楼，特别是哈尔滨和沈阳的。火车驶过的走廊地带也架设着电线，铺设着天然气和石油管道，有工业区和村庄，村里有被风吹歪的房子。从奥得河到太平洋，一路上有时还能看见正在吃草的羊群或一头牛。

是的，俄罗斯空间既一望无垠，又人烟稀少，巨大的西伯利亚河流宏伟壮观，火车穿越它们需要很长时间。但在俄罗斯空间内或穿过它的旅程同时亦是一次时间之旅，它启示我们，没有时间和历史的空间是不存在的。比如我们经过的地方有 Njegoreloje，对福伊希特万格（Feuchtwanger）或罗特（Roth）来说，这里是他们前往所谓新世界的大门。在斯摩棱斯克附近火车经过一个名叫卡廷（Katyn）的火车站，1940 年数千名波兰军官在此站下了车，他们不知道将会在那儿被屠杀。成千上万的人就是通过我们行驶的这段路被送往遥远的北方或马加丹（Magadan）战俘营的，那些活了下来的战俘后来也是经这条铁路线又踏上归乡之途。

我们驶过的这段铁路线是人们在一百余年前设计和建造的，为的是把太平洋和大西洋连接起来。它是征服欧亚空间的世纪之作，建造这条铁路线是要让它成为连接整个大陆城市带的生命线。后来的情况始料未及，这与俄罗斯空间无关，而是源于那个"极端年代"的骚乱动荡，那些灾难在整整一个世纪的时间里对这段铁路线造成了破坏，令其瘫痪。先是第一次世界大战，它让平民出行的工具变成了运送士兵的手段。革命和内战时期，在红白相争的战斗中对这条铁路线的控制决定了胜败。本是用来连接欧亚的铁路线，在俄国革命后成为苏联境内进行社会主义建设的运输工具，但它也运送了大批被驱逐出境的人。在第二次世界大战中苏联用它调集了预备役部队，击败了希特勒的军队。冷战时期人们已无法想象能有从符拉迪沃斯托克到汉堡，以及从上海到鹿特丹的火车。

　　所有这一切均与地理无关，而是与世界政治冲突、边界划分和历史有关。铁幕落下、远东崛起改变了整个场景。西伯利亚仍旧是一个不受欢迎的人应该消失在那里的空间，例如霍多尔科夫斯基（Chodorkowski）。但如今它也是手机铃声不断响起的空间，西伯利亚不再与世隔绝。在全球化的过程中，这片边远的辽阔大地又回归到交通、通信和贸易的世界地图中。物流公司的决策层在考虑，不断增加的物流是否不该通过苏伊士运河来运送，而是经过更直接的路径，把迄今需要的 30 天缩短到 10 天。也就是说，21 世纪伊始，人们又开始思索和考虑一个 100 年前就被思考和规划过的项目。这意味着，20 世纪放弃或受阻的事，现在终于要实施了。经过长时间的延迟，虽然最终俄罗斯空间甚或俄罗斯灵魂之谜未被解开，但也许过去一再令我们着迷和思索的空间还是得到了掌控。

（2009 年 11 月 5 日在慕尼黑卡尔·弗里德里希·冯·西门子基金会的演讲）

俄罗斯的第二次现代化

在苏联解体 20 年后的今天，那些灾难性场景幸好得以避免，20 世纪 90 年代初人们预测会出现这类场景是种时髦的说法，而且不无道理。当时某些聪明的观察家已经看到正在来临的类似魏玛共和国的处境，但俄罗斯没有陷入这种局面。多亏世界能源市场价格的上涨，俄罗斯成为一个富有，甚至是超级富有的国家。除中国外，它是外汇储备最多的国家。

这些财富几乎直接来自自然资源，其中只有一部分是通过现代化获得的。然而时间越长，这类财富越显示出其敌视现代化的一面。一个国家有这类收入，就无须再去思索提升绩效、提高生产力和效率的其他形式了。

这个问题并不完全是新问题，从彼得大帝颁布的诏书中即可看出："我们俄罗斯相较于其他国家盛产金属和矿物，地大物博。迄今人们没有热心研究这些物质，特别是已经找到的矿藏没有得到合理利用。因此，我们与我们的臣民本可从中获得的好处就被忽视了。"

虽然国家政治领导层早就知道这类以油元（Petrodollar）[①]

[①] 油元是指一国出售石油所赚取的报酬，此名称于 1973 年由美国乔治城大学的 Ibrahim Oweiss 教授发明。——译者注

形式存在的自然资源的负面后果，尽管他们早已指出，要解决一味依赖原材料和能源出口的问题，使经济多样化，虽然总统德米特里·梅德韦杰夫（Dmitrij Medwedjew）多次指出进行"纳米革命"的必要性；但是，发誓要进行这种革命总是要比做出具体和强硬的决定容易许多。在分配有时汩汩喷涌的自然资源时若不懂得放弃或限制，就根本不可能进行纳米革命。

作为一个在俄罗斯行走的外国人，我经常震惊于进步与落后的鲜明并存，就好像一个人同时生活在 18 世纪和 21 世纪，一方面无像样的路可走，另一方面置身高科技时代。一个不久前还是第二超级大国的国家，却至今没能开发出一定程度上完善的道路和街道系统。直到不久前一直担任俄罗斯联邦委员会主席的谢尔盖·米罗诺夫（Sergej Mironow）曾指出，从前的超级大国苏联至少有两件事情得到保持：核武器和俄罗斯天然气工业公司。一个生产了一系列宇宙空间站的国家，如今宣布该国平均寿命——尤其是男性——为61.4 岁，这样的数字一般只存在于第三世界国家中！

今天人们在莫斯科见到的俱乐部、年轻人和生活方式，与伦敦或阿姆斯特丹的几乎没有什么区别。但离城市 60 公理外的村庄却一派萧条，基础设施全面瘫痪，人好像一下穿越回 19 世纪。一个累积了数十亿油元的国家，却无法维持其教育体系和研究机构，失去了最优秀的人才。人才流失的规模空前，甚至超过了 20 世纪。

极端的两极分化不仅体现在大都市区域如莫斯科和圣彼得堡与经济落后的其他俄罗斯州的反差中，而且存在于城市本身：一方面是我们在自己生活的纬度难以想象的奢侈，另一方面是穷得不能再穷的弱势群体。这些人有多么无助和贫病也是我们无法想象的。

一个没有社会中坚的国家：没有现代化文化
就无从谈起现代化

对许多首次来俄罗斯的人来说，他们很难理解：面对那些肆无忌惮和没有底线的行为，完全没有能与之抗衡的社会和文化中心，也没有缓冲剂和平缓手段。人们依稀记起，他们对这种对立和极端事件并不陌生，即发展中国家城市里那些腐败的政治精英，以及想方设法免遭灭顶之灾的、在毫无希望的局面中苟且偷安的居民。

集约化和现代化的阻力在俄罗斯是超强和根深蒂固的。大概可以说，想克服这种阻力几乎是无望的。难道不是有例子能一再表明，现代化之路在俄罗斯已经走过并是可行的吗？

大型成功企业的建设——无论是工业企业、运输公司，还是铁路现代化——证明经济现代化是可能的。但问题始终是：这些是属于典型的、有代表性的例子还是例外？这些是成功的个案，且受外部推动和控制，还是它们系该国自我确定并毫不动摇地推行的项目？

众所周知，一个工厂的建设不仅是技术或组织的过程：其间要制订计划，画出生产线设计图，建造大厂房，然后雇用在那里劳动的工作人员。文化因素一直在发挥作用：培训和准时已成为常规的纪律和耐性。每个工作进程都需要连续性和问责制，即使在没有检查员在场的情况下也要保证做到这些。人们必须要感到对整体和最后的产品的责任感。简而言之：这关系立场、态度，这些需要很长时间，也许是祖祖辈辈传承才能养成的，且先不提技能与资格。

苏联解体后，俄罗斯的情况也正因此十分困难，因为它错综复杂，甚至混乱。一方面，旧的安全体系——计划、工作岗位的保障——不复存在；另一方面，生活在自由资本主义社会，人们的权利要求和生活成本大幅提升，以致普通的生活已经变成了生存之战。一方面，没有了物质匮乏和排队现象；另一方面，所有的东西通常都比存在自由竞争、顾客是上帝的市场贵，因为并没有形成真正的竞争，而是出现了垄断。一方面，许多新的可能性出现了；另一方面，相应的资格却尚未具备，这类资格经常必须通过自己动手的方法去获得。

即使如今俄罗斯变得比过去自由多了，能够决定职位、许可证和工作委派的机构仍旧大权在握，没有它们任何地方都无法做出决断。对别人创造的财富，大家都想分一杯羹。腐败不是赘生瘤，而是整个系统的基本组成部分，缺了它一切无法运转。外国公司通常会带着它们传统的习俗、期望和礼仪走进这种环境，在这两种企业和工作文化接触区内会不可避免地产生摩擦和冲突。这些接触区是真正意义上的俄罗斯实验室，也是积累现代化经验的空间。那里的实践经验是教科书中找不到的。

为了更好地理解这一点，回顾一下有数百年历史的俄罗斯工作和工业文化的独特性是颇有裨益的。

革命前俄国反对现代化势力的元素

尤里·克力山尼茨（Juri Krischanitsch），决心进行现代化的彼得大帝的改革先锋，已经看出俄国人和"德国人"在工作文化上有着本质区别："我们这个民族处于野蛮人与开化的民族之间……我们理解概念慢，心地单纯；他们则都很狡猾。我们到处闲逛，大手大脚，从来不记收支账，我们的财富不是慷慨赠人，就是挥霍殆尽；他们却是吝啬和贪婪的，利欲熏心，一天到晚只想着如何填满自己的钱袋。他们嘲笑我们的节日和好客。我们干活偷懒，钻研学问不努力；他们勤奋，从不错过好时机。"他也没有忘记指出俄罗斯人"嗜饮和浪费"的倾向。

在 21 世纪初去扯那些陈年往事，这显得似乎有些牵强。但工作文化和商业惯例是经过许多代人积累形成的，不是在速成班就能学到的。存在各种不同的工作文化。欧洲城市是现代化的起点。那里出现了手工业、手工作坊和行会，它们以自己的专业知识、技能和特定的职业道德为劳动分工的发展奠定了基础，通过经销商和贸易商与外部世界——并很快与海外世界——交织在一起。除了有效率的劳动分工和生产力，除了预算和簿记，让欧洲城市成为城市的是城市的自由，总结为一句话就是"城市的空气使人自由"，城市是公民自由的诞生地，其经济形式——市场、交易、私有财产和贸易关系——自然是受法律保护的。俄罗斯却缺乏这种发展，它一直是城市稀少的国家。"城市的空气使人自由"在这儿不算数，尽管一再出现城市居民反对采邑贵族和沙皇的叛乱。从彼得大帝到叶卡捷琳娜二世所进行的一切自上而下推行城市自治的尝试，比如人为地培植中产阶级的努力，都以失败而告终。虽然有一些世代富商，如杰米多夫（Demidow）和斯特罗加诺夫（Stroganow）家族，他们得到相当于西欧国家大小的领地用于生产，但并没有形成或很晚才形成单独的城市资产阶级。贵族、地主和以使用农奴为基础的经济占主导地位。农村的生产首先是为了自己的需要，是一种自给自足的经济，自己需要的东西自己制造。因此，在俄罗斯不是城市，而是农村构成高度发达的手工业的发源地。第一个因素是以农奴制为基础的农业效率低，与上升期俄罗斯帝国的金融、军事需求发生了冲突。1861年最终废除农奴制最主要的动机不是人道，而是因其生产效率低所导致的地主经济无法与新的市场竞争匹敌的痛苦。于是出现了城市与乡村的脱钩，我们观察到快速的城市化进程，越来越多的人口流入城市，新的阶级关系出现：企业家，商人，工人和所谓的"第三种要素"，即自由职业者。

第二个决定性的因素是工作地位。农奴的工作是不自由的，为别人打工，一会儿作为徭役，一会儿作为进贡，这种工作犹如诅咒，它刚刚能养活家人和村社。俄罗斯的乡村不是独立农户的集合体，而是一个为养活地主的农奴而设置的生活社区，是地主制经济的附属物。这同样适用于手工作坊和工厂，只要那里的工作不是自愿的，而是通过沙皇的命令使用农奴完成的。

从来没有人设想通过工作会获得什么。富裕或在天国得到一席之地，这类想法在西方资本主义兴起时曾起过非常重要的作用。东正教对此生根本不感兴趣，也不注重解决现实生活中的具体问题。

第三个起了作用的因素是对财产和占有物的态度。村社中没有私有财产，简而言之，所有的财产都是共同财产，这些东西定期重新分配，以便土地能适应家庭成员数字的不断变化。因此人与占有物之间几乎不能产生固定关系。"世界上没有一个国家的财产关系像俄国这么薄弱和不稳定"，哈克斯特豪森男爵（Baron von Haxthausen）如是说，他是 19世纪俄罗斯生活的精准观察家。

1860～1914：奋起直追

因此，毫不奇怪，只有当农奴制和地主制经济解体后，才产生了能够发展现代关系的空间。农民们获得了自由，他们可以迁徙，在城市中赚钱。曾占主导地位的村社的地位被动摇，形成了一个能干和富裕的农民阶层，在许多情况下——主要是在第二代或第三代——涌现出那些企业家和白手起家的男人，他们推动了俄罗斯的工业化：修铁路、搞航运、创办钢铁厂或石油业。在这些企业家中旧礼仪派占有非常高的比例，这个教派是 17 世纪从东正教中分裂出来的，他们在俄罗斯所发挥的作用近似于西方的商业和经济生活中的犹太人或清教徒。

1860～1914 年这几十年是改革开始并迅猛发展的时期，特奥多尔·冯·劳厄（Theodor von Laue）在他对沙皇帝国末期最杰出的改革者谢尔盖·维特（Sergei Witte）进行研究的著作中对这一点做了描述。[1] 当时俄国是工业增长率最高的国家，城市人口数字的增加也令人印象深刻。俄罗斯全才德米特里·门捷列夫（Dmitri Mendelejew）于 1906 年推测，20 世纪中叶俄罗斯人口将达到大约 4 亿。科学、艺术、文学和音乐开始迅速繁荣，这个时代后来被称作"白银时代"。如果说俄国曾在世界文化方面处于领先地位，那就是在 1900 年前后。俄国以惊人的步伐赶超他国，接受、借鉴和学习别国经验，培养起现代化并组织良好的工人阶级，成千上万的年轻人去国外留学。所有现象都让人觉得有些像今天中国的状况。这种发展趋势的终结不是因为俄罗斯帝国的繁荣不再，或爆发了危机，而是由于第一次世界大战把俄国推向了深渊，相比较之下革命还算是不幸中之大幸，被视为能摆脱 1914 年大灾难的出路。

苏联的现代化—— 20 世纪的总结

布尔什维克革命者中的大多数有长期在国外生活的经验，知道何谓现代世界，他们临危受命，要带领俄国进入现代化时代。那一代思想精英，无论保守还是左倾，在要把俄国建设成伟大的和现代化的国家这一点上是毫无分歧的。列宁的名言称"共产主义就是苏维埃政权加全国电气化"。

现代化的雄辩术给一切打上了烙印。苏维埃俄国应该在各个领域成为领先国家，不仅在社会改造方面，而且在建筑、电影、教育、设计和技术方面。曾经的俄罗斯帝国陷入一股乌托邦计划的浪潮，实现现代化的意愿是无条件和无顾忌的，为此人们可以采取一切手段，甚至是暴力手段。人们可以说：越是在落后的社会，乌托邦思维越炫耀自己。这是对跳出落后奔向未来的想象。

俄国革命最伟大的成就是，农民得到了他们世世代代所期盼的土地。俄国革命是土地革命，俄国从一个大庄园主的国家变为一个由数以百万计的小业主组成的国家，农民们如愿以偿，感到满意。十年后斯大林又夺走了他们的土地，让他们陷入一种新的、更艰难的农奴制，目的是牺牲俄罗斯乡村为工业化筹资。

但俄国革命还有其他反现代化的特征。内战和流放使知识精英元气大伤，他们或丧命或流亡，令企业和富于创意的行业一蹶不振。当工厂多年停产、城市大闹饥荒、由于缺乏合格的管理人员很多技术工人被招募进国家和管理机构时，历经两三代成长起来的俄国工人阶级就突然消失了。

这种现代性的损失有多种表达形式：专业技能荒废，已经达到的劳动分工和专业化水平倒退，教育水准无法维持，导致平均主义。训练有素的专业人士——有国际经验的工程师、管理人员、大学教师，常常被不懂业务但政治上可靠的人代替。只有在一些从根本上离不开过去那些专家的专门技能的领域，特别是在军事和工业技术方面，国家才会做出妥协。

终结的开始：来自上层的斯大林革命

然而真正从根本上为苏联直至解体定型的转折点始自斯大林"自上而下的革命"，即农业集体化和在前两个五年计划期间（1929～1937 年）以恐怖手段推行的工业化。这展示了专政能够做到什么，同时它也证明，所付出的人力成本如此之高，以致这个国家再也未能从中恢复过来。

1927 年斯大林谈到必须将"布尔什维克的激情和美国的实用主义"结合起来。集体化应把用木犁的苏联变为用拖拉机和联合收割机的国家。农民们反抗国家再次没收土地，约 200 万人被驱逐出境，1932 年大饥荒造成几乎 600 万人死亡。受害者首先是能干和高效率的农民，即"富农"。数以百万可以成为支撑者的中农阶层就这样被消灭了，中产阶级本来可以从他们之中补充新成员；随之消失的还有手工业传统、高效的劳动方式和专门的道德观念。改建——在斯大林时期也被称作改革（perestrojka）——的主要场所是新涌现的工业区。很长一段时间以来工人的工会组织已经没有发言权了，有话语权的是那些独裁的"红色厂长"。工作被从军事角度进行组织：作为战胜自然和俄罗斯惰性的战役，作为社会主义竞争，在这种竞争中工人们组成劳动小组互相较劲。

工作时间被一改再改，一会儿是每周工作五天，一会儿得连续工作十天才能休息。数以百万计的农民以前从未见过一台机器，而且也不会阅读和写字，他们也要被整合到生产过程中。工厂秩序，也包括住房和生活条件，一塌糊涂。在生产运动的忙乱中——把工作当作冲锋陷阵——根本无法想象有序操作或遵守纪律。这导致了一连串的事故、故障和损失，但这些不被认为是劳动组织缺陷造成的，而是作为特务、间谍和坏分子的破坏被揭露，对此人们展开了批判运动并对一些人判了刑。在 1937～1938 年大恐怖时期几乎有上百万人被有计划地干掉了。

除了"大清洗"中的人员损失，对苏联工业文化所产生的最严重的长期负面后果之一就是：正常的工作程序被瓦解，运动化、军事化的劳动风格得到贯彻。还有其他方面的问题：隐匿，间谍恐惧，风险畏惧，缺乏对整体的责任感。基础科学研究和军事部门的卓越成就靠创建高收入科学家的特殊劳改营——沙拉什卡（Scharaschka）来保障。索尔仁尼琴本人就在这样的营地待过，他在其小说《第一圈》（*Der erste Kreis der Hölle*）中描写过那里的情况。

所有这些努力都无法抵消苏联生产组织方式对创新和进步的阻碍。尽管在个别领域成就瞩目——空间技术、控制论、核物理——苏联体制仍旧难逃停滞命运。某些特征一直陪同苏联体系到终结：红色厂长们的"一人独裁"；工人们倾向于跳槽，因为在紧急情况下没有替他们说话的工会组织；工人缺勤和频繁更换工厂，这已成为苏联职场生活的一种长期特征。计划经济与其人为的报表数字导致浮夸风，一些产量只存在于纸上，其中包括那些"仿佛"存在的成果。生产质量无所谓，唯一追求的是吨数——"吨数意识形态"，实际需求也不予考虑，冬天卖夏天的衣服，夏天卖冬天的衣服。

这种做法从管理角度也得到了支持，而这是不合理的、不经济的，最终也是财政无法负担的。因为厂长们无论如何都必须完成生产计划，所以他们就总是囤积一些材料及劳动力，以备不时之需。这样资源的浪费就被植入体系。

没有正式机构代表他们的工人却知道如何显示自己的力量：他们威胁要跳槽或是——如果罢工是非法的，并会受到严厉制裁——举行"意大利式罢工"，即磨洋工并以此来要挟厂领导。[2]

强迫劳动作为一种原始经验

此外还有一个方面尚未被提到，但它是无法被忽略的：很大一部分的社会劳动在长达几十年之久、历经几代人的时期内都是强迫劳动，即因犯和奴隶的劳动。苏联的所有大型建筑工地都在使用被流放者、遭驱逐者和劳改营犯人。古拉格是安排强迫劳动的场所，都是人们从不会自愿去或者只有获得相应红利才会去的地方：在马加丹的极寒天气下采金，去诺里尔斯克（Norilsk）开采镍矿，前往沃尔库塔（Workuta）挖掘北极圈以北的煤炭，去开挖运河。从事这类劳动的都是大量劳改营犯人，他们之间也举行社会主义劳动竞赛，干得最出色的人有时还会获得证书。劳动在这里——至少在宣传中——仍然是一种"重铸"（perekowka）的手段，尽管有上万甚至数十万人死于非命。

奴隶劳动是斯大林工业化的一个固定组成部分，即使在这位独裁者于 1953 年死亡后仍旧如此。劳动不可避免地盖上了非自愿的戳，是被强迫的。随着 20 世纪 50 年代这些劳改犯被释放，他们把被强迫劳动的经验也带进了"正常苏联人的"生活世界。如果说强迫劳动是数以百万计人的经验，而且延续了两三代人之久，那么不言自明的是，它给"自由劳动"也打上了这种烙印。

从大诺言到"不负责任的经济学"

还有一个非常重要的方面是：宣传说所有苏联公民都是所有者，因为企业根据名称来看都是全民所有的。但事实上员工没有什么发言权。普遍的态度更可能是：如果有什么东西是属于大家的，那么它实际上就不属于任何个人。那么，也就没有人对它负责。这不仅导致人们冷漠对待生产设备和产品，肆意浪费，同时也导致层出不穷的盗窃行为出现。若是所有东西都属于所有的人，那人们就可以理直气壮地使用。虽然总有因"反社会行为"被判刑的人和群众法庭，但普遍的冷漠更为严重，东德的异见人士鲁道夫·巴罗当年在其尖锐的分析著作《选择》（*Die Alternative*）中把这种冷漠称作"不负责任的经济学"。

一个有趣的问题是，这样的系统如何会运转了这么长时间？首先是它的承诺：脱离最严重的苦难和至少让孩子们能过上好日子。这种热情在 20 世纪 20 年代末和 30 年代持续了一段时间。可怕的战争结束后，人们又得重建家园。斯大林之后国家已经无法再用恐怖手段和仅靠宣传来维持局面了。斯大林的继任者进行物质刺激，改善培训，劳动和管理方式不像以前那么专制，特别是改进了消费品供应，组织了休假旅游等。这样又维持了差不多 20 年。在 20 世纪 70 年代初开始的体系间的较量中，苏联和整个东欧集团最终拼不过对手。苏联在勃列日涅夫统治下进入了多年的停滞期，那些年充满了痛苦，其余的世界在这段时间里在能源危机的阴影下步入了后工业时代，信息和通信革命渗入了一切关系。

人们如何能概括地表述苏联现代化的努力所带来的后果都有哪些特征？在很多方面这种努力可以满足一个发展中国家起步期的需求——"独裁下的发展"或"独裁下的教育"，并且在一定时间内也取得了可衡量的成就（其中包括教育、扫盲、工业化、建立军事和国防运行体制等）。然而总体上讲，这种努力把苏联带进了一个死胡同。最能干的人已经被剔除、受到迫害并遭消灭。新政权除了为几十万人打开了社会升迁之门外，同时也开始了排除异己的过程。独裁的指挥结构在紧急状态下——危机、战争、从德国拆运成套工业设备——可以发挥其作用，但它破坏了有机和平静的按部就班的工作文化的发展，这种文化离不开踏实、开放、自律和创新。由此产生的停滞即使通过物质刺激也无法克服。这样该体系就懵懵懂懂地走向了自己的尽头，1991 年 12 月 21 日苏联几乎悄无声息地寿终正寝了。

苏联现代化的长期影响

但人们该如何描述这个 1991 年后命运沉沉浮浮的国家呢？它——史无前例——要一下子应付所有挑战：政治机构、所有制形式、经济类型都需重组，心态亦要改变，用一句话概括，即换一种活法。

令我感到惊奇，而且至今没有找到真正解释的是：苏联的解体没有导致大灾难，没有引发"大爆炸"，那种结果本是大家内心几乎已经做好思想准备的。[3]这个国家以令人目瞪口呆的速度——如果考虑到城市的变化以及生活方式和消费习惯的改变——在发展，若是说到新基础设施的修建或机构的健全，那么这种发展也取得了立竿见影的成效。这给人留下了极端矛盾的印象，一切都是悬念，任何时候都会发生意想不到的事情。但是我们也可以这么认为：俄罗斯联邦的居民在经历了一个世纪的大努力甚至是用力过度之后，又经过20年变迁，其间国家崩溃、通货膨胀、危机四起，犹如坐过山车忽高忽低，如今他们首先生活在平静中，也希望继续不受干扰地生活下去。因此大概不会有什么灵丹妙药能对付俄罗斯危机，这种妙招更不会来自外部。人们只能寄希望于俄罗斯人的生存意志、随机应变和学习新东西的能力，以及他们的创造力，或许还有所谓"政治精英"的责任感。

显然，还没有出现直面严峻的形势并有勇气说出真相的政治人物。这样的领导必须是信任人民的领导，因为他知道，倘若没有民众的积极参与，现存的问题得不到解决。迄今为止一向是：俄罗斯转型过程中的真正英雄是其公民，他们有对付危机的经验，在看上去纯粹无望的一片混乱中能够临危不惧，从而避免陷入一场"所有人反对所有人的战争"。那种认为对这个巨大的国家只能用中央集权的办法来统治，因此必须加强垂直权力来维系这个国家的想法是幼稚的。从中心有限的观察角度来看的话，通常习惯把重点放在控制和监测上，而不是注重培养公民的主动性和活力。但是，如果不相信民众的活力与创造力，俄罗斯就无法走出死胡同。

问题多和大到任何一个政府都注定要失败，要是它只知道从上面下达命令和进行控制的话。扩建与重建跟不上时代发展的破损基础设施——交通、通信、市政和医疗系统，这

些都是世纪性项目——需要庞大的资金投入。这些都是长期
投资，无法实现快速赢利。需要完成老工业向新工业的结构
转变，这对一个不久前还是以钢铁和煤炭生产为主的国家而
言——这些产业聚集的地区就像是一条单一的锈带——是一
项艰巨的任务。教育体制必须重组，以便能留住最好的人
才，防止他们移民国外。要想胜任这些工作，最主要的同盟
者只能是老百姓。尽管这些年风云变幻，老百姓还是知道了
在一个正常的国家生活意味着什么，如果他们被允许过这种
日子的话。

疯狂消费作为对常态的向往

我相信，席卷俄罗斯的消费——疯狂消费——不过是这
种愿望的表达：终于生活在一个正常的国家了。消费的意志
表明：存在一个我们生活在其中的当下，而不仅仅是一个牺
牲我们自己才能换来的未来。生活中并非只有英雄壮举和伟
大梦想，苏联历史从来不缺这类重大事件；生活同样离不开
日常小事。进入平庸是一个令许多人失望的过程，但说实
话，它也意味着脚踏实地和活在当下。人们的要求并不高：
在俄罗斯劳动也必须能获得相应的报酬；在俄罗斯也必须能
买到日常生活用品，而无须排长队；同理，也应该能即刻踏
上旅途，而不必几周前就去排队买票；在俄罗斯也该有愉快
度假的机会，不仅是前往加那利群岛，尽管那里比在伏尔加
河乘游轮或去黑海沿岸更便宜。在我眼中，捍卫这种常态与
捍卫民主和人权一样重要，它表明，只有当人们面对权力的
为所欲为不是任人宰割的羔羊时，才能捍卫他们所希冀的

常态。

多数人的利益与猖獗的官僚主义和寡头政治利益之间的冲突——后者在最近 10～20 年中有了迅猛增长——不仅发生在选举期，其实主要并不发生在这种时刻，而且体现在日常生活的小冲突中。这方面的例子有：符拉迪沃斯托克和加里宁格勒发生反对提高汽车进口关税的示威；在莫斯科人们抗议名人疯狂飙车并要求限制他们豪车的特权；人们对交警执法的随意性（盖伊［GAI］①）及民警和官员的乱收费表示愤怒；人们愤慨于政府的不作为和不能保障公民的权益，对可能出现的基本威胁没有采取预防措施；人们在莫斯科和圣彼得堡走上街头抗议强拆、地产投机和在乡间小屋地带的野蛮建筑工程，反对砍伐森林（最近一次在莫斯科普希金广场的示威集会有 3000 人参加），反对煽动年轻男子进行无法打赢的战争。此外不信任和失望还表现在"用脚投票"方面，一百多万中产阶级移民国外，大多数是高素质的公民。为了以防万一，人们还把钱转移到国外。国家权力无法和不愿为公民利益尽力，这方面的象征是：莫斯科前市长尤里·卢日科夫逃离被大火和浓烟包围的首都，以及其离谱的理由；还有普京大权在握的亮相，他亲自驾驶灭火飞机飞过被大火肆虐的俄罗斯森林。人们不得不担心，国家政权和其代表试图为自己开脱责任时，仍旧会寻找替罪羊，而且能够找到，以便转移民众的不满和仇恨。这是一种危险的短视游戏，这无须特别强调。

----

① 俄罗斯奥伦堡州的一个城市。——译者注

不劳而获的富裕导致颓废

今天的俄罗斯首先需要平静与时间，以便"重新站住脚"。有一种想法是幼稚的，即认为顷刻间、错愕中就能产生新的财产和占有关系，并能发展出新的工作方式和工作风格。如今俄罗斯巨大的私人财富不是经过几代人的劳动积累的，而是一夜暴富，因国家垄断的崩溃和在正确的地点、正确的时间像政变那样该出手时就出手弄到的。问题是，他们此后是否发展出了自己的企业文化、对个人财产和国民整体有了新的责任感？我未看到这些，而是看到一种奇妙的组合：利用机遇与野心勃勃，这与那些人额头上写着的一无所知有关，他们根本不知道白手起家、从无到有要付出多少艰辛。那些大寡头和大官僚们对在俄罗斯做生意的中小型企业——也包括外国的——所流露出的蔑视非常能够说明问题，彻底暴露了他们的暴发户和寄生官僚心态。他们花钱的方式也能泄露他们是如何赚到这些钱的，即不费吹灰之力，一夜暴富，慷国家之慨。间或也有伟大的、具有创造性的企业家，他们有能力在 21 世纪改变俄罗斯的面貌，这是显而易见的。但霍多尔科夫斯基案件表明，对于这类通过个人奋斗脱颖而出的男人，人们更愿让他们去坐牢，也不愿让他们得手。俄罗斯"精英"现在已经经历了从穿运动服到穿覆盆子色休闲式西装上衣，再到穿布里奥尼西服套装的转变。如今俄罗斯国家杜马召开的全体会议无异于一场时装秀，首先能看到的是意大利名牌男装，但这还远远不等于他们的确领会了资产阶级企业家古典风格穿着的精髓。

如今该出现的巨大变化不可能在一哄而上的混乱中完成。平静和时间意味着：政权放弃随意性和不可预测性，确保程序和决策的公开性，把责任分摊到众人肩上并下放决策权。要认识到，辽阔的俄罗斯由许多地区和不同地貌组成，不仅仅只有首都。要实现的并不是一个抽象的民主程序，因为没有法规就不会有安宁与稳定，而这又是进一步发展不可或缺的。这也意味着，要放弃那些——国际国内——哗众取宠、毫无意义的面子项目（如 2014 年索契奥运会），集中精力做好完全普通的"功课"：修桥，铺路，基础设施的维修，西伯利亚铁路的现代化，为现代化旅游提供配套设施，保证生产程序的安全，让国家井井有条。为了俄罗斯能成为一个繁荣的国家，人民能够安居乐业，必须放弃帝国及其梦想。但这即使在苏联解体 20 年后仍非易事。

（2010 年 9 月 10 日在沃尔夫斯堡所做演讲的删减版，首次刊载于《德国与国际政治》（*Blätter für deutsche und internationale Politik*），2001 年第 8 期，第 49～61 页）

世纪之作——《路标》（1909～2009）

2009 年对我们同时代人来说，不仅会作为严峻的金融崩溃之年留在记忆中，而且也是纪念日繁多的一年。欧洲没有忘记：80 年前爆发了世界经济危机，70 年前第二次世界大战开始，愉快的回忆当数 1989 年的大转折，整整一个时代结束了。欧洲人也没有忘记一些较小的数据，例如，2009年 2 月许多欧洲报纸撰文纪念《未来主义宣言》（*Manifeste de Futurisme*）① 发表 100 周年。几乎在同一时间，也就是 1909 年 2 月，俄罗斯出版了一本在俄罗斯思想史中留下了鲜明轨迹的书，然而欧洲对此书置若罔闻，就好像它根本不存在似的，若是不考虑一些研究俄罗斯历史的专家们的关注的话。文集《路标》（*Vechi*）——收录了论述俄罗斯知识分子的文章——的出版，在俄国——不仅仅在首都——是精神生活中史无前例的事情。这本文集的撰稿人均为当时著名的哲学家、时事评论家和政治家，它在很短时间内就多次再版，而且印数很多。但更重要的是，它引发了一场激烈辩论，参与者都是当时的名流。表面上看辩论的是知识分子在刚刚结束的 1905 年革命中所扮演的角色，评估是充满自我批判精神的。《路标》的出版以及围绕它展开的争议是最有力的证据，证明俄罗斯帝国末期产生了独立和成熟的知识分子。《路标》和由此引发的辩论记录了一个自治公共空间，以及我们今天所谓的公民社会的诞生。

我非常感谢这一举措，即在《路标》出版 100 周年之际在俄罗斯国家图书馆举办纪念活动。出于个人原因，我也

---

① 1909 年 2 月 20 日，意大利作家菲利波·托马索·马里内蒂（Filippo Tommaso Marinetti，1876 - 1944）为未来主义文学艺术在《费加罗》报上发表了《未来主义宣言》。马里内蒂和他的追随者们在宣言中表达了对速度、科技和暴力等元素的狂热喜爱。汽车、飞机、工业化的城镇等在未来主义者的眼中充满魅力，因为这些象征着人类依靠技术的进步征服了自然。——译者注

对组织这次活动感到高兴。二十多年前，我在这里研究过关于 1909 ~ 1921 年俄罗斯知识分子自我理解的辩论，其成果是另外一本书，即关于圣彼得堡在 1909 ~ 1921 年作为欧洲现代主义实验室的研究。当时在第一阅览室，科学院院士和外国研究人员有权阅读其他人无法接触的资料，我那时借阅了所有与《路标》有关的文献。后来我在 1990 年为汉斯·马格努斯·恩岑斯贝格的“另类图书馆” （Andere Bibliothek）翻译并出版了该书的评注版。20 世纪 20 年代初俄罗斯曾发行过该书的节选本，译者是埃利亚斯·赫维奇（Elias Hurwicz）。此外该书还有美国英语版和法语版。[1]

距离我在原来的列宁图书馆所进行的研究工作，不仅二十多年过去了，而且整整一个时代结束了。我还能忆起，当年这本苏联时期的禁书第一次大量印刷进入书店和报摊，立即被抢购一空。我记得，这本书像所有的禁果一样格外珍贵，《路标》的作者都是列宁最讨厌的“资产阶级自由主义者”；突然人们对它不再感兴趣，受众开始关注其他对象：与过去相比他们更重视现在，他们关心的不是昨日的话题，而是新出现的公共空间、令人兴奋的媒体、电视台和爆炸式增长的图书市场。为什么今天要把注意力转向《路标》呢？

促使我谈论它的主要不是个人经历，也不是对古籍的激情，即使让一部被遗忘的书籍重见天日是理所当然的，而且也很刺激。相反我深信，《路标》确实是一部世纪之作。怎么会出现这种现象：一部在 20 世纪初涉及了所有有关知识分子和俄罗斯命运的关键问题的书，却几乎没有入欧洲有教养阶层的法眼？欧洲有关知识分子的大辩论为什么不但彼此隔绝，而且甚至南辕北辙，导致两种不同的语言和表达方式，并以体系误解而终结？简言之：欧洲知识界没有统一的历史和一致的话语权是什么原因造成的？这意味着什么，而且追述欧洲知识分子的历史会带来什么裨益？阅读 100 年前的《路标》的好处是什么？

《路标》的作者们的功绩不在于——像人们常断言的那样——他们预言了布尔什维克主义即将来临，而是在于他们对现状的批判性剖析能力，对时代精神状况所做的判断。从昔日《路标》一书中无法找出今天该怎么办的直接行为准则。《路标》不是孤立存在的，而是 20 世纪欧洲知识分子大辩论的组成部分。但欧洲知识分子大辩论为什么会相互隔绝，怎样才能获得完整的欧洲知识分子史？最后要提出的问题是：今天《路标》一书还能告诉我们什么？总之，今天我不是要从外部给俄罗斯知识分子提建议，而是作为研究知识分子史和思想史的历史学者略抒己见。

《路标》的功绩：对时代精神状况的判断

关于文集《路标》的评论著作可谓汗牛充栋。该文集作者们的勇气和敏锐受到一致好评，正是凭借着这两点他们一反时代精神潮流，对革命知识分子提出了批评，出于同样原因，他们被诽谤为沙皇政权的卫道士。列宁在其著作中一再攻击《路标》是"自由主义变节行为的百科全书"，托洛茨基讥讽其作者是只会自恋和极端以自我为中心地"深入自己意识的每个皱褶中"的人。他们被誉为先知，被诽谤成反动派或是受到嘲笑。显然他们触及了有思考能力和教养良好的社会阶层的敏感处。在此我不想盲目地给知识分子这个概念下定义。知识分子这个词在欧洲涵盖面很广。每个国家显然都产生了独具特色的知识分子：法国有义务感的知识分子善于思考，德国教授们热衷政治，俄罗斯大学生们充满"智性"和革命精神。这总是超出了单纯的知识范畴。在知识分子的语义中包含着：承诺，以批评为职业，道德法庭和权威，对整个社会的兴趣与责任。根据语义，知识分子和文化人也会有负面含义：他们自以为在道德层面上比别人强。这首先是指在公共领域抛头露面的作家、政治评论家和文学家等。对这一点概括最贴切的是公共知识分子这个词，总之他们发出的声音是明白无误的。最近一段时间这类人物的名字也是家喻户晓的：汉娜·阿伦特，让－保罗·萨特（Jean-Paul Sartre），诺姆·乔姆斯基，俄罗斯的索尔仁尼琴，德国的汉斯·马格努斯·恩岑斯贝格。公共知识分子这一类型属于一种社会组合形式，在这种社会中批评可以是职业，智力劳动可以成为自己的职业，因为存在思想和图书生产的市场，以及与此相应的公共空间。因此知识分子在广义上离不开现代公民社会。

出版了文集《路标》的作者们当时都已经是有经验和有名望的知识分子：哲学家如尼古拉·别尔嘉耶夫、谢尔盖·布尔加科夫（Sergei Bulgakow）和谢苗·弗兰克（Semjon Frank），政治评论家和政治家如彼得·司徒卢威（Pjotr Struwe）和亚历山大·伊斯戈耶夫（Alexander Isgojew），法学家波格丹·吉斯雅可夫斯基（Bogdan Kistjakowski）和文学学者米哈伊尔·赫尔申宗（Michail Gerschenson）。他们所有人都是"货真价实的知识分子",因批评沙皇统治被驱逐和流放过。他们认为，1905 年的革命结束后，是该进行自我批评式的总结的时候了。这些作者既不想列出罪行表，也不想进行法庭审判，他们仅仅根据自己的看法指出了一个非常畸形的现象：知识分子追赶任何智力和哲学方面的时尚，唯独没有努力改善自己。与其以自封的救世主身份逞英雄，不如谦虚地先自我完善一下。现在需要的不是"出于原则的对立派"，而是能为逐步改善现状进行建设性组织工作的人。

为此目的，知识分子必须打破由他们自己创造的神话，必须停止将政治凌驾于一切精神生活之上。当务之急主要是自我教育和自我完善，政治条件的改善不会来自外部，更不会经由来自上面的奇迹而实现，它只能从内部，从个人开始。知识分子应该摆脱他们那起美化作用的神话想象，即认为人民是美好的野蛮力量，是善的庇护所。他们必须与革命时期的暴力过激行为和大屠杀划清界限。知识分子的社会肖像也被勾画：在俄罗斯"革命学生"成为知识分子的代表性人物绝非巧合。法学家吉斯雅可夫斯基批评知识分子对法律的冷漠，他用了"法律虚无主义"一词，他对列宁进行了出色的分析，称他为包围和紧急状态的理论家。如果俄罗斯想避免"动荡岁月"和躲过暴政与暴民统治的危险，彼得·司徒卢威说，除了参与建设法治国家外别无选择，1905年《十月宣言》① 揭开了建立法治国家的序幕。知识分子应

---

① 迫于强大的罢工压力，俄国沙皇尼古拉二世接受了谢尔盖·维特的提议，于 1905 年 10 月 30 日颁布了《十月宣言》，许诺通过选举成立政府。——译者注

放弃其革命雄辩和夸夸其谈，不再激进地简化一切，而是脚踏实地开始工作。转向——转念（*metanoia*）——是必要的，舍此无法走出纯粹破坏的怪圈。关于我认为最重要的，在此就扼要介绍这么多。

《路标》作者们的弱点是没有积极的纲领。此外，他们对俄罗斯东正教未能予以批评，虽然后者不准备给自己提出社会义务，以及像谢尔盖·布尔加科夫所要求的那样采取一些必要的现代化步骤。《路标》作者们的优势在于：他们有魄力为知识分子和自己竖起一面镜子，并敢于进行逆时代精神的论证。他们要求自己与同道要为所发生的事情承担责任，而不是将革命失败的责任推给"其他人"和"上边"。这让他们——他们中的大多数曾是合法马克思主义者——被谴责为变节分子。实际上他们被所有派别厌恶，因为他们既批评沙皇政权，也批评革命反对派。但恰恰是这种——他们自己所主张的——不被公众舆论压力所左右的独立地位显示，独立的公众空间出现了，它能顶住来自左右两面的压力。在革命前的俄国，1909 年的辩论是一个伟大的时刻，它标志着一个自觉和自主的公共空间的诞生。

随后发生的事件使这场辩论显得过时，并最终消失在未来事件的阴影中：1914 年爆发的被称作"原始灾难"的大战，以及由此引发的革命和内战。1921～1922 年《路标》的作者们被以耸人听闻的方式驱逐出境，那种做法在当时是独一无二的。苏联政府把近 200 名领军知识分子，其中包括《路标》文集的作者，赶上了所谓的"哲学船"，送他们踏上流亡之旅。对很多人来说，这意味着捡了一条命。这在欧洲知识分子史上是绝无仅有的，只是在苏联解体后该过程才再次被人们回忆起来。[2]

争取自主权：欧洲背景下的《路标》

在欧洲 20 世纪历史进程中，特别是在危机时期，像 1909 年这种暂停、自我诊断和自我反思的时刻一再出现。在此不求给出完整或系统的概述，仅指出一些独具特色的发展阶段，不可能超出信息综述范围。每个国家、每个社会都有自己的知识分子史，但也许有一些跨越国界的立场和话语，因为问题本身是超越国界的。

在 20 世纪初欧洲知识分子史中，英雄人物爱弥尔·左拉（Émile Zola）的《我控诉》（*J'accuse*）应该占有一席之地。19 世纪末 20 世纪初法国社会两极分化，在对德雷福斯（Dreyfus）事件的表态中法国知识分子的形象才得以确立。果断和勇敢地反对民族主义和反犹主义表明，个人也是能有所作为的。佐拉和他的战友们直接创造了知识分子影响力的神话，甚至在几代人之后欧洲知识分子还能沾这种光辉的光。在德雷福斯事件中会如何表现的问题，成为知识分子自我认识和其"使命"争论的核心；就像围绕《路标》所展开的争议中，俄罗斯知识分子试图阐明他们该如何对待革命事件以及在其中应起什么作用。与德雷福斯事件类似，它是一场毫无保留和毫不留情的自我启蒙。可不可以批评知识分子，对他们的批评是不是个禁区，因为这等于将他们推向对手？一场产生了大范围屠杀的革命能否被称为大屠杀，或是是否应该继续使用革命知识分子的术语？难道不该终止那种方便的假设，即"上边"——政府、沙皇制度，独裁政治——要对所有的罪恶负责，而在自己身上寻找失败的部分原因吗？与德雷福斯事件相似——且不谈具体完全不同的冲突缘由——事情关系到无情的自我诊断和这么做的勇气。知识分子在巴黎是要抵抗有民族情绪和排犹情绪的主流，在圣彼得堡和莫斯科是要找到脱离自我神话化和替暴力辩护的主流的方法。[3]

不久之后，当各国于 1914 年为大战进行全国总动员的旋风刮起时，表明自主的知识分子的地位已经过时或者彻底崩溃：为欧洲和平奔走呼号的人成为难以察觉的绝对少数，一些和平主义者和有时激进的教派在做此事，而欧洲知识分子的主流纷纷奔赴前线，抢着为"捍卫文化与文明而战"。这是真正的崩溃：1914 年，知识分子几乎在欧洲各国都成为民族主义动员的急先锋。

难怪欧洲的知识分子在不久后就受到意识形态上的良心谴责，并开始进行清算。因此，第二个发展阶段是由知识分子发起的自我控告。这里只举两个例子：一个是 1923 年的格奥尔格·卢卡奇（Georg Lukás），他是马克思主义美学的伟大理论家，其同类——出身资产阶级家庭的知识分子要求他"背叛本阶级"，加入工人运动；另一个是 1927 年的朱利安·班达（Julien Benda），他谈到"知识分子的背叛"（"trahison des clercs"），并要求回归普世道德的绝对价值和原则。这体现出，面对没有得到解决的社会问题，传统的确定性消失殆尽，知识界成员普遍陷入不确定性，并感到"良心不安"。[4]

人们可以把那些知识分子的出现视为第三发展阶段，他们因意大利的法西斯主义、德国的纳粹主义和西班牙内战而以反法西斯主义的名义与斯大林的苏联结盟。作为反法西斯主义者保持其智力和道德操守，同时又对莫斯科公审①噤若寒蝉，与斯大林沆瀣一气，这怎么可能呢？1936 年和 1937 年，安德烈·纪德（André Gide）和尤奥·福伊希特万格就他们的苏联之旅所写的报告文学揭露出大量丑闻，由此引发的争议也围绕着一个问题，即知识分子到底自主的还是随波逐流的。

第四次知识界大辩论已经发生在新格局中，即冷战时期。对共产主义的批评怎样表述才能同时避免成为替资本主义的辩护呢？对资本主义的批评如何表述才能不被利用为替共产党政权的辩解呢？20 世纪 50 年代初，知识界围绕着阿瑟·库斯勒（Arthur Koestler）和伊格纳修·斯隆（Ignazio Silone）参与撰写的文集《一个不是上帝的上帝》（*Ein Gott, der keiner war*），当然还有切斯瓦夫·米沃什的《被禁锢的头脑》（*Gefesseltes Denken*）爆发了大论战，揭出了大丑闻。争论的问题是，如何能在冷战双方的前沿阵地坚守批判位置，而不被任何一方所利用。

先锋派知识分子掀起的新一波浪潮可以说发生于 1968 年。这既适用于西方阵营也适用于东欧集团。毫无疑问，在西方学生运动如布拉格之春和华沙 1968 年 3 月的抗议活动

---

① 20 世纪 30 年代苏联大清洗时期由斯大林主导的一系列"摆样子公审"。——译者注

中，大学生和作家都起过突出的作用；他们在持不同政见者运动和苏联的地下出版物活动中同样是积极分子。因此，新一轮关于知识分子作用的辩论又爆发了：参与的知名人士有赫伯特·马尔库塞（Herbert Marcuse），让－保罗·萨特，当然也包括亚历山大·索尔仁尼琴和莫斯科的安德烈·萨哈罗夫。此外，这也是在对"博学之士们"进行批评时第一次重提《路标》一书，使它成为参照系。

在东欧革命的准备期，在重组改革和推行开放政策时，知识分子都发挥了重要作用并达成了共识。人们只需想一想乔治·康拉德（György Konrád）和伊万·塞列尼（Iván Szelényi）的小册子《通往阶级权力之路上的知识分子》（*Intelligenz auf dem Weg zur Klassenmacht*），以及瓦茨拉夫·哈维尔的《活在真相中》（*In der Wahrheit leben*）；想一想莫斯科报纸上和电视中的革命，以及那个事实，即从前的持不同政见者和边缘人物突然当上了部长、总统和政要。毫无疑问，倘若没有地下反对派公共空间的形成，就不可能出现政治变革。然而，这种成功似乎也标志着知识分子的使命完成了：在1989年和1991年后不久，就有一些文献谈论"知识分子的黄昏"与"知识分子的衰亡"。[5]

这显然表现出，在后共产主义社会知识分子的意义急剧下降。社会主义时期形成的知识分子的高雅文化突然遭遇了资本主义所生产的大众文化。随着国家审查制度的消失，传统的敌人不复存在。固有的定位参数不起作用了，急需新的职业概述。在新的价值体系中地位与关系不好使了，钱成为决定性因素。在所有的后社会主义社会，适应发生了根本性变化的局面都是件非常困难的事。然而，危机感和失去方向并不是这种社会，甚或是俄罗斯所独有的。

20 世纪 90 年代的"知识分子危机"——对知识分子的谴责和他们的自我谴责——并不是俄罗斯的特殊问题，更确切地说，公共知识分子是一种普遍的欧洲现象，在特定的局面中它会一再出现。这显然总是危机局面，是需要解释和修正的时刻，是预示改弦更张和战略突破的时代。这时总出现知识分子相互揭露、英雄化和妖魔化的现象，他们在过度自信和自我意识丧失之间摇摆，或是摆出前卫姿态，或是听天由命。知识分子在这两种完全不同的极端之间进行着自我分析和自我解释。

尽管明白无误的是，上述各种不同的话语并无直接联系，而且拥有话语权的人彼此也不直接交流，但仍然存在一种内在联系：20 世纪欧洲的危机背景，特别是 1914～1945 年高度戏剧性的战争、革命和内战时期，或者——如果算上漫长的战后时期——1914～1989 年的"短暂的 20 世纪"。

如果人们试图从知识分子的话语中找出一条贯穿始终的红线的话，那么我认为应该是知识分子在历史进程中发挥了关键作用的论点。知识分子的特点是受过教育和有牺牲精神，这使得他们注定要完成伟大的历史使命。或者反过来说，由于他们的狂妄自大、自由散漫和小资产阶级的举止，原则上他们无法起一些积极作用。

一般情况下，这类指责和自我谴责让人们注意到：知识界和知识分子的特殊权重被彻底高估了，那不过是一种不断重复的错觉，即他们被授权创造历史。这显然是不折不扣的职业变形（déformation professionelle）。知识分子大辩论几乎总是围绕这种自我幻想和自我风格化。真正的历史性抉择自然不是知识分子做出的。上述辩论的主要结果是：不断尝试去领悟，知识分子或公共知识分子是否以及拥有什么样的权重、意义和影响力。

20世纪：危机四伏与欧洲知识界的软弱

如果人们把知识界称作"反思精英"，那么人们的印象是：知识界在激进运动此起彼伏的欧洲，无论是源于民族主义或是共产主义，处处吃败仗。在历史事件中需要决策和行动的时刻反思是多余的，它是一种障碍和限制，阻碍了行动。历史中出现的运动和极权统治不需要反思和自主的知识界，而是需要正常工作、提供服务和执行命令的知识界，"小齿轮和螺丝钉"或者被称为"人类灵魂工程师"的作家。在欧洲许多地方知识分子分裂成两个阵营：一边是积极的代言人、鼓动者和宣传家；另一边是被踢出局、边缘化和受迫害的人。只有在少数情况下，知识分子的领军人物能够成为运动的先锋并证明自己的能力。布尔什维克主义和其知识分子出身的领袖肯定属于这类人，哪怕只是暂时的，人们只要想一想列宁、托洛茨基、卢那察尔斯基和布哈林等人。但通常大多数知识分子顶多是运动的积极同情者、同路人（Poputschiki）、边缘人，许多人很快发现自己已经踏上了移民和流放之路。

20世纪知识分子的历史虽然也是其成员飞黄腾达到令

人惊叹的程度的历史，但它首先还是知识分子软弱和流亡的历史。然而奇怪的是，那些在历史上未能受到器重的反思精英们彼此也没有发现对方，而是互相错过了。他们的路径有交错，但他们在路上没能互相遇到。我们上面所叙述过的各个发展阶段的情况都可以证明这一点。

众所周知，《路标》一书的作者在 1921～1922 年被送上"哲学船"强行驱逐出苏联。他们成为苏联境外知识分子文化的载体，但他们的观点普遍未能得到同情。他们被视为东正教旧沙皇俄国的代表，属于反动派，他们的流亡地通常是首都——柏林和巴黎，他们在那儿过着与世隔绝的生活。即使后来的流亡者，如维克多·塞尔吉（Victor Serge），还包括托洛茨基，也几乎没有遇到一个良好的环境。因为大多数欧洲知识界对十月革命的俄罗斯都充满很大期待和同情，整整一代知识分子觉得这个国家虽然穷，却是应许之地，它是这个令人鄙视和厌恶的充斥着剥削、贫困和文化危机的世界的对立面。有这种想法的不乏最有名的人物，如罗曼·罗兰、阿瑟·库斯勒、约瑟夫·罗特、安德烈·纪德、瓦尔特·本雅明、萧伯纳、约翰·斯坦贝克。甚至在一段时间后，当 1933 年后德国和奥地利的移民与难民抵达巴黎时，俄罗斯流亡者仍旧未能与他们接触和交换极权统治下的经验。移民和流亡者关于新经验没有共同的语言，所以虽然瓦尔特·本雅明和尼古拉·别尔嘉耶夫、列夫·舍斯托夫（Lew Schestow）和尤奥·福伊希特万格、海因里希·曼（Heinrich Mann）和伊万·蒲宁（Iwan Bunin）都在巴黎找到了避难所，但他们没有作为知识分子相遇和进行交流。这种状况在美国也没有发生实质性改变。彼蒂里姆·索罗金（Pitirim Sorokin）在哈佛大学，德国的知识分子难民在社会研究新学院（New School for Social Research）[①]，或者——如托马斯·曼（Thomas Mann）、马克斯·霍克海默（Max Horkheimer）和西奥多·阿多诺（Theodor Adorno）——在美国西海岸。他们未能彼此见面并反思虽各不相同却仍有共同点的经验。这里再次证明了有规则就有例外：哲学家和社会学家沃特马·古里安（Waldemar Gurian）是个皈依了天主教的俄罗斯犹太人，对汉娜·阿伦特来说他是个重要的基准点。

在漫长的战后时期双方仍然存在刻意的视而不见以及顾左右而言他。人们几乎可以说，在东西方持不同政见的知识分子有接触彼此的恐惧。西方有批判精神的知识界反资本主义、反帝国主义、反美，经常亲苏；东欧有批判精神的知识界反共、反苏，多数亲西方。双方的实际生活态度都是反对独裁、主张平等，从根本上追求民主，在意识形态上他们处于完全不同的世界，直到东欧集团解体、欧洲结束分裂局面前一直是这样。这种两极分化的感知痕迹今天仍旧在起作用。

如今，在冷战成为历史后，而且古老西方亦成为往事后，也许是时候回溯一下 20 世纪知识分子的话语了。意识形态大战落下了帷幕，现在需要做的事是：叙述知识分子的

[①] 一个位于纽约市的美国高等教育机构，主要科系包含社会科学、人文学科、公共政策、美工设计与艺术音乐相关科目。——译者注

许多不同的、献身某种理念的历史，他们的功绩和失败。现在该对以前极为复杂的意识形态进行历史梳理了。人们可能会清醒地看待史实，免于自视过高与神话化，而这类危险往往是知识分子难以逃脱的。但是现在可以做到，把迄今孤立的知识分子飞地和分散的知识分子群岛互相联系起来，总结出其精神财富。这样欧洲知识分子的话语史就将成为欧洲思想史的一个组成部分，不再是单纯的意识形态史。那么我们就会更多地了解知识分子，他们的罪孽和壮举、缺陷和美德、狂妄自大和牺牲精神，而不会落入自以为是和固执己见的窠臼。

影响：《路标》的现实性——丢掉幻想和自我
剖析的勇气

1989 年和此后，东西方均出现了许多文章，大谈"知识分子的黄昏"和"知识分子的衰亡"。其原因众所周知：反思精英们失去了其地位和重要性，一小群有教养的精英不再拥有对事物的解释权，金钱的统治权得到确立，大众文化受到推广。知识分子的最终让位看来暂且成为大势所趋了。[6]

然而，如果没弄错的话，对新主体的寻找已经开始，这个主体应能承受或是启动改变。鉴于各种危机和碰撞，人们正在寻找拯救的出路、革命的主体，并以一种新口吻在谈论启蒙的必要性。但还没有出现一个新的革命主体或是一个阿基米德支点，从那里人们可以对世界进行解释甚至改变。全球化的批评者托尼·内格里（Toni Negri）和迈克尔·哈特（Michael Hardt）谈到了"诸众"（multitude），认为诸众可以成为行为的载体。其他人要求新的解释或是批评知识分子没有尽到自己应尽的义务，即解释发生了什么事。如今人们已经做好心理准备，冷战的结束不是和平时代的来临，而是新杂乱无章和混乱无序时代的开始，世界已经失控。到处响起凄厉的警报器声，又到了"深夜前的五分钟"时刻。

在这种情况下，《路标》又能给我们什么启示呢？难道它不仅仅是可以归档的历史文本吗？至少对俄罗斯来说，它在很多方面确实只有史料价值。不会再出现革命青年形成新统治的危险局面；今天的人口状况正好相反，人口老化和衰减。如今没有文化禁欲主义，也看不见由知识分子组成的"激进教团"。无人再渴望新的乌托邦项目。人们希望最终能过上不受干扰的正常生活：孩子们能够上学，自己可以赚钱或是去度假。在经历了"极端的年代"（埃里克·霍布斯鲍姆［Eric Hobsbawm］语），时常处在恐怖和戒严状态下后，人们最大的渴望就是恢复常态和常规，而非急着教训社会，或者甚至想建立教育独裁的知识界。相反，倒是祭司和毛拉被推到前沿，仿佛先前由启蒙负担的任务，现在落在了娱乐界或各宗教传道者身上。

另外，该书似乎又并未过时。我们只要想一想吉斯雅可夫斯基对冷漠主义与法律虚无主义的清醒分析，他认为正是意识缺乏导致惯例形式必不可少，社会在这种形式中组织和表达自己；或是想一想对重视日常不起眼的工作的呼吁，它们是公民社会赖以生存和构建的基础。

对今天俄罗斯的"时代精神状况"进行分析，对俄罗斯知识分子的精神状况做出评论，既不是我的任务，也超出了我的职责。情况对我来说不够明朗，很难估计，我感到惶惑。我只知道，现在的情况与我所了解的 20 世纪 80 年代末和 90 年代初的情况不可同日而语，当时人们就俄罗斯知识分子的自我认识和肩负的使命展开了公开辩论，辩论是簇新与无情的。那几乎就像是重新开始一场被中断的讨论，如果我想到伊戈尔·克亚姆金（Igor Kljamkin）1987 年的杂文《哪条街通向圣殿》（*Welche Straße führt zum Tempel*）。[7] 那是很久以前的事了，现在形势完全改变了。政府与反对派、权力与知识分子之间不再有那种明确的分离和对立。人们可以找到二者：成为一种普遍现象的犬儒主义已经在媒体中蔓延；我们可以从安娜·波利特科夫卡娅（Anna Politkowskaja）① 的面容上看到俄罗斯知识分子那种古老的美德——极为认真和富有牺牲精神。现代大众文化带着它所有的特征也占领了后苏联时期的俄罗斯市场。像世界各地一样，大众对纯文学作品不是很感兴趣，他们更爱看描写性爱和犯罪的作品，销量最高的书籍不是从前那些地下出版物作者的作品，而是如今的畅销书。无论我们往什么方向看：到处都是新的复杂性、新的可能性。人们活在当下，活在现世，而不是为未来活着。消费主义比共产主义流行。很多以前无法企及的事，如今都是平常事；许多过去不言而喻的事，现在都不复存在了。人们必须从头开始适应和安排自己

① Anna Stepanowna Politkowskaja（1958 – 2006），出生于纽约的乌克兰裔俄罗斯记者，因反对第二次车臣战争和俄罗斯总统普京而闻名。2006年 10 月 7 日她在其莫斯科寓所的电梯内被枪杀，联合国教科文组织授予她 2007 年度吉列尔莫·卡诺世界新闻自由奖。——译者注

的生活。西方曾经是一个常数，成为用来定向的点，代表着特定的普世价值，现在也消失了。

随着固定坐标系的缺失，西方也遭遇了与新危险密不可分的危机。环顾四周，人们的印象是：伟大的公共知识分子在西方也灭绝了，他们成了一个正在走向终结的时代的化石。这里也存在意义和地位的损失。对世界事件的解释权似乎过户到圆桌会议、脱口秀和智囊团手中。不知怎么回事，清晰的轮廓已经消失，怎么都行。后现代主义甚至把它变成一种意识形态。大空虚和无意义感正在蔓延，唯一好像知道危险何在的是新激进分子和新的原教旨主义者，他们承诺取向、安全与未来。事实上，形成了新的"世界改良者激进教团"（谢苗·弗兰克语），他们准备用自己的生命作为武器，以自杀方式来袭击这个世界。公民公共空间蜕变的论点已经流行很长一段时间了。经典的公民公共空间赖以存在的报纸、沙龙、公共场所和机构都已经穷途末路了，它们被新媒体所取代。文化似乎流于娱乐和八卦。虚拟和现实世界之间的区别似乎已经如同金融泡沫和实体经济一样难以辨认了。到底怎么了？为什么金融和经济专家都解释不清，目前银行、市场和交易所在发生什么事！

在这样的时刻找不出合理解释的窘迫在增长，直接和基本的困苦也在增加。激进化和快刀斩乱麻的趋势在增长，但愿意理解和对解释的需求也在增加。所以，一种新的好斗行为已经在蔓延，但人们认为不能这样继续下去的新思索也在萌生。事实证明，启蒙运动的经典任务并非一劳永逸地完成了，并非一切都是同样真实的，就像后现代主义的理论家和反现代的神话学家所宣传的那样。因为有一段历史是可以研究的，人们能把它从神话和意识形态中区分出来。要想避免不幸，无论如何是需要承诺和做好牺牲准备的，这无须质疑。确实有面临危险和值得捍卫的东西，不久前还遭到嘲笑的古老美德，现在又受欢迎了。所以，如今又是该清仓查库的时刻了，检查一下有哪些思想包袱，有些完全无用的是时候丢掉了。现在是转念、折回和检查的时刻，重读《路标》我们可以获悉，自我剖析和自我批评能够达到多么严肃和激进的程度。要知道这些具体会是什么样子，我们必须自己找到答案，1909 年《路标》的作者们是不会代劳的。

（为纪念《路标》出版100周年，2009 年 4 月 6 日在俄罗斯国家图书馆——原列宁图书馆——的演讲）

| 欧洲的新叙事 |

　　随着铁幕的消失，半个世纪来各自存在并分别为自己的合理性和果断性而疯狂的两种经验视野汇聚了。是的，在一种新的现实降临的时刻，历史本身退居到第二位。现在更重要的是气定神闲，意识到此时此地。倘若歌德说的没错，每一代人都会改写历史，因为他们积累了自己的经验，提出了自己的问题，那么1989年以后的这代人的视野不再是被分成两个阵营的，他们肯定将发展出自己的叙事，不，他们已经在这么做了。这是一个挑战，这个挑战如此之大，整整一代人都会为此耗尽精力，而且他们还可能失败。这意味着，重写欧洲人那些可怕与错综复杂环环相扣的历史，创建可视化的经验视野，而我们后来人以及比我们更晚出生的人是无缘亲历这个过程的。一个灾难重重的时代——接连不断的战争、内战、种族和社会"清洗"——登峰造极地体现在对欧洲犹太人的灭绝性屠杀上。任何一代人，只要没有亲身经历过这一切，他们又怎么能够通过综合与汇总的叙述来感同身受呢？目前欧洲还处在回忆之中，人们前往重大事件发生的场所，似乎那里凝聚着所有的历史经验。欧洲惧怕去探索历史，历史上发生的事冷峻坚硬、无可辩驳，没有协商余地，不只是主观感受，而且是客观发生的冰冷的历史事实，无法再逆转或纠正。在经过太久的回忆与思考后，现在该进行另一项工作了：正视和面对那些历史事件和经历，这些还根本没有变为整个欧洲的叙事，也不知欧洲人何时能够做到这一点。这必将证明，欧洲人——多声部的欧洲合唱团对自己的叙唱究竟能否容忍与承受。

经验的不对称性，回忆的不对称性

在重新联合的大陆，欧洲人怎样对待他们那分裂与各具特色的回忆呢？特别是对德国人来说，熟悉"对方"的回忆意味着什么呢？有没有产生整体欧洲回忆文化的可能性？能够想象存在一个类似欧洲回忆空间的东西吗？

莱比锡是个接近东欧的好地方。尽管乘火车去那儿并没有20年前铁幕消失时人们梦想过的那么容易，但是在从西边来的人眼中，这座城市已经在前往东欧的途中了。莱比锡与东欧和其历史有着千丝万缕的联系，人们只消想一想莱比锡大学的创立、远途贸易路线的走向、在其枢纽点出现的莱比锡博览会。人们也不该忘记在冷战时期莱比锡博览会所起的作用：一年一度，展会期间东西半球之间会有短暂的接触，犹如闸室。当然人们更不能忽视今天莱比锡重新获得的关注，那里的书展以及科研工作均已享誉全球。

光阴荏苒。几乎难以置信，距离 1989 年已经过去 20 年了，这是一代人的时间跨度。有些中学生和大学生出生在那**一奇迹之年**以后，对他们来说这些不折不扣都是"史前史"了。我们——无论是否亲身经历了——都觉得那恍如隔世。我们中间谁还记得，当年在西柏林上大学时地铁经过的一些车站被砖砌死，还有人在那里巡逻？谁还确切地知道柏林墙的走向？谁能想起今天新波茨坦广场曾经是波兰市场，那片沙地上停着房车，还有废弃的磁悬浮铁轨，位于当时边境地带的柏林爱乐厅和国家图书馆建筑看上去就像是太空船？人人都可以从自己的个人经验中贡献类似的例子：现在奥得河畔的法兰克福欧洲大学也有波兰学生了，他们出生于团结工会事件之后，所以对这类例子不是很感兴趣，但他们的年龄肯定超过华沙市中心那些闪闪发光的高楼大厦。事情刚刚过去 20 年，当时第一次出现了令人难忘的公开辩论，在辩论中人们确实在商讨什么，民众示威发生在一处准神圣空间，以往那里只举行过军事阅兵。或是那一时刻：列宁格勒/圣彼得堡市市长阿纳托利·索布恰克（Anatoli Sobtschak）第一次称呼其市民为"女士们、先生们"。公民革命精神席卷整个东欧，从那以后许多事情再次发生了变化。我们已经习惯了新的状态，以致我们忘记了漫长的痛苦和那个短暂的无政府状态的夏天。我们也忘了战争首次又返回了战后的欧洲。

铁幕欧洲之新生

　　20 年是很长一段时间，但若是说起长期记忆和**长时段**，那它又是弹指一挥间。长时段的时间间隔不是男女总理们的执政期，而是辈与辈甚至是时代与时代之间的间隔。正如 1989 年数代人的老视野灰飞烟灭一样，新的视野应运而生。发生了这些根本改变后，记忆——我们对过去的想象——若不随之改变才是奇怪的。这本身没有什么可怕的，而是仅仅证明了历史意识的生命力，每一代人都重新获得过往的图像，向历史提出新的问题，重新把握也必须重新把握历史。

　　以下观察来自某人，他清醒地经历了 1968 年和 1989 年的历史事件，其欧洲经验中令他没齿难忘的要算边界了。我把自己归于在分裂的天空下成长起来的一代：这代人内心的地图上深深打上了这种烙印，火车是要停车检查的，被问到的愚蠢问题总是与炸药和枪支有关，书籍是会被边防人员没收的。这些边防人员自己也愿意过境，如果他们能够的话。

　　改变了的坐标。1989 年的转折开启了新的体验空间。战后几代人成长于其中的坐标发生了翻天覆地的变化。东边、西边的划分突然消失，取而代之的是介于两者之间——中欧。几十年无法接近的城市，突然成了近邻。过去人们只能从文学、电影或家族叙事中了解一些城市和景观，现在一下子可以前往那里了。人们在其中可以任意走动，随便观看。这种开放几乎改变了一切：经验空间、行动半径、假期计划，甚至人生规划。现在不仅可以去蒙彼利埃（Montpellier）或牛津，而且还能去布拉格和克拉考上大学。一些长期的、潜移默化的变化重塑了欧洲：产生了新的连接欧洲各中心之间的轴线，因此在旧的国界线以外早就出现了别的路径和轴心——都市走廊、高速区、高科技、电子货币、互联网。这构成一种生活方式，人无论走到哪里，这些东西都是相同的。这个新欧洲就这样被日复一日不断重新连接的网络维系在一起，货物、人员、观念通过它进行交流和传播，鹿特丹和莫斯科之间、马尔默和罗马之间的强大潜流成为整个大陆日常工作不可或缺的方式。凝聚欧洲的真正支柱正是这些走廊、这些潜流，它们跨越了旧疆界。人们不可小看这种"平庸的日常生活"的文化后果：欧洲被重新混合，罗马尼亚和乌克兰社区出现在那不勒斯和巴塞罗那，俄罗斯人则在柏林和斯德哥尔摩形成社区，布拉格和莫斯科更是涌现了外籍人士社区。无论土耳其加入欧盟的谈判进行得如何，伊斯坦布尔都是欧洲大都市，人们只要去机场看看就明白了。来来往往的人们的足迹早已超出了国界。为了克服作为行走障碍的老国界，许多强大的力量都在携手奋斗，因此没有必要悲观。现在的地图与我小时候学校墙上挂着的迪克（Diercke）① 地图已完全两样：当年不同的民族国家都标着不同的颜色，战后欧洲的边界不是拇指宽，就是用虚线标记的临时边界。新地图更让人联想起近代早期的长途商道和朝圣路线，想起各圣城之间的连接和国际运输路线。边缘与中心、远国与近邻，一切都得到了重新调整。在这张新欧洲地图上，甚至标上了出现冲突的最新场所——伦敦的塔维斯托克路地铁站，莫斯科地铁，马德里－阿托查的郊区火车站，

---

① Paul Diercke（1874－1937），德国制图员，子承父业，以为德国学校绘制教学地图而闻名。——译者注

这些地方都发生过爆炸事件。最新的地图上注明了欧洲最易受伤害和最薄弱的地方——大都市的公共空间。

感知的不对称，兴趣的不对称。众所周知，直到 1989 年，在被称为西欧的地区没有人往东边跑。即使在分裂的德国人们的兴趣也不大。东欧的情况完全不同。那边的人对西边发生的事一向感兴趣：文学、思想、时尚，但最重要的是自由。1989 年亲眼四处看看的大好机会出现了，数以百万计的东欧人上了路：短暂停留，教育和考察之旅，读大学，学成之后寻找报酬更好的工作。东欧在弥补被剥夺了很久的东西：最大规模的探索活动。在西欧——哪怕这个词成了一个辅助概念——不是这样。这边的好奇心是有限的，有时种种恐惧甚至占上风（怕求职者涌入，产业迁移，犯罪率提高等）。然而情况毕竟不同了。扩大了的欧洲不是"老欧盟国家加上新加入欧盟的国家"，而是一个重新聚合成的欧洲，经过新的检验，它开始了解自己的新形象。新的欧洲不仅仅是东欧和西欧的相加，而是拥有了新意义。

不对称的回忆，分裂的长期后果。经过持续半个世纪之久的分裂期，欧洲有了各不相同的经验。谁经历了什么完全取决于第二次世界大战结束时地缘政治的各种偶然性。欧洲在社会、政治、文化、精神各方面都分道扬镳了，以致许多今天让人觉得是创新的东西，其实在战前已经是现实了。经验的多样性产生了不同的历史兴趣中心、不同的视角、对不同主题的不同敏感度。要是不这样，那才是怪事。对刚刚过去的这段历史的感受，不同的转折点有不同的含义。无论说出哪个日期，人们的经验都不尽相同：我们只要设想一下

1918 年，1937 年，1938 年，1939 年，1941 年或 1945 年；或是战后的 1948 年，1953 年，1956 年，1961 年，1968 年，1981 年，甚至是 1989 年，各年的数据是多么不同啊！每个日期都与特殊的经验和视角联系在一起。这些不同的经验是难以根据"整体欧洲叙事"的需要来概括的。

1989 年及演化期。奇迹年犹如复苏历史记忆、重新赢得语言和改写民族国家叙事的密码。但对一切都变了样的奇迹年的想象，甚至所谓"转折点"的说法都太具宣传色彩和不够贴切。没有零点时刻，而是经过长期酝酿的东西突然扩大了。1989 年是长期演化的结果，而它在每个"东欧集团"国家内的进程又都是大不一样的。每个国家都有自己与共产主义的经验，也就是其自己国家的共产主义、自己的去斯大林化的经验、自己的巅峰点、人物和环境。在这方面一些来自德国的指手画脚也证明了，这么做的人完全一无所知。有一种清算过去的历史，它要比"转折点"悠久得多。

然而，1989 年也是破坏偶像和推翻纪念碑的日子。几乎所有的"历史时刻"都在这一年，这一年内这种时刻多如牛毛，而且前所未有地都得到了现场直播，都伴随着或其重点就在于纪念碑的推倒与新建。在莫斯科克虏伯起重机在登山运动员们的支持下，把卢比扬卡广场上费利克斯·捷尔任斯基纪念碑从基座上清除掉，没过多久，在仍旧是克格勃办公大楼前经过清理的交通岛上竖起来自苏联第一个劳改营的一块巨石，它来自索洛韦茨基群岛。旧权力的标识——国歌、国旗被废除，新的被设计出来，或是直接再次使用了革命前的。在破除偶像时被炸毁的大教堂，在极短的时间内又被修建起来。人们以为被一劳永逸地消灭掉的东西，又在各处标志性地死灰复燃了。

那些存储着社会与民族记忆的档案和库房被打开了。以前在正常情况下只能在国外、"在西方"进行的历史梳理工作现在可以开展了。这项工作已经开始了，发现了很多史料，没有人能够再阻止文献的出版和校勘工作。以前从来没人关注过牺牲者，他们现在终于有了自己的名字，赢回了面孔、面相和尊严。

总之，有了一个空间，历史记忆的正常化在其中首次成为可能。这是重印的黄金时代，被长时间阻挡住的洪水或是躺在抽屉里的记忆瞬间爆发，这是自我发现、自我探索和自我描述的时间。一些已经消失和枯萎的体裁——传记、城记重新出现，一些出于保密需要从来没有印制过真实地图的地点现在有了可靠的地图。死者被挖掘出来，并得到重新安葬，如1956年匈牙利起义遭镇压时的牺牲者，或死于流放的俄罗斯文化和学术的权威人物。一个修复运动开始了：沦为仓库或公共厕所的宫殿和教堂得到修缮，它们常常已经到了最后的时刻，再不被抢救就会永远消失了。

东欧和中欧的双重经验作为经验与认知优势。东部和中部欧洲是世界大战和革命时代的主要舞台，30年战争也爆发在这里，在许多方面都引发了前所未有的暴力。欧洲大陆的这一区域沦为内战的主要前沿阵地，也是民族主义和共产主义之间、德国纳粹主义和苏联共产主义之间角逐的主要场所。欧洲犹太人在此遭受种族灭绝性屠杀，系统化的社会和民族清洗在此进行，这里亦是最大的战争机器的操演场，留下了一片焦土，大规模人口被迫迁徙和逃亡，"解放"在许多方面则不过意味着一种外来统治取代了另一种而已。在此区域的地图上没有任何一处、没有任何一个家庭、没有任何一个人的生平未被打上这种双重经验的印记。[1]它是"极端年代"的核心区域。欧洲对这一事实尚未达成共识。人们说"战争就是战争，占领就是占领"，但同样明确的是：有各种各样的战争和不同的占领区政权，它们是不一样的，有些地方在劫难逃，没有任何出路。在中部和东部欧洲的意境地图上，有些地名让西方人听起来充满异国情调——特罗斯特内兹（Trostinez）、索洛韦茨基、卡廷、文尼察（Vinnica）、娘子谷（Babij Jar）。对这类完全不同的经验进行共同反思不是一件一蹴而就的事，这需要时间。对待历史没有固定模式，没有某些人愿意出口的"德国模式"，因为有些情况要比德国的情况复杂得多。

德国和苏联的统治致使所有过程都令人绝望地交织在一起，困惑难解。这些国家的内部进程与外部干涉共同作用，以致因与果、责任和罪责，以及整个错综复杂的管辖权问题都变得极其混乱和困难。人们需要一套专门语言，才能把在卡廷森林对波兰军官实行大屠杀的双重经验和德国波兰总督府中作战司令部的灭绝政策联系到一起。这几乎也适用于所有"位于其间"的其他国家。立陶宛、拉脱维亚和爱沙尼亚的犹太居民在德国作战司令部的命令下被屠杀和苏联内务人民委员部（NKWD）大规模驱逐这些国家的居民是密不可分的。一并提到这两件事还原的是一种历史经验，而不是把它们混为一谈，轻描淡写和自我开脱，至少不是这么做的

287

初衷。对在拉脱维亚和爱沙尼亚拆除红军纪念碑一事所展开的争论是一件非常复杂的事情，其复杂程度令人不愿涉及这一话题，因为时机尚未成熟，气度也未养成，人们还无法公正地对待与此事有关的各方：为把这些地方从德军占领下解放出来而牺牲了的红军战士和那些成为新占领军牺牲品的爱沙尼亚人。在有条件反思的文化中，对这件事的争论得不出什么结果。在此人们首先要学会倾听，深入一种经验中，先不要忙着简短地下评判。

第二个空前复杂的例子是苏联这么长时期的苏共统治，它毕竟涉及几代人。这里首先要提到的是死亡和那些死去的人，人们通常难以想象死了多少人：第一次世界大战的受害者已被遗忘，因为随后的内战和内战引起的饥荒更为吸引人们的注意力。集体化过程和对所谓"富农"的大规模驱逐导致了几十万甚至是数百万人的死亡。不到一年的时间——1937 年的大恐怖——又有 50 万人死于非命。但是，这些又被第二次世界大战的灾难所掩盖，这场战争在苏联领土上夺去了约 2700 万人的生命，还没有算上战争结束后头两年因饥荒而死去的人。尽管有亚历山大·索尔仁尼琴和瓦西里·格罗斯曼（Wassili Grossman）这样的作家，还是没有产生能倾诉这一切的简练语言。[2]几十年间，没有空间能记载这些牺牲者的姓名、命运和相貌，人们也听不到他们的故事。这种沉默有许多原因：一个不想听到自己罪行、怕被追究责任的政权；没有能组织第二次纽伦堡审判的战胜国；从劳改营归来的人被定性为"人民公敌"，他们耻于讲述自己所遭受的苦难。尤其是情况本身十分复杂。许多"清洗"运动中的受害者在此前的集体化运动中曾是害人者。许多"清洗"运动中的飞黄腾达者在卫国战争中又被卷进战争的绞肉机。这样整整几代人就被剔出了世代传承的周期。许多"随波逐流者"本身也成为体系的牺牲品，那些只知道德国灾难的人根本弄不明白这种情况。

我深信不疑，当所有无名的数百万牺牲者都被核实、提到、听到时，我们才能严肃地谈论一种欧洲的共同回忆。欧洲进步和苦难的历史中有不同的震中，没有人有权只谈论某些牺牲者，而讳忌其他牺牲者。

西逃的终结。1989 年，德国率先进行统一大业，欧洲以一定方式奋起直追，德国人在分裂结束后又重新获得统一。一段历史再度走近了他们，他们又融入自己摧毁并脱离了的关系网。现在整个历史和这段历史所发生的场所再次浮现在眼前：既有毁灭的历史，也有此前数百年与几代人的历史，那时候的德国人不言而喻是东欧的固定组成部分。被有些人称作"漫漫西行路"的德国历史再次回到它一向上演的地方——欧洲中部。古老的历史关系也随之回归德国人的视野。这表明：在灾难史之前还有一段历史，它鲜为人知，却比民族主义和纳粹主义的历史更悠久，研究这段历史会大有裨益。

拓展历史视野。西欧人若想了解他们的东部邻国，就不可避免地要研究他们的经验。这任务可不容易，并且要警惕过于"不着边际的记忆"。知识、同情以及移情能力其实都是有界限的。众所周知，甚至在德国人们也用了相当长的时间，才在奥斯维辛投下的阴影中看到和识别出其他东西：波兰人、苏联战俘、强制劳工。欧洲的历史并非终结于目前欧盟的外部边界。忘记了斯大林苏联恐怖时期受害者的回忆，把古拉格囚犯排除在外的回忆，在一定意义上都是有选择的、不值得信任的，称不上是真正的欧洲回忆。

历史修订和解释权之争。1989 年开启了对历史暴风骤雨式的重新评价和重估，范围涉及过去 50 年，有时甚至是整个国家的历史。每个国家的具体做法不同，有的宽容，有的彻底，还有的进行再意识形态化和编织新的神话。争议发生在许多层面：纪念碑，街道名称，课本和教科书，就对集体意识有中心意义的数据、纪念日、节日所展开的公开争论，创建纪念馆和博物馆。几乎每个国家在这方面都经历过戏剧性高潮、节点和纪念碑之争。毫无疑问，这些关系着对历史必须做出的重新诠释，同样也关系着名副其实的解释权和意见领袖权之争。一个地方的"空白"的消失经常与另一个地方所产生的新的"空白"联系在一起。当然，这不仅仅是史学和历史知识中的问题，而且是国家或集体认同的问题，关系着所谓宏大叙事的有效或失效。

关于过去的话语在许多情况下是借古讽今、含沙射影的争辩。这让它变得有趣、重要，但也危险：历史纠纷问题成为日常政治和党派利益的工具。

这类争议如何进行是一个政治文化、历史文化以及怎样对待过去的问题：客观或挑衅，强迫或镇静，意识形态或启蒙开明，多元或单一，吹毛求疵或替人着想，非难式或启蒙式，怀旧情怀或活在当下。一句话，听话听声，锣鼓听音。这样的历史文化不是一夜之间就能形成的，即使是被认为在面对过去方面做得还不错的德国，也是经过长时期的激烈冲突才做到的。为什么别的国家不同样需要一定时间呢？新的更合适、"更真实"的历史图像不能奉命而成，而是要在相当复杂的辨析研究中逐渐生成。

抽象的"东欧"是不存在的，就连集体回忆都是各具特色的。战争和极权主义的双重经验无疑深刻地影响了中欧和东欧，但这段历史总是具体发生在某个地方，即各有其特殊性。因此，到处都存在自己的话语权，讲述的是各不相同的"个案"，无论是正面的英雄们或是——多数情况下——创伤。在此我不敢开列单子，这类辩论的单子既不完整，也无法公正。人们先后讨论过塔林红军纪念碑，在里加协助过纳粹党卫军或交替协助过前者和苏联内务人民委员部的内奸，发生在考纳斯的对犹太人的大屠杀。人们对波兰的耶德瓦布内（Jedwabne）和凯尔采两地对犹太人的杀戮，战后捷克斯洛伐克对德国人和匈牙利人作为少数民族的处理问题展开辩论。引起纠纷的事有利沃夫的班杰拉纪念碑、布达佩斯的"恐怖之屋"[①]、罗马尼亚锡盖图（Sighet）纪念馆。在俄罗斯，人们就开放档案馆、找出大规模处决地点和教科书中的"宏大民族叙事"等问题展开了激烈辩论。而战后德国的历史直接就可以根据历史的不同话语被当作双重历史来撰写，各种辩论涉及大屠杀纪念馆、德国国防军罪行展、个别书籍或作者如格拉斯，直至反映德国被驱逐者历史的中心博物馆

---

① 位于匈牙利首都布达佩斯的安德拉什大街 60 号的一座博物馆。——译者注

的创建问题。

回忆与纪念，或人类能够承受和需要多少回忆？ 有一种记忆是会遗失的，即人自身经历过的直接记忆。人死后这种记忆就会消失，它被纪念所代替。迟早有一天直接记忆不复存在，我们后人永远也无法获得他人的切身经验。而且尊重这种差异也属于纪念文化的组成部分，而不是把这仅仅当作一种常规仪式来演练。移情进入另一代人的经验视野，不是参加一个速成班或通过善意的规劝就能做到的，相反，这需要教育教养、机敏识相和善解人意。若是因回忆过去而忘记了现在，那一定是有什么地方不对劲了。缅怀死者，而不是基于尊重活人，那是不管怎么说都不值得信任的。除了众所周知的历史健忘症，还存在其对应物——历史痴迷症，这种强迫症的好处是——至少暂时——能够逃避现在。[3] 有时在明晰而结束了的历史中徜徉比在扑朔迷离的当代行动要容易。人们可以躲在已经掌控的过去，从而——至少暂时——逃离无限复杂的现在。回忆和纪念的商业化表明有什么地方不对劲了。此外回忆和纪念也不是可以任意去搞的，不能随便让它们为"回忆策略"和"历史政治"服务，像有关"回忆的话语"中往往假设的那样。它们有自己的节奏和动力。

如果每一代人都真的重写历史，那么这意味着没有代与代之间自动传递的信息，变化了的条件反映在对历史的兴趣和历史画面中。当然，没有经历过战争的一代人，没有和经历过战争的那一代人激烈辩论过，而是生长在新条件下——始终生活在和平时期或是几代人之前就已移民，他们头脑中的历史画面肯定不同。至于那些因一个大帝国的解体而产生的新国家，可想而知其重组和形成新的、现代历史画面有多困难！那里各民族的历史曾如此交织在一起，以致秘密警察的档案卡都是用一种文字书写的，无论监控对象是乌兹别克人、乌克兰人还是立陶宛人。人权组织"纪念"（Memorial）的阿瑟尼·罗京斯基（Arseni Roginski）报道过如今创建跨越国境的数据库的问题。在后殖民和后帝国主义时代，如何书写现代的、符合实际情况的民族历史，而不编织民族国家的创建神话？这是一个非常复杂的问题。

历史文化和政治秩序。只有在自由的社会人们才能自由地面对历史。这虽是老生常谈，却是事实。不存在唯一的标准历史，而是只有从不同角度和感知对历史做出的不同解释。能查阅档案，自由发布资料来源，进行独立的史学研究，尤其是拥有独立的公共领域，这些虽然还不够，却构成最重要的先决条件。它们虽然无法绝对保证不产生新的神话和再意识形态化，但所关系到的不只是取消审查，而是一些更重要的。

合适的回忆和史学建立在承认与尊重前辈的基础上。我们活着的人决定了死者能否获得声音，因为他们是沉默的，只有我们帮助他们出声，他们才能发言。生者与死者之间的关系是不对称的，因为只有我们活着的人能够决定，谁可以被听到和谁注定要沉默。历史工作是在承认与尊重的基础上将古人形象化的工作。但连活人都不尊重的人，怎么可能去承认和尊重死人呢？今天盛气凌人的权威姿态与后人对死者的居高临下的权威态度之间是有内在联系的。威权人士对过

293

去颐指气使，他有权下定义，对他来说只有"一种"真相。合理和尽可能接近真相的回忆和史学之主要根据地，以及它们赖以生存的地方是公民社会，那里会形成最能促进合理历史的能力。专制条件是仇视回忆的，成熟的历史文化离不开公民文化。

让人重返历史现场。我认为还有很多事情需要去做。其中一件是——这几乎又是一种不可接受的概括——行为者均消失在转型、历史进程或领袖崇拜的阴影中。人类历史的舞台已经被打扫得看不见人影了。让人重返舞台，还他们以自己的名字、面孔、面相和生平，这在我看来是重大任务。如果考虑到，我们根本不知道是谁让我们迄今不了解那些大大小小的人物的生平，那么我们也许就能意识到变更有多彻底。这几乎就像平庸的日常生活从感知与科学分析中消失掉一样。一个始终典型的例子是：关于苏共中央委员会的讨论，我们有数以万计的专著，但——直到最近——没有一项有关多家合住公寓的研究，而合住公寓是至少三代苏联公民的主要生活地点。

在历史场所的旧地重游。欧洲的历史景观地图得到了重绘，会收入人们感兴趣的新的景点，纪念场所不是老生常谈，不是比喻，而是真实的地方。每种政治秩序都要为世界重新绘图和制定新的编码，有的层面从而消失，并用新的标识系统来定义已知的世界。这样就产生了我们每天都会遇到的复杂的文化、符号和语义文本：山水、城市、公共和私人空间。1929 年苏联实施第一个五年计划时的自然景观当然与工业化奋战后留下了巨大的铁与锈的废墟时的截然不同。

每场大的运动都留下了自己的痕迹，并消除了其他痕迹。1989 年以后东欧到处都在进行了不起的发掘工作：遭到排斥的诗人的诞生地，曾被改造成集中营的寺院，执行屠杀的地方，集中营区域内摇摇欲坠的简易棚屋，被迫离开的家乡，被驱逐出境者所乘火车行驶的路线。一句话：欧洲的历史场所名副其实地被重新勘测。

欧洲回忆作为在制品。**叙事空间**。尝试进行欧洲历史叙事和撰写欧洲简史的努力并不少。如这方面的作者有诺曼·戴维斯（Norman Davies）、黑特·马柯（Geert Mak）和托尼·朱特（Tony Judt）。[4] 这表明人们有一种强烈的愿望，想看到和了解欧亚大陆上这块小小地盘中的所有内在联系。但这种纵览通常都有些鸟瞰的味道：离得太远，以致无法提供综合性叙述，其中也聚集了太多相互冲突的经验。目前暂时还不可能出现这种综合性叙述，叙述无法超越叙述者的眼界。只有形成了欧洲经验视野，才会出现真正的欧洲叙事，即在不久的将来都不会有这类叙事。目前的最佳做法不是追求一种合成的、肯定是痉挛性叙述的共同历史，而是应该试着让人们听到各种叙事声音。这很困难，几乎是不可能的，因为叙事中也会出现伤害和侮辱。这是充满各种苛求的历史，是复调历史，有时会是不和谐和痛苦的。如果欧洲人能听得下去他们自己的这种历史，那效果就比目前所能预期的要好得多。所以欧洲迫切需要的不是一段共同的历史，而是一种空间，在其中互相竞争的各种解释和各民族国家的叙事都能得到聆听，不会遭到打压。

不是为追求大团圆的结局。谈论欧洲而不涉及其力量、美丽和辉煌是毫无意义的，不是因为我们一定要追求一个大团圆的结局。研究欧洲，不了解其无与伦比的财富，其差异、文化、语言和艺术品，是注定要失败的。摧毁了欧洲，让其在世界上的地位一落千丈的 20 世纪，只是一个层面。现在是应该展示一下其他层面的时候了。有一些进程能让我们看到，欧洲曾创造过多么辉煌的成就，其密集和凝聚力曾达到什么程度，让我们这些出生在 20 世纪的后人深感震撼。这些进程包括：世纪末①的青年风格和公民社会，它们不仅出现在维也纳和布鲁塞尔，还出现在里加和奥拉迪亚（Oradea）；世界大战前的工业化和全球化，罗兹和圣彼得堡的纺织和金属厂；实行种族隔离政策前的多民族社会——的里雅斯特，塞萨洛尼基，伦贝格，威尔纳（Wilna）；当代奇迹，专制欧洲国家掀起的民主浪潮——布尔诺/布林，布加勒斯特，华沙 - 莫克托夫（Mokotów）。人们也可以回溯更早的时代，去追寻汉萨同盟的踪迹，它所建立起来的清楚联系历经 20 世纪的灾难而不衰。

如果欧洲仅仅只能供人回忆，那它就沦落为老年人保留区，全球游客的一种主题公园和玩具屋。每一个在欧洲各地转过的人都知道，欧洲生机勃勃，人们在勤奋工作，一切都——超越了昔日的边境——有条不紊地进行着，十分自然，就好像它从来没有分裂过似的。

（2008 年 3 月 6 日在莱比锡德国东欧研究协会
年会上所做的报告，略有删节）

---

① 尤指 1890 ~ 1914 年。——译者注

消失的地貌：欧洲经验与德国经验

分配给我的题目——"消失的地貌：欧洲经验与勃兰登堡经验"（"Eine Topographie des Verlusts：Europäische und brandenburgische Erfahrungen"）不适于"演讲"。即使唤起背井离乡者对家乡最美好的回忆，我们也无法做到让成功的逃亡者忘却他们所经历的所有恐怖经历。我们似乎可以尝试谈论那些失去的景观：施滕贝格（Sternberger）的土地，诺伊马克（Neumark），梅梅尔领地（Memelland）辽阔的天空，库尔斯沙嘴，布雷斯劳的市场——这些只能让人想起那种媚俗的明信片，它们本身是无害的，也许至多令人有些尴尬，因为这是对过去的一种无奈的形象化尝试。我们不能回避曾经发生过的可怕事件，而去幻想一个太平世界。

我在此所说的，请不要理解为一种修辞手段，我开始谈论事情本身，即涉及一个困难的题目，对此很难找到适合的声调。如果沃尔夫·约布斯特·西德勒（Wolf Jobst Siedler）言之有理，那么他在很早以前曾正确地指出，德国文学还欠缺描写逃亡和驱逐的伟大史诗，人们一直在毫无结果地等待着出现接近索尔仁尼琴史诗般著作的作品。若是文学作品处理这样的题材都嫌棘手的话，那当代历史不是就更令人望而生畏了吗？也许人们应该对这个问题去戏剧化，直接说出其困难所在，并说出研究这个问题时所观察到的现象，我们很多人研究此问题已经历时数年了。也许人们应该直陈己见，但事情没有这么简单。

我们并不是第一批艰难地涉及这个题目的人。特奥多尔·席德尔（Theodor Schieder）也谈论了它，他出版了五卷本的《德国人被驱逐出中欧和东欧的文献》（*Dokumentation der Vertreibung der Deutschen aus Ost-Mitteleuropa*），马蒂亚斯·贝尔（Matthias Beer）称其为首批研究德国的大项目。在写于1960年的《德国人被驱逐出东部作为科研问题》（"Die Vertreibung der Deutschen aus dem Osten als wissenschaftliches Problem"）一文中，席德尔指出当代历史学家的危险处境和研究对象的差别，后者体现在：一方面是再现一段历史，"它与当前的生活还没有完全脱钩"；另一方面是"在精神层面唤醒"一段"完全属于死者的历史"。作为参与着的观察者和观察着的积极参与者，他该如何应付这种局面呢？"德国人被驱逐出东部是最近历史中的一个德国劫数。作为历史观察的对象，它囊括了与任何当代史研究有关的所有问题，这些疑难问题的多样性还在增加：这一事件无情地涉及数以百万计人的命运，摧毁了他们数百年来的生活秩序，让几代人的生活历史顷刻间化为乌有。我们所有亲身经历了此事的人对此都历历在目，因此似乎还没有对它进行平静的科学洞察的空间。但当代史工作的复杂和艰难还表现在其他方面：历史学家在描述当代历史事件时，往往遭到事件参与者的指责，说他缺乏能力和切身经验，无从对自己没有亲自参加的抉择做出评判。"席德尔提出，要警惕这种纯粹的"经历理论"，这种理论相信亲历者的每句话。"相反，我们的责任不仅是历史地对待其他时代和民族，而且也要不断'历史地'对待自己，即把自己置于研究批评的法则之下。纯粹的'经历理论'不再是科学的历史，'认识你自己'这句老话对历史研究领域来说也是最高戒律。我们必须试着把那些可怕的经历、深厚的情感印象上升到更高的意识层面，把它们放到宏大的历史背景中，这样它们才能因其异常可怕而作用于我们的意识。"[1]

人们必须把上述这句话当回事。它是一种元理论反思，思索的是一般历史认知的可能性条件，尤其是当代历史学家的研究。人们自然可以以其人之道还治其人之身，说席德尔自己没有做到"认识你自己"：作为参与着的观察者，作为既是历史运动的活跃分子又是历史学家，作为1939年10月波兰备忘录的作者，他隐瞒和没有涉及自己的职权与能力。但是其他人如格茨·阿利（Götz Aly）已经说过其必要性了，此处不是为了揭露什么。[2]我们怎么解决所提出的问题：我们如何把个人经验和历史上"驱逐"这个大行动整合起来？怎样才能将所谓"客观"和"主观"的东西融合在一起？区域和全球世界史的交织阐述必须是什么样的？在同情被驱逐者和受苦难者的同时，如何保持后来人的距离和态度，以便拥有分析所必需的冷静头脑？我们知道，托尔斯泰在写《战争与和平》时是怎么做的，但我们不知道20世纪的历史学家应该如何做。人们可以怀疑是否会有这样的史学——历史的史诗和史诗的历史——以及在"宏大叙事"结束后是否该追求这样的史学。我相信，对此进行初步思考是重要的，舍此就不能让人看清历史认知的局限性，舍此就无法让人变谦虚，特别是在有关描述逃亡和驱逐的历史这种极为有争议的领域里。

要弄清楚：最可信的是亲历者的报道，他们说出的是直接和毫无顾忌的主观感受，这些感受因为亲身经历了存在的痛苦而得到认可。德国人被驱逐出中欧和东欧的"文献"中收集了多达数千页的这类报道，几乎令读者读不下去，其质量是出类拔萃的。我们只能倾听。痛苦的经历、对死亡的恐惧、特殊情况——发生的事件的典型状态——这些是无法解释和转达的。当人们开始谈论它们的那个瞬间，它们已经不真实了。如果我们坚信历史不是"坦白的历史"，不是简单的被涉及者的自述，那又会怎样？如果我们不想听自白，而是想要报告和分析，从而使历史成为名副其实的历史呢？如果我们不对可信度顶礼膜拜，而是作为后现代开明人看穿了所谓"直接存在的真相"的天真呢？

席德尔当时指出，该事件没有相关的文件证据，只有口头报道，从而只能勉为其难。自档案开放以来，这些报道逐渐在很多方面有了管理当局和能查到相反证据的地方，这使这项研究获得了全新和广泛的基础。

但是，要把一个巨大和令人难以置信的事件用一种历史语言来阐述，困难还不止这些。很多论据被证明是不恰当和无帮助的。毫无疑问，人们当然要探究"恶"，它在极端的历史条件下冲破一切束缚，但这种人类学的抽象同时导致远离具体的历史调查。没错，对德国人的驱逐——正如人们所说的那样——要放在"欧洲背景"中来看待，但即使我们知道其他人也遭受了暴力对待，这也并不意味着一种"雄辩式安慰"（米夏埃尔·施瓦策［Michael Schwarze］语）或和解性见解。指出驱逐事件是在欧洲范围内普遍发生的事并不一定会给个体经验带来大改观；相反这却能成为辩解的论据。比较的方法本身就是一把双刃剑：指出其他人也遭到驱逐、被迫迁徙，虽然方式有所不同，这还无法一定让人释怀。没错，德国人遭到驱逐和迁徙不过是报应，暴力的钟摆是他们启动的，现在不过是反弹回来而已。但这里的"不过"已经是一种简化，认为天理自动会惩罚，即"报应逻辑"，从历史角度来看事情不应该采用这种逻辑。把驱逐和迁徙当作对德国人所犯罪行的惩罚，这基本上没错，但这同时掩盖了一个事实，即一般遭到驱逐的并非始作俑者和犯罪分子，而是无辜的平民、老人、妇女和儿童。围绕驱逐这件复杂的事所展开的雄辩中充斥了特别多的伪逻辑、抽象和必然性修辞。这总是相当好的证据，证明还有许多历史性启蒙工作要做。如果这件事本身就已经格外难处理，也许需要发展出新的叙述方式，那么还要加上最登峰造极的：在日常斗争中对历史观察与思考予以政治化和意识形态化。事物的本质决定了迁徙和驱逐在战后的德国必然成为政治利益和世界观之争的组成部分。这种政治化和工具化大概是几十年来所谓"历史化"的最重要对手。几乎不可避免的是：人们不光谈论历史事件的过程，而且争论与此相关的权利要求。有争议的历史问题特别容易成为被赫尔穆特·弗莱舍尔（Helmut Fleischer）称为"辩护史学"的关注对象，即不是注重叙述事情可能会是怎样的，而是把主要精力放在为赞成或反对什么提供论据和辩护上。出于许多原因，叙述驱逐事件的历史特别容易流于自以为是和道德说教，成为政治工具。要想把驱逐这件复杂的事历史化，必不可少的前提就是去政治化、去道德化和去意识形态化。这里的取舍绝不是天真地设想能有超越"认知和利益"的研究，而是要更多地关注历史感知在温和、节制或过度等方面的问题。

您也许会问：谈这些干什么，他说这些不言而喻的事想达到什么目的？我做这些铺垫工作是尝试为接下来要讲的东西创造一定的氛围。因为我相信，只要我们没有有意识地创造一个理论空间，在其中能够不互相猜疑地讲述自己的故事，事情就不会有进展。战后和冷战时期剑拔弩张的状况不是讲述和倾听故事的有利时机。这些故事是否有朝一日会被汇聚在一起——如果它们能够被凑成"宏大叙事"的话——或是离这一天是否还为时尚早，这还都是未知数。我们先不必操心此事。

思索自己的利益和自己与此事的关系，属于对历史认知可能性条件的探讨，不是作为本身就能够担保其可信度的表白和保证。但如果人一生中相当长的时间都在琢磨这类问题，那表明他对一件事、一个领域很熟悉，有相应的历史经验。我不是来自一个流离失所的家庭，我不是被驱逐者，我和我的父母没有失去东欧的家园，这是一个重要的限定、界定。在某种程度上我没有发言权，但从另一方面来说我又有一定发言权。我成长的环境里没有难民是难以想象的，我甚至会说，有很多东西我得感谢他们。在《勃兰登堡——第二故乡》（*Brandenburg-Zweite Heimat*）这部电影中看到的很多画面，我在施瓦本的村子里都亲身体验过，我是在那儿长大的。他们是村里的陌生人，也是有趣的和能激发灵感的人，他们代表着广阔的世界和与外部的联系。他们更灵活、摩登和刺激。对我来说，他们就是通向外部甚至是东欧的桥梁——布雷斯劳、卡尔斯巴德、茨纳伊姆（Znaim）①。锡本布尔根（Siebenbürgen）②，尽管我当时还没有到过这些地方。难民意味着：女人抽烟，她们的指甲上涂着红指甲油，她们说的德语更文雅；这些人来自城市，后来又搬进了城市。其中一些人的家乡是我自己后来去过的地方，他们不敢回到那里——西里西亚、东普鲁士、巴纳特，因为他们不愿失去脑海中故乡的美丽画面，或者他们仍旧心有余悸。这些人正是那些我在20世纪八九十年代在当地遇到的人，他们知道那里"从前"是什么样子，我通过阅读才能获得的关于当地的信息，对他们来说则是一种秘密知识，他们带着这种知识在那里通行无阻。这些人也总想让别人明白，没去过那些地方的人不可能了解那些地方，而且他们总怀疑别人想剥夺他们什么，他们像要垄断似的监护着自己被驱逐的经历，这是只有他们才拥有的东西。除了他们自己，不该有任何人知道或说清楚这些事情。后来人们明白了，不能成为旧账的人质，过去的经历不仅为他们提供了一种特殊的视角，而且也能在相当大程度上让他们拥有隧道视野和盲目性。至今仍然没有什么大变化的是：同情和距离，理解和非从属感以及格格不入。同样，这也不仅仅是个别现象。我认为，失去了家园的德国人和没有失去家园的德国人，他们内在的、精神上的鸿沟仍然存在，虽然外表上已看不出什么差别了。

　　我的铺垫即将结束，其意义是创造一个空间，不要一下

---

① 即捷克城市兹诺伊莫。——译者注
② 又译特兰西瓦尼亚（Transsilvania），即罗马尼亚中西部地区，中世纪曾是一个公国。——译者注

子就直奔主题，表态说支持还是反对。下面我将依次阐述下列问题：

如果我们认为事情不仅仅关系专业和怀旧的兴趣，那么今天人们对驱逐这个复杂的历史事件的新兴趣的历史定位应该是什么？当前的局面与从前有何不同？

一个欧洲范围内的经验为什么仍旧要在民族历史的框架中讲述，在此需要克服哪些困难？

什么叫作再现失去的地貌？从被驱逐者的角度看何谓欧洲？经历什么事情后欧洲才变得一览无余？

认为经历过驱逐事件的欧洲再次变得重要起来的观察是精确的吗？什么原因将会让我们重新研究起东部——德国东部、波兰东部等——问题（对此我深信不疑）？

以及，众所周知，一段时间以来有人建议在柏林建立反驱逐者中心，它将是集研究、信息和纪念馆为一体的多功能机构。现在时机成熟了吗？应该做这样的事吗？如果应该，这个中心应该是什么样子呢？

今天重新研究驱逐这一历史事件的历史定位是什么？

显而易见，有关驱逐事件之历史的讨论状况发生了改变，并且将要继续改变。许多迹象说明这一点。

下面仅举几个证据。

鲁道夫·米尔芬茨尔（Rudolf Mühlfenzl）制作的有关逃亡与驱逐的纪录片在首次播放时，还让人觉得这是巴伐利亚州的特殊发展，因为巴伐利亚广播电视台（BR）所处位置地缘上离驱逐事件发生的地方较近。现在据我所知，许多其他电视台也转播了这个节目。这期节目和东部德国勃兰登堡广播电视台（ORB）播放的纪录片证明了这种变化。其他电视台宣布要制作相关节目，说明人们对此事的兴趣在增加，或者换句话说：无论出于何种原因，很长时间存在于社会中的话题一直被忽视，现在有机构对此产生了兴趣。

为纪念德国被驱逐者联盟宣言50周年，德国总理格哈特·施罗德在柏林剧场纪念活动中发表了演说，他谨慎和明确地回忆起流离失所者所遭受的苦难，强调了他们的功绩，同时没有忘记提醒某种类型的发言一定得有界限。毕竟是某党总理的讲话，该党在30年前或20年前曾被攻击和诽谤为变节党①。演讲过程中有人发牢骚，但没有引起轰动事件。旧的高度意识形态化的"新东方政策及和解与修正主义和复仇主义"的对峙已经过时了，没有人再纠缠这些了。

仅仅这两件事就显示出公众与媒体对这个问题的感知发生了改变。我们也可以更系统地问，为什么变化发生在现在，它对这个问题的处理方法与以前有什么不同？这个问题是重要的，因为我们从中能够明白，是否确实是真正的、浓厚的历史兴趣和意识在发言，还是这仅仅是机缘巧合顺带出现的边缘现象。如果我说，对这个题目的新探讨是强大而敏锐的历史意识的体现，而不仅仅是简单的学术界的科研压力或是寻找异国情调的有趣话题所致，那么大多数人会同意我的看法。

纪念日总是进行公开反思的机会，而从来不是真正反思

①　西德总理勃兰特（Willy Brandt, 1913 – 1992）的新东方政策曾被一些人批评为对原则的背叛。——译者注

的起点。历史时间与日历时间并不重合。向过去提问题的是现在，我们是发问者，而不是相反的被问者。对一个许多人都以为早就解决了的老问题，若是发出新疑问，这背后隐藏着什么呢？近年来的问题是根据新的历史经验在背后——或眼前——提出的。

像发生在南斯拉夫和其他地方的种族"清洗"所显示的：难民的世纪并没有结束，而是还在持续。

中欧和东欧的变革从根本上改变了讨论的状态：以前接触不到的资料现在可以看到了；过去或多或少是个忌讳的话题现在能公开商讨了，当然在不同的国家公开的程度还有所不同。

欧洲，尤其是德国摆脱了冷战的压力。当敌人消失之后，这个国家终于可以探究自己，并尝试一下没有敌人的日子是什么样的。它进入了主权阶段，此阶段将会显示出，在威胁下形成的结构在无威胁的条件下能否继续存在。

这尤其适用于科学与知识文化。在战后分裂的压力和拉伸条件下建立的国家中，这种文化曾是党文化、阵营思维文化和怀疑文化。思想意识和道德高压一旦突然失去了存在的必要，会是什么状况？难道这里不会再次出现那种推测：随着谈论驱逐事件，在公开讨论中德国人终于能以受害者身份出现了，在后法西斯话语中他们是没有资格或是被禁止以这种身份出现的？

讨论状态的变化可以有多种起因。

第一是南斯拉夫的经验。这种经验告诉我们，极端敌意完全有可能出现在平均水平的文明社会，一夜之间暴行就可冲破内在化的文化的薄膜，社会分裂的形式循着一定标准可以达到战争、毁灭和自我毁灭。这种规模的破坏性经验对1945 年以后的世界——这个世界是在分裂成两大阵营的条件下成长起来的——是一种全新的体验，这将影响人们怎样理解历史。可以把它称作去无害化练习。这种最大规模回归的社会暴力对老一辈人来说屡见不鲜，但那些后出生者以前对此则只有耳闻。暂且不论历史认知的形式，即人可能的体验，具体的历史情结又出现了：种族冲突发生了；"清洗"作为所谓解决冲突的实践而被采用；沿着种族界限有的国家崩溃，有的国家建立起来；清除和清算在进行中。很长时间以来人们以为这类做法已经属于过去，结果它们突然又出现了，而且还发生在一个区域，这个区域自巴尔干战争以来就是人口流动和被迫迁徙的历史源头与试验田。这是锐化感觉和产生新关注方面的第一课。

第二是已经成熟的中欧和东欧社会，它们炸毁和了结了旧结构，让它寿终正寝。它们进行的事情是众人早就做好心理准备的：溯本求源，公开举行以前被阻止或只能以扭曲形式进行的讨论。在许多情况下，现在发表的东西是以前早就思索完毕并作为草稿放在抽屉里的。在一些情况下，这意味着人们第一次获悉这种"历史现象"，在某些情况下，在性质上是在以新方式谈论这一话题。具体情况，不同国家完全不同，可以确定的是：人们谈论驱逐这一复杂事件的方式方法、尊严和稳健以及放松程度都是相当不错的标志，证明了公民文化发展的状态。在另类公共领域中——无论重要与否——这些问题往往已被提出和澄清。在几乎所有情况下成就都是巨大的，人们果断地着手解决东欧与西欧之间讨论状态的不同步和不对称问题，令人兴奋的事情发生在东欧的研究和讨论中（这不仅仅总是限于狭义的科学范围内）。我仅举几个例子：我想到的是克里斯蒂娜·克斯滕（Krystyna Kersten）的早期作品，贝纳黛特·尼奇克（Bernadette Nitschke）的最新研究成果，几年前召开的讨论复杂的"驱逐"问题的会议，以及在沃齐米日·博罗杰（Włodzimierz Borodziej）和汉斯·伦贝格（Hans Lemberg）领导下德国和波兰的历史学家共同编辑的文献资料。我想到扬·克伦（Jan Kren）和德特勒夫·布兰德斯（Detlef Brandes）以及扬·斯坦尼克（Jan Stanek）的出版物，还有德国、捷克和奥地利就此题目召开的多次会议。我在想令人印象深刻的是，此间已经出版了多卷有关苏联驱逐各民族与族群的文献资料，出版人分别是民族部、被压迫民族和公民基金会，特别是尼古拉·布盖（Nikolai Bugai）。这些资料为研究领域和公共领域打开了一扇门，让人们能够接触一个完全未知的领域，尤其是斯大林统治下的苏联种族均质化政策的猫腻。在所有波罗的海国家的首都，现在都纷纷建立了文献、研究和展览中心，那里收集与这些地区的大规模驱逐事件有关的文献并进行研究。其中一部分，一年半以前我们在奥得河畔的法兰克福欧洲大学召开的相关会议上展出过，那次会议的主题是中欧和东欧国家历史记忆中的被迫迁移。

第三是研究和话语的欧洲化。说欧洲化也许还为时过早。反正我们正在经历一种全方位的双边化：波兰人和德国人，波兰人和乌克兰人，波兰人和俄罗斯人，乌克兰人和俄罗斯人，俄罗斯人和希腊人，俄罗斯人和克里米亚鞑靼人，俄罗斯人和生活在俄罗斯的德裔少数民族，德国人和捷克人，保加利亚人和土耳其人，等等。合作的形式，会议的组织，对遗留问题（直至归还和赔偿的问题）的着手解决，这一切说明，人们不再从单纯的内部视角审视问题，而是让它回归应有的框架条件中，即拿到所有受到牵涉的民族和居民群体中去谈判。这包括了极端重要的方方面面：从基本信息和事实开始，人们终于可以不受惩罚地谈论此事了，无论是在加里宁格勒（谈论德国人）、利沃夫（谈论波兰的利沃夫），还是在辛菲罗波尔（谈论克里米亚共和国）；直至更进一步、更稳健的工作形式，如修缮教堂，在图书馆之间互借书籍，修复公墓，建立纪念馆。

　　第四，如同战后的德国本身成了历史一样，早期历史又重新受到了重视。如果我们想知道，两个德国分别是什么样的，那么我们就要找出它们是如何成为那样的。几乎不可避免的是，人们把兴趣转向了动荡和混乱，两个德国正是在那种状态中生成的：正是从这摊所谓的原始烂泥中出现了建立两个并存国家的基岩。除了"废墟"或难民社会、贫民窟社会、"关系扑朔迷离"（米夏埃尔·施瓦策语）等描述外，人们对当时的状况还有别的描述，如今人们以新的眼光再次审视这一切。令人印象深刻的是，最近克劳斯·巴德（Klaus Bade）把战后德国称作"民族大迁徙的枢纽"，数以百万计的难民抵达这里，又有数以百万计被驱逐者想返回他们的家园。这种早期的历史不再被用来辩解，而在冷战时期出于体系竞争的需要人们几乎不可避免地要这么做，但现在无须辩解和必须证明自己正确。其意义当然超出了难民和被驱逐者研究本身，无可辩驳的是，在荒蛮的创业时代被驱逐者和难民在两个德国都发挥了核心作用。这不仅适用于战后的德国，而且适用于几乎所有被洗劫一空、需要重新开发的地区，无论是在新的波兰西部地区，还是人烟稀少的捷克斯洛伐克边缘地带或是加里宁格勒州，即原东普鲁士。

这不仅涉及地貌——所失去的荒凉空间，同时也涉及地志——蒸发了的社会及其重建。一直待在这类地带者亲眼看到了这种变化：有中产阶级的房屋，里面却没有居民；有种着苹果树和丁香花丛的花园，却没有了相应的房屋；林荫道上没有车来车往，墓地甚至没有被掩埋的死者。剩下的只有碎片，因为曾连接着它们的都被炸毁了，这些碎片又被组成新的东西。无论是接收难民的国家还是驱逐他们的国家，只有遥想当年百废待兴的创业时期，许多事情才是可以理解的。若是阅读贝纳黛特·尼奇克有关波兰西部地区的移民融入和那些被分割的城市的著作，才会弄明白一些问题。[3] 反正我是第一次重新思考以下问题：土地改革思想的穿透力、欧洲迁徙过程中的社会流动性，以及获取新的无人居住的领土对在人民民主下巩固斯大林政权的重要性。

总之，一个成熟了并能进行反思的社会，就像如今的德国或波兰社会，会回忆起其无法无天的年代以及后来的立宪时代，并尝试重新对此进行诠释。这不是怀旧，而是立足当前。

在纪念德国被驱逐者联盟宣言 50 周年仪式上，阿努尔夫·巴林（Arnulf Baring）动情地要求："我们也该被允许哀悼我们死去的亲人。"如果这种要求是合理的话——我相信是这样——那么没有什么能比这种要求本身更能体现德国讨论状况的不宽松性。是的，允许我们哀悼，允许我们哭泣，若是人们遭受了巨大苦难，尤其当他们是无助、无力和无辜的时候，就像妇女、儿童、老人和病人别无选择那样，他们确实是逃亡和驱逐的主要受害者。问题是，为什么我们在德国一直还无法做到让悼念死于非命的亲人这件事成为能够被理解的举动？如果我们现在可以悼念亲人了，这成了人之常情，那这一切又意味着什么呢？是德国人想把自己美化成受害者？一种补充的自我伤害和参与殉难竞争？这是对纳粹统治下的德国政策的犯罪性质的一种开脱，从而达到对其罪行的最小化和相对化？这些问题本身折射的是一种文化和一个公共领域，在这种文化和公共领域中不言而喻的是必须先表明自己是正确的，在其中悼念自己死去的亲属恰恰就不是理所当然的事。

出现这种情况的原因是多方面的，它们汇集成一种情结出现在所有那些历史认知和诉诸感情受到破坏的地方。很多因素综合起作用：一无所知，因自身的不确定性而采取的防守态度，简单的报复和复仇理论。我认为，最可持续发展的打破这种情结的不是论据，而是叙述。因此我这里的要点是叙事，欧洲的叙事将脱离话语的意识形态化、道德化、政治化和工具化；开创一种新文化，即注意聆听和设身处地的换位思维，这是历史工作和理解的先决条件。我坚信，让我们能同时既全神贯注又镇定自若地面对欧洲和德国历史上最具戏剧性与最灾难重重的事件之一——驱逐，这样的自由空间仍旧不存在。人们仍然不能客观地就事论事，而是一定要分裂成赞成或反对某件事的两大阵营。我以为随着德国分裂局面的结束，终于可以化干戈为玉帛了，但事实证明还为时过早。可谓亡者阴魂不散。

与 10 年、20 年或 40 年前相比，今天我们以不同的方式对待逃亡与驱逐。这不仅是由于时间间隔的增加和所谓的"亲身经历过的一代"的谢世。历史事件的发生地引起的新关注是变化后的欧洲和活跃的历史意识使然，体制化的历史和史学无视这种历史意识必然受到惩罚。

一个欧洲范围内的经验为什么仍旧要在民族历史的框架中讲述，在此需要克服哪些困难？

人们可以用完全不同的方式去谈论欧洲和欧洲经验，例如以教育、公共教育的方式，即用欧洲作为避免"民族主义复发"的善意的灵丹妙药。人们可以在某种意义上这么来谈论欧洲范围的事，让它成为模糊的密码。特奥多尔·席德尔就是这么做的，在此引用他的话不是为了让他出丑，而是因为它与我们这里所谈的事情有关。他写道："1945 年后的驱逐，如同我开头说过的，是一场德国的灾难，甚至还远不止如此：它是一场欧洲的灾难，它等于承认了欧洲各民族——这些民族历经数百年的辩论证明它们是矛盾的统一体（coincidentia oppositorum）——若不互相毁灭，已无法和平共处了。"[4] 人们本来可以同意这种说法，此外还有 1950 年他在斯图加特发表的《德国被驱逐者宣言》（Charta der deutschen Heimatvertriebenen），如果可辨别的驱逐规模不是遭到刻意回避的话：那些欧洲人，那些欧洲各民族，等等。有些戏剧化的修辞形式不是为了激化和澄清一件事，而是要掩盖真相：什么意思，谁，何时，何地？

当我说到欧洲一体化时，我指的是狭义的欧洲一体化：迁徙和驱逐作为欧洲 20 世纪的做法，其背景和交互作用被描绘与可视化。可以理解的是，受到创伤者首先关心的是自己所受到的直接被伤害经验，这既适用于人群，大概也适用于个人：想象力、同情能力是有限的，人不可能以同样强度来关注所有的人和事。观念上的泛欧洲被驱逐者是一个幻象，尽管欧洲各国、各民族到处都有流离失所者。被驱逐者是有民族、宗教和社会面貌的。

驱逐是一种大规模制造的欧洲经验，这毋庸置疑。在世界大战期间被迫迁徙的人数在欧洲达到 4000 万～6000 万，那是几代人的个人和集体生活体验。令人惊讶的是，对这一欧洲实际情况的形象化显然不存在强大的需求。目前反映整个现象的出版物很少，其中最著名的有尤金·库利施尔（Eugene Kulischer）、约瑟夫·舍希特曼（Joseph Schechtman）和——当然规模与意义都无法与前者相比——戈特霍尔德·罗得（Gotthold Rhode）的著作。在对"民族迁徙"进行整体框架下的思考方面，起了重要推动作用的格茨·阿利是我们首先要感谢的。对迁徙规模的简明扼要的概括，如今可在克劳斯·巴德的欧洲移民史著作中找到。[5]

很显然，迁徙与驱逐并非不起眼的外围与边缘现象；很明显，它们在 20 世纪欧洲的生活中起过中心作用，可以这么说，它们是我们文明黑暗面的中心。驱逐情结作为一种欧洲现象，不仅因为欧洲各处都发生了驱逐事件，而且因为它与现代欧洲文化密不可分。

大规模迁徙、搬迁、再定居以及驱逐，这些与现代战争有关，是世界大战时期的现象。它们大规模出现于第一次世界大战的动员、前线界定、疏散、猜疑和排除等过程中。帝国主义和种族主义的经验是其先决条件；它们体现的是从外围向中心殖民经验的移民，对此汉娜·阿伦特曾经在论及现代民族国家被种族歧视的帝国主义架空时做过描述。在边缘地带屡见不鲜和经过试验的东西返回了欧洲：殖民经验。

大量的社会族群迁徙和被驱逐，其可行性是有条件的：得有能力进行筛选、分类、计数、带走、放逐以及最后的消灭。能进行这种操作的只有现代国家，它们拥有有效的官僚机构和后勤体系。小国不制定"东方总计划"（Generalplan Ost）①。正如劳尔·希尔贝格（Raul Hilberg）和其他人所指出的，奥斯维辛是某大区的重镇，拥有现代化的基础设施：铁路网，可靠的客货车运行计划、工作组织，会计和统计。只有当这一切都是现成的，包括运转正常的铁路，才能神不知鬼不觉地运送数百万人。

这么做的先决条件是一种想法能被广泛接受，这在古老的帝国和帝国集团关系中是根本行不通的：现代民族和领土国家拥有精确的边界，其领土上居住着的种族同质，国家的行政管理涵盖全国。光有冷漠的臣民是不够的，还需要能被

---

① 纳粹德国制定的一份计划，主要内容是波兰战役和苏德战争之后如何处置占领地区。德国计划通过移民使得这些地区德国化，并流放斯拉夫人。——译者注

认同和能被同化的公民，否则就得遭淘汰。这没有公共领域和某种共识是不行的，这也适用于排除异己和驱逐，总要有受益者。在现代国家，如果没有一种无论以何种形式出现的公共领域做后盾，那就什么事也办不成，因此需要宣传造势和导向。

在现代欧洲——非常简单地说——有两个多少带有强迫性的同质化国民整体——或部分——模式：以人种－民族，也就是种族定义的民族共同体；社会平等的无阶级社会。尖锐划界是向外的，对生活在同一块领土上以及平等社会中的民族共同体而言主要是营造出彼此的一致性。

总之，迁徙和驱逐不是"倒退到黑暗的中世纪"，而是与时俱进。用 20 世纪的手段解决冲突：大规模的分类、筛选和淘汰是以现代可认同的国民为先决条件的。[6]

通常我们对受害者的了解要比对犯罪者的多。犯罪者一般不是什么怪物，而是"今日普通人"。无论是哪国人，20 世纪的犯罪者都有现代轮廓。我们对他们——欧洲文明的平均值代表——还所知甚少。人们既可以谈论善之平庸，亦可以谈论恶之平庸。它们无处不在，大概比例还持平。只需激活它们的态势出现——暴徒发挥了突出的作用——他们总是作恶的先锋。几乎总有采取其他行为的可能性，在驱逐的恐惧中正派人的见义勇为就更难能可贵。

尽管几乎每个中欧人和东欧人都经历了迁徙和驱逐，但这些没有作为欧洲的集体经验，而是作为一个民族、一个族群或同胞们的特殊经验被感受。这种感受还沉浸在 20 世纪对欧洲本质的破坏所带来的痛中。

什么叫作再现消失的地貌？

谁若是从被驱逐者的视角看欧洲，那他看到的是另一个欧洲。人们也可以说：这种人眼界大开。背井离乡者失去的不仅是"房子和家园"、财产和熟悉的环境，而是更多。谈论这些亦非易事。对那些遭受了损失的人，人们无须向他们解释这一切，他们知道是怎么回事。而那些没有遭受过损失的人，没有"在那里失去过什么"的人，很难理解别人失去了什么。

失去东普鲁士和柯尼斯堡对德国人意味着什么？失去利沃夫或平斯克对波兰人意味着什么？失去克卢日－纳波卡①和蒂米什瓦拉②对匈牙利人意味着什么？失去克里米亚对克里米亚鞑靼人和俄罗斯人意味着什么？波罗的海德意志人的消失对欧洲文化意味着什么，以及生活在俄罗斯的德裔少数民族的消失对俄罗斯文化意味着什么？灭绝犹太人的生活中心和犹太文化对欧洲意味着什么？

我们可以继续问。我不确切知道，如何用时髦的当代语言来表述：作为德国东部最重要的大城市，柯尼斯堡——数百年一直是德国文化的中心——的消失肯定意味着什么，但究竟是什么呢？德国最重要的经济和文化生活中心之一布雷斯劳从德国地平线上消失，这肯定意味着什么，但究竟是什么呢？失去了西里西亚，上述城市由别人居住，这肯定意味

---

① 该地名的德文名称为 Klausenburg。——译者注
② 该地名的匈牙利文名称为 Temesvár。——译者注

着什么，但究竟是什么呢？整个省份和部分国土的居民总交换，这肯定意味着什么，但究竟是什么呢？

东部、东部德国、德国东部，这些地方经过战争和驱逐事件成为受创伤的地带。东部等于：东线，战俘，恣意，死亡，寒冷，饥饿，逃亡，驱逐，流亡，强奸，贫穷，野蛮，荒芜，遗弃，废墟。这一层面的经验叠加在另一层面的经验之上：大自然一望无垠，富饶辽阔，风景绝佳，天高云淡。人们进入另一种视野：生存机遇，不受限制的冒险，遇见其他人，较慢时光的魔力和精彩景观。东部还是——没受到波及或后来间接受到波及者很难立即意识到这一点——驱逐前的驱逐，放逐前的放逐，没收前的没收，是在自己的文化宝藏被毁坏前对教堂、档案馆、宫殿和城市的破坏。这是系统推行的奴役和灭绝政策，直到搬起石头砸了自己的脚。

今天在东欧和中欧行走，人们仍旧能够找到这些痕迹：墓地，阿尔贝蒂娜①，劳什（Rauschen）的林荫道，位于奈达（Nida）的托马斯·曼故居，梅梅尔和什切青的军营，但泽的邮局，位于布雷斯劳由门德尔松（Mendelsohn）设计的商厦、夏隆设计的白色住宅和马克斯·伯格（Max Berg）设计的百年厅，特切夫（Tczew）的桥梁，柏林宸（Berlinchen）、克罗森（Crossen）或缅济热茨（Międzyrzec）市的城门。

人们也可以进行一次类似的旅行，去寻找波兰东部留下的痕迹：维尔纽斯的罗萨墓地或利沃夫的 Lytschakiwski 公

---

① 即柯尼斯堡大学。——译者注

墓，德涅斯特（Dnjestr）河畔的卡梅涅茨－波多利斯克（Kamenetz-Podolsk）和霍京（Chotin）要塞，波兰前东部领土上的宫殿和城堡。

有一种独特的跨越边境的回忆与保存的艺术体裁——画册，记忆都被封存于其中。把多年的画册作为研究对象来分析是十分值得的，因为画册中保存了已经不复存在的世界图像，随时可以拿来温故知新。

至少细心的眼睛到处均可发现痕迹，而且很容易识别那些文化代码：街道设施，港口的仓库，桥梁的结构，烧砖的方式，公共建筑的统一形状，向柏林看齐的风格和品位，有时也有模糊不清的题字，一幢住宅前脸的年代数字，墓地中的人名，有时在一家小客栈还能看到的压水机。整个东欧就像是庞贝，这个庞贝不仅迷住了那些背井离乡者，而且吸引了那些新移居到那里的人。整整一代青年作家——帕维尔·许勒（Pawel Huelle）、斯特凡·驰文（Stefan Chwin）和其他人——靠对庞贝的这类探索为生，这种地方也就成了他们自己的故乡。

但这也是一个经历过庞贝式毁灭的大陆，它有着新的布局、新的题字和新的文化代码。不仅语言是新的，而且重新建设与继续建设往往并行。这是一种文化吸收和植入新的文化代码的形式。它与生活本身一样丰富：它透露的是新移民的来源与习惯——他们是如何定居在这里的，文化模式的转变，文化精英的形成，手工匠人的精巧，蛮荒之地逐渐被开发的过程。而这也意味着：开荒垦殖，重建家园。

各种代码并不重合，它们甚至往往彼此分隔。城市和风景"从前"是什么样的,这方面的知识保存在躲过战火的相册或家乡博物馆中:比如在乌尔姆(Ulm)、黑尔讷(Herne)、雷克林豪森(Recklinghausen)或菲尔斯滕瓦尔德(Fürstenwalde),也就是说在第二故乡。而定居在他们的第一故乡的另一批人也依旧牵挂着自己的第一故乡。住在布雷斯劳的人怀念着利沃夫的天空,住在什切青的人怀念着维尔纽斯的天空,住在斯武比采(Słubice)的人怀念着巴拉诺维奇(Baranowitschi)或格罗德诺的天空。被驱逐者随身带着他们的照片,很可能他们彼此——与那些不具备这个秘密的人相比——更能互相理解。他们对中欧和中东欧的印象是其他人所不具备的,后者对这个地区所发生的惨状难以想象,他们对这块地方的吸引力也毫无领略。

我其实很羡慕那些上了年纪的人,我在旅途中总能遇到他们,他们拥有双重知识:他们熟悉那块地方和那里的风景,知道两个时代街道的不同名称。但他们通常寡言少语,因为他们认为没有人能理解他们。把两段历史和其后隐藏着的经验放在一起讲述出来并非易事。但是人们必须尝试:得把席德尔和切斯瓦夫·马达杰斯基(Czesław Madajczyk)的文献一起读,伦道夫伯爵(Graf Lehndorff)的日记也要与——让我们说——瓦西里·格罗斯曼和伊利亚·爱伦堡(Ilja Ehrenburg)的揭露性书籍一起读。[7]

德国人,首先是西德人,一般对东欧没什么兴趣。他们觉得那里没什么特别的,原因很简单,因为他们从来没有去过那里。这种异化的长期影响现在——当它已经过时了——才显示出来。人们对马略卡岛比对布拉格熟悉,对迈阿密比对华沙或布达佩斯熟悉。被驱逐者头脑中的第一故乡在战后时期对他们来说就像是最后的锚链，它把自以为是的西德人与那片古老的大陆维系在一起。现在的问题是，被驱逐者利用这种"主场优势"以及他们对故乡所拥有的知识做了些什么，还是这些知识——在通往东欧拥堵的新路途中——被搁置和白白浪费了？

亚特兰蒂斯

当代辩证法正在为东部——德国东部、波兰东部、整个"东部"——在思想上的回归做工作。这不是怀旧。曾经的西欧和东欧之间的关系越密切，世界上的这块区域就越靠得近，史上这里曾是"东部"，甚至是"德国东部"。我们现在建立联系则不可避免地涉及历史地区：无论是作为交换学生、文化游客、银行雇员、分店经理、铁路工程师、学术出访者或干脆只是度假者。新的联络网通常建立在旧渠道上，新线路往往经过老地方或离它不远的地方。联系越紧密，接触越频繁和深入。如果我们想知道自己身在何方，我们总得知道那里从前是什么样子。一度被认为是缺陷的，现在可能会成为长处：叠加在一起的旧的和新的历史景观彼此印证，发展成一种双重财富。旧的过渡景观显示出其复杂性，它们往往有致命的混合特点。如果我们目光敏锐，那所到之处看到的就不仅是一段历史，而是至少两段。一切都有两三重面貌：克尔科诺谢山①，但泽，柯尼斯堡，马祖里（Masuren）②，布

---

① 位于捷克共和国北部、波兰南部的山脉，其正脊为两国边境。其德文名称为巨山（Riesengebirge）。——译者注
② 原东普鲁士地名，现属波兰。——译者注

拉格，布隆（Brünn）①，波罗的海诸国。这些如今又能见到其不同面貌的地方，它们是欧洲所拥有的文化内涵最丰富的区域。在这些地带行走的人，必须学会破译文化密码。问题是：我们及我们的神经是否足够强大，能倾听这些双重或三重的历史？若是乘火车出游，火车行驶的路线就是被驱逐出境者当年被运送到各处的路线：罗兹、奥得河畔的法兰克福、哈萨克斯坦。若谁在市中心购买土地，那他买到的地皮已经不止一次被征用与没收了。参观容克庄园的人，可能会看到所展示的易北河河东的文化，但大概也会看出它马上就要盛极而衰。到处都是亚特兰蒂斯：曾是墓地的公园，曾是中转集中营的军营，断头桥，以及残垣断壁的地皮。形成撂荒土地的也并非总是社会主义的城市规划，而是此前的大规模战争。不久前曾是大陆的地方现在全变成了亚特兰蒂斯，残存的仅仅是碎片、碎末和原子。下水道盖，铭文题词，通衢街道，城市中心，一件装饰品，古董店淘出的物件，消失了的人行道上的一块铺路石，一句俗语，一个手势，一种暗示。有铁轨的车站仍在，却再无开出的列车；曾被图书馆编目的书籍，现在却遗失了藏身之所。

想在新的中欧走动做生意的人，无论他喜欢与否，不管他是否迷恋历史，他都得面对历史。环境就是如此，几乎已经不存在无辜的地方了。在经过对 20 世纪的极端简化、净化、矫正和同质化之后，我们到处都遇到了复杂的现实，其复杂性决定了中欧关系的强度和魅力，中欧人在解决这些问

---

① 即捷克城市布尔诺。——译者注

题时失败过。不知他们现在是否至少可以彼此容忍？

另外，也有让人释怀的发现和令人和解的安慰，即使对不可逆的损害、痛苦和被毁掉的生活是不可能有赔偿的：他们经历了迄今为止从未见过的魔幻风景。它给人一种震撼，人在深深被打动时就会有这种体验。我深信，会有这种震撼的。许多人会自问，人是想有这种经历，还是肯定会产生对这类经历的恐惧？这种新邂逅会导致人们研究欧洲东部和已经成为历史的德国东部。

对曾经的往事，人们至今没有找到合适的语言来描述。当然，我们早已告别了研究语言岛、文化土壤和任何别的民俗陋习的阶段，但我们还没有写出一部史书来描写德国和欧洲东部的现代、非军事、放眼全球、世界主义，甚至是"多元文化"。这也不是一件易事，也许还会引起争论。认为多边关系的深入可以毫无摩擦和冲突，这种想法是天真的；人们会尝试所有可能的解决争端的方式，当然不可能总是机智巧妙与静默无声的。会出现常见的怀旧和媚俗，这还是所提及的最无害的情况。这些人们在犹太人寻根旅游中即可见到：按照史蒂芬·斯皮尔伯格的戏剧风格装饰起来的卡齐米日（Kazimierz）① 或市场附近的艾莉儿（Ariel）咖啡店。寻根旅游早就开始流行了，它甚至成为复苏整个区域经济的因素：德国人去波兰和东普鲁士，波兰人去白俄罗斯、立陶宛和乌克兰，波罗的海诸国人和波兰人去西伯利亚或哈萨克斯坦，意大利人去斯洛文尼亚和克罗地亚。来自东欧的

---

① 波兰城市克拉科夫的一个著名的犹太人聚居的历史街区。——译者注

犹太人的子孙纷纷踏上寻根之旅。人们不该嘲笑这种寻根旅游常常在所难免的乏味安排与程序。每一趟这种旅游都会让人们获得有关这些偏远地区鲜为人知的细微知识，令人认识和熟悉这些地方。至于这类旅游是不是还能起到其他作用，人们拭目以待。我相信，随着不断深入的全球化和难以阻挡的美国化进程，对这一历史区域的关注和兴趣将增长。新的通用语也许会让互相交谈变得更容易。

第一点附言：从我自己的经验出发，我想强调，迁徙与驱逐绝不是一个只有"受波及的一代"，即所谓的"亲历一代"或上了年纪的人才感兴趣的题目。我在有关欧洲迁徙和驱逐的讲座上调查过谁直接与此事有关联，结果很快发现，坐着德国人、波兰人、乌克兰人的大礼堂中这类人比例很高。有人的祖母来自布雷斯劳，另外一位的祖母来自利沃夫，还有一位的爷爷每逢夏季都从斯武比采回维尔纽斯的家乡。而且很快我也证明，事情不仅涉及容易界定的德国和波兰的双边关系，而且乌克兰人也有发言权。有些问题与欧洲的宪法有关，并不像有些人认为的那样与几代人的生理年龄有关。欧洲的迁徙与驱逐就属于这类问题，今天欧洲的格局就是由此产生的。

第二点附言：对德国东部进行再思考，要对其进行再评价和去纳粹话语化。无论在课堂上、公共话语中还是在文物展览中，该地区咎由自取的破坏或损失都是科研与教育政策首要关心的目标。这段历史的起始和终止都并非在希特勒时期，它是一段丰富而复杂的历史。它不是一种边缘现象，而是德国历史上的一件大事。对它的每次介绍——无论是在教科书中还是在博物馆里——若不考虑到这一点，总是会错过事情本质的一面。失去的德国东部不仅仅是流离失所者的事，而是关系所有人。此事太重要了，不能让流离失所者自己去面对，他们的肩膀也太单薄，担不起如此重负。为了对此进行再思索和"解构"，需要出现德国的爱德华·萨义德（Edward Said）：尝试重建德国的东方学。[8]

前段时间，被驱逐者联盟主席——埃丽卡·施泰因巴赫（Erika Steinbach）博士公开倡议修建"反驱逐者中心"。从根本上说，人们对这种建议只能赞成。但有一些不清楚的地方还有待澄清。

任何人都可以组织一个文献中心，安排展览和进行某方面的启蒙工作等。德国不缺资金、智力和组织手段。如果是私人举措，那应该格外受欢迎，公共部门或许可以稍后再介入。若是由被驱逐者以同乡会的方式筹备则更好。我看过一些试图以图片来讲解历史的展览，比如乌尔姆的多瑙施瓦本博物馆。我强烈推荐大家去参观这个博物馆，这对了解该族群令人难以置信的历史与文化财富以及他们所生活的地区很有帮助。

然而它应该是一个公共部门赞助的中心，耗资不菲（启动资金约 1.6 亿德国马克）。作为民族历史的首要内容，驱逐事件应该进入博物馆的公共空间，如果是建立相应的欧洲设施，那将是欧盟的任务，需确定设计、地点和管理等细节。[9]

我深信在意识形态大战结束后正视这段历史是不可避免的。如果我们以一种新的方式正视了这段历史，并能充满关注、细心自由地讲述它，那么我们以何种组织与机构形式展示它就不是首要问题了。

（2000 年在波茨坦当代史研究中心所做报告，首次发表时题为"消失的地貌：欧洲经验与勃兰登堡经验"，载：Christoph Kleßmann/Burghard Ciesla/Hans-Hermann Hertle （Hg.）：Vertreibung, Neuanfang, Integration. Erfahrungen in Brandenburg, Potsdam 2001，第 11～35 页）

一地双名：克莱绍/克日舒瓦[①]

不久前当我在克莱绍（Kreisau）时，我想象自己与一位了解当地情况、亲历了历史变迁的人在各处转。现在还有人能起桥梁作用，讲解后人无缘经历的过去的故事。时代见证人是一种可遇而不可求的特权，这种权利是无法被任何东西取代的。对重新发现克莱绍这一历史地区来说，有这类能够承前启后的人是一种幸运：这里首先要提到的是芙蕾雅·冯·毛奇（Freya von Moltke）[②]。我们后来人必须勤奋积累所能获得的经验，凡是不能依靠自己的回忆的地方就要发挥历史想象力。

夏季的克莱绍，现在这地方叫克日舒瓦（Krzyżowa）。湃勒/皮拉瓦（Peile/Piława）河的河漫滩草地，以及曾经的

[①] 波兰地名,此处分别为其德文与波兰文名称的译名。——译者注

[②] Freya Gräfin von Moltke（1911－2010），德国反纳粹抵抗者、作家和法学家，赫尔穆特·詹姆斯·冯·毛奇的遗孀。——译者注

农庄建筑物和马厩之间的方草坪上的草刚刚被修剪过，空气中弥漫着一股强烈的、几乎令人沉醉的草香。这里一片寂静，只有远离城市的地方才能这般宁静，甚至连丝毫的遥远噪声都听不到。太阳下山后，坐在饭馆前遮阳伞下的顾客就会感受到近山地带的凉爽。也许会传来一台拖拉机的声音，或是随后人们能听到的青蛙大合唱。夜晚漆黑，没有大城市反射到天际的万家灯火。这里离布雷斯劳只有 60 公里路程。这儿万籁俱寂，让人想起西里西亚的诗人艾兴多尔夫（Eichendorff）。

可到这儿来的人不是为了聆听湃勒河水的流淌或是享受这里的一片寂静。一些反对希特勒及其政权的人曾经撤退到这块完全祥和的小地方。来这里的人不是为了寻找田园风光，而是要追寻暴政历史留下的遗迹，看看灾难是如何侵入这个安逸世界的。赫尔穆特·詹姆斯·冯·毛奇（Helmuth James Graf von Moltke）伯爵曾在一封动人的信中描写过灾难降临前这里的世界，他写这封信的地点离我们今日聚会的场所只有几分钟的路程，即阿尔布雷希特王子街（Prinz-Albrecht-Straβe）8 号前盖世太保的监狱，1944 年 1 月 19 日他被捕入狱。在给两个儿子的信中他写道："我的亲爱的，我刚好有时间，想告诉你们一些我小时候的事情，也许你们喜欢听。"

今天来克莱绍/克日舒瓦的游客能够看到这里的地貌。今天来这里的人也许知道，这里有保存最完好的下西里西亚易北河东容克庄园之一，首先人们想了解和看见这座庄园如今变成了什么样子。人们听说这座庄园是普鲁士国王、后来的威廉一世皇帝赠送给赫尔穆特·冯·毛奇（Helmuth von

Moltke）的，以表彰他在统一战争中的军事成就，1867～1891 年他住在这里，就像俾斯麦在被授予亲王头衔时也得到了汉堡城外的腓特烈斯鲁庄园一样。但说实话，人们的主要兴趣是要了解其曾侄孙及其朋友与家人的命运。乔治·凯南（George Kennan）[1] 是这样描绘他的，一般他很少如此褒奖一个人："在第二次世界大战中，他是我在双方前线见到的在道德方面最伟大的人，思想上他高瞻远瞩，最具顿悟能力。当时，1940～1941 年，他的眼界就超越了所有肮脏的狂妄以及希特勒政权表面上所取得的胜利，他猜测到即将来临的灾难。经过艰难的内心搏斗他说服了自己去面对未来的灾难，为它的降临做好准备，也想好了该如何帮助自己的同胞。他理解那种必要性：一切从头开始，哪怕是在失败和屈辱中，好让民族在更好的地基上建造起新的大厦……他体现着一个孤独挣扎者的形象，是我们这个时代鲜见的少数基督教新教的殉道者之一。对我来说，这么多年来他一直是良心的支柱，政治和精神灵感的永不枯竭的源泉。"

到克莱绍来的还有寻根和思乡的游客，他们比其他人更了解当地的情况，熟悉那一带的山谷和小镇上的市场、教堂。其中有的人的童年是在那儿度过的，有的人是听着父母对家乡的描述长大的。若是去施维德尼兹（Schweidnitz）/希维德尼察（świdnica）和亚沃尔（Jauer/Jawor）旅游，只要稍微绕个道就到了克莱绍，这里有引人入胜的和平教堂、西里西亚巴洛克建筑的杰作，还能体验西里西亚的宽容。

---

[1]　George Kennan（1845－1924），美国科学考察旅行者。——译者注

　　人们看到一群群四处漫游的年轻人，他们往往在自己的小圈子里聊得火热。

　　或者还能看到布雷斯劳大学新入学的学生，他们知道，克日舒瓦是德国历史上有纪念意义的地方。也许还有偶然闯到这里的游客，他们在西里西亚的山谷中漫游，不经意就走到了这里。当他们在山谷的尽头、猫头鹰山脚下看到一个非常现代化的会议中心时都很惊讶，中心内应有尽有：接待处、酒店、健身房、各种办公设备。

　　游客在庄园里走动，很容易就能找到他们的目标：从战前的照片上见过的带楼梯的城堡，楼梯间和唯一的大厅里挂着表现普鲁士荣耀的绘画，大厅是按照其原始状态修复的。附近能看到墓地教堂、坟墓、新教的社区墓地。尤其引人注目的是在较偏僻的地方有一间山间小屋，背对着庄园。根据老照片这间带门廊和户外楼梯的小屋被恢复了原样，这里就是克莱绍圈子聚会的地方，是史上三次聚会的场所：1942年5月22~25日，同年10月16~18日，以及1943年6月12~14日。这里就是人们思索希特勒之后的德国和欧洲之未来的场地。毛奇在其写于1941年的著名纪要《当前局势、目标和任务》（"Ausgangslange，Ziele und Aufgaben"）中，把战争的结束视为"重构新世界的最有利契机"。1943年他在给莱昂内尔·柯蒂斯（Lionel Curtis）的信中表述道："对我们来说，战后的欧洲首先要解决的问题不是边界和士兵、复杂的机构和庞大的规划，而是要在我们同胞的心中重新树立人的形象。"这个漂亮、可爱的地方在反对专制的斗争中是一个人们相遇的地方，大家缔结了牢不可破的友谊，准备舍生取义。

克莱绍有历史意义的场所：陆军元帅盼咐修造的栎树林荫大道，城堡，教堂，火车站——从那里可以很快到达位于柏林本德勒（Bendler）大街和利希特费尔德西区霍尔滕西恩（Hortensien）大街 50 号的住宅。村子里孩子们上学的学校，墓地里掩埋着俄罗斯强迫劳工的角落。在前往克莱绍的途中人们可以见到去从前大玫瑰集中营的指示牌，或是埋葬格莱德尼茨（Grädnitz）劳改营的强迫劳工和犹太人的地方。这一带的风景是西里西亚最美的，却也打上了可怕的苦难与蔑视人权的烙印。这是德国 20 世纪的风景，还在德国人被迫离开这里之前，他们就失去了这里。这方面也不乏证据：庄园入口处的一棵橡树上挂着一块牌子，上面写着那些 1946 年 8 月必须撤离这里的德国人的名字，红军进村的路和芙蕾雅·冯·毛奇于 1945 年秋在英国朋友的帮助下最终离开这里的那条路。

克莱绍消失了，连名字也不复存在了，只有在档案和人们的记忆中还有此名。曾经大名鼎鼎的庄园变成了一个农业生产合作社。搬走的德国人的房子里住进了波兰人，他们自己也是迁徙来或被驱逐的：他们来自战后的波兰东部，那里被割让给苏联了。

最先衰败的总是那些毫无保护措施的坟墓。一个过去与世界紧密相连的地方——战前克莱绍的社会生活涉及面很广，从伦敦到开普敦，从欧根妮·施瓦茨瓦尔德（Eugenie Schwarzwald）在维也纳的沙龙到布鲁塞尔，变得与世隔绝。在离新边界不远的地带，只有极少数人还知道这个地方和它的历史。在很长的时间里，大约二三十年间它就这样默默无闻。

但有一种类似场所精神的东西，其工作从不停歇。通过历史机缘和大胆出手，这个地方再次吸引了大家的眼球。这感人的一幕发生在 1989 年 11 月 12 日，就发生在城堡和马厩之间的地方，奥波莱的主教在搭起的华盖下举办弥撒。这次活动中塔德乌什·马佐维耶茨基（Tadeusz Mazowiecki）和赫尔穆特·科尔相遇，这为克莱绍的新生揭开了序幕。一件事情终于有了结果：以波兰主教们 1965 年联名写信开始的互相接近的进程有了长足新进展，相邻的两个民族的关系开始正常化。在德国人对波兰人犯下所有那些历史罪行后，这几乎是让人难以想象的。克莱绍/克日舒瓦的那次历史性会晤发生在柏林墙倒塌三天后。那是一个幸运的瞬间，整整一代人穷其一生都在等待这个瞬间。它让克莱绍再次走进德国人的视野，也让克日舒瓦拥有了新的意义：它架起了一座通往老克莱绍的桥梁，使连续性成为可能，这是没有一个战略家或公关专家能够想到的。新克莱绍不是要抹去有关老克莱绍的记忆，而是发扬它的精神——场所精神。在这里，民权抵抗活动与史上的传统建立起精神联系，当时那些思想先驱就认识到并承认专制过后会有一个全新的欧洲诞生。新克莱绍要感谢伟大的历史变革，1989 年这场变革席卷了整个欧洲，从莱比锡到布加勒斯特，从莫斯科到华沙，从布拉格到索菲亚。

克莱绍和其遗产能够被重新发现，很多力量都为此做出了贡献。早在 20 世纪 70 年代就掀起了一阵考古热。一位法律史学家——卡罗尔·荣卡（Karol Jonca）——在他那个系的档案室发现了在布雷斯劳大学注册的学生赫尔穆特·詹姆斯·冯·毛奇的相关资料。瓦尔德堡地区（Waldburger Land）的社会改革者和志愿者运动再次浮出水面。当地的史学家和牧师——先是卡齐米日·库茨尼基（Kazimierz Kuznicki），然后是博莱斯瓦夫·卡鲁扎（Bołeslaw Kaluża）——参观了这里并安排修缮了墓地。同时在边界的另一边，学界开始编辑人们在逃亡途中所写的信件。在讨论有关尤金·罗森斯托克–胡絮（Eugen Rosenstock-Huessy）的精神遗产和抵抗运动之遗产的学术会议上，与会者彼此建立了联系。共鸣的火花生发在阿姆斯特丹和布雷斯劳、美国东海岸和柏林之间。幸存者与边界双方的亲属恢复了联系，西里西亚的被驱逐者与波兰前东部的流离失所者，东柏林的民权活动家与波兰的民权活动家，教堂负责教授古希腊语、拉丁语和希伯来语的人与布雷斯劳天主教知识分子俱乐部，克莱绍圈子那代人的亲属与团结工会那代人也都纷纷建立起联络。

1989 年 6 月在布雷斯劳召开的会议——会议外波兰第一次半自由的选举正在如火如荼地进行，会议内讨论的是克莱绍圈子的精神遗产——犹如长期互相隔离的线路之间忽然发生了短路。早就互相属于的东西走到了一起。与会者前往的克莱绍成了催化剂、起点，为互相理解提供了框架。人们可以将之称作新克莱绍的创立，也许将其叫作克莱绍的复活更好。一切都很顺利，水到渠成。没有修正论，这也不是互相讨价还价，算旧账；而是一个新起点，重新发现一段长期被遗忘的历史。克莱绍的重新发现和重新创建是一项伟大的合作，几乎是一件共同创造的艺术品，完全不同的人参与了这项工作：教授、神职人员、神学系大学生、建筑师、联合企业的领导、政治家、外交官和前外交官。它是多方面跨国合作的结果，合作存在于布雷斯劳和阿姆斯特丹之间，柏林和美国佛蒙特州之间，以及波恩和华沙之间。

这里发生的事情具有代表性：自由但志同道合的精神的相遇，此后人们称之为网络、网络化，它是基础倡议力量的证明，说明有时与大政方针合作也会成功。其结果是新欧洲有了一个新据点，在那儿新老力线拧成了一股绳。其意义远远超过创建一个会议场所，这是一种双赢，对我们德国人和波兰人都极为重要。

现在人们在谈论新克莱绍，正如亚历山大·克瓦希涅夫斯基（Aleksander Kwasniewski）于 1998 年 6 月 11 日在国际会议中心剪彩仪式上所说，"欧洲的青年人"应该在此相识。当时涉及的一些话题如今在新克莱绍都已家喻户晓。

有一件事是肯定的：克莱绍是一个聚会场所，在那里人们谈论在 20 世纪所经历的极权主义经验、抵抗运动、话语的力量或"生活在真相中"的意义。他们谈论欧洲，尤其是中欧和东欧的自由传统、20 世纪所经历的暴力和暴行，当然，这主要是德国纳粹主义和苏联共产主义的所作所为。

另一个主要题目是欧洲的边界变化和民族迁徙。20 世纪最猛烈的冲击之一是大规模的人口转移，"人种学的土地重划"，大规模押送，再定居，驱逐，包括对欧洲犹太人的成批杀戮。此外，赫尔穆特·詹姆斯·冯·毛奇在 1943 年 5 月从维也纳前往苏瓦乌基（Suwałki）的途中非常清楚地目睹了华沙犹太人区的争夺战。当出现最初的大规模——希腊－土耳其——人口转移时，英国外交大臣寇松勋爵在1923 年称其为"欧洲的种族隔离"。没有一个中欧和东欧的国家未受其影响，在欧洲这个大调车场没有一家人不被卷进这种大迁徙。深受其苦的莫过于生活在纳粹主义和共产主义国家之间的中欧和东欧各民族，尤其是在地图上被移来挪去的波兰。1939 年开始疯狂进行种族"清洗"的德国人自己最终也难逃同样的命运。克莱绍本身就是边界变化和双重失去家园的例子：失去西里西亚和失去东部波兰，新的移民来自原东部波兰（新克莱绍的开拓者之一是埃娃·翁格尔[Eva Unger] 博士），他们得重建家园：景观、房屋和庭院、市场。把一个地方变成自己的家经常或通常意味着：重建被战争夷为平地的城市景观，向无人居住的地区移民。西里西亚的城市就是这样的区域之一，亚当·扎加耶夫斯基（Adam Zagajewski）曾这样描述这类地方："景观毁损严重。"欧洲其他类似地方有：沃里尼亚（Wolhynien），加利西亚，克里米亚，白俄罗斯，原东普鲁士以及波兰文化的古老中心——维尔纽斯、利沃夫，以及塞萨洛尼基、达尔马提亚海岸、比萨拉比亚、多布罗加。欧洲穷，至少因清洗和边界调整的飓风变得比过去穷了，半个多世纪后，中欧的城市和风景才再次基本恢复并获得新生。有多少人的人生被这种变故改写?!克莱绍/克日舒瓦在新欧洲地图上只是一个小点。其他类似地方有位于立陶宛、波兰、白俄罗斯三国交界地的塞伊内（Sejny）和加里宁格勒地区。此外位于意大利和斯洛文尼亚接壤地带的戈里奇亚（Goricia）/格尔茨（Görtz）也是这样的地方。萨拉热窝在战争中也受到重创，但已恢复过来。另有捷克、巴伐利亚州和萨克森州之间的边境地带，匈牙利和斯洛伐克接壤的地带，摩拉维亚－小波兰之角，格尔利茨（Görlitz）/兹戈热莱茨（Zgorzelec），有波兰－乌克兰语大学的卢布林，当然还有华沙附近的纳托兰（Natolin）或再往南位于布加勒斯特的新欧洲学院，克拉考的德西乌斯别墅，再往西的布吕赫欧洲学院，布达佩斯的中欧大学，奥得河畔的法兰克福欧洲大学以及斯武比采的波兰学院（Collegium Poloncium）。最近新增加的欧洲人文大学，以前在明斯克，现在搬迁到维尔纽斯。

当然，这不只涉及过去和历史，而且关乎我们眼中的今日欧洲。对有眼睛能看和有耳朵能听的人来说，它在发展，尽管有各种公民投票和卡珊德拉式预警。问题是，测量点在哪里，在什么地方安放探测器？欧洲的增长不是靠宣言，而是靠常常不被人注意的持之以恒的潜流，是后者把欧洲凝聚在一起。欧洲的增长依赖的是四通八达的交通网，货物、人员和思想交换靠这种网可迅猛成倍地增加。过去是大边界和世界尽头的地方，如今日复一日有数百万次过境在此发生，这已经成了常规，成为人们日常生活的一部分。这始终是发生了根本性变化的最可靠的证据。曾经有一段时间，在20世纪90年代的动荡岁月，似乎全欧洲人都上了路，蚂蚁商贩活跃在集贸市场，边境口岸和领事馆门前挤满了过境和办签证的人。现在这类活动更加秩序井然。但毫无疑问，整个坐标系统已经改变。欧洲将被重新测量。那些被边界隔开的城市如今又成为邻城。边境那些死寂的区域又被吸入运动的旋涡。无人问津的交通路线被重新启用。任何乘坐过柏林—布雷斯劳或波森—华沙—莫斯科列车的人都能证明这一点。人们仍在努力，再次达到欧洲曾经达到过的水平，如四小时内从柏林抵达布雷斯劳。这不仅关系到交通、修路、技术和基础设施，而且牵涉到开拓生活视野与未来生活，我们或我们的孩子在哪儿上学、去哪儿休假：不仅在巴黎，而且在克拉考；不仅在西班牙海岸，或许也在奈达或扎科帕内（Zakopane）。对于克莱绍/克日舒瓦来说，这意味着：西里西亚与其宏伟的大都市布雷斯劳重新回到中欧的怀抱。良好和快速的交通联系缺乏，这关系到消除距离，创造邻里关系以及新的、稳固的日常生活。克莱绍早就不再是与世隔绝的地方，欧洲丰富的多样性和混杂性再次呈现在人们面前。过去争端与猜忌不断的边界和过渡区，现在作为有双重历史的疆土尤为重要，它们成为维系新欧洲的夹子和铰链。

克莱绍是那种人们可以在那里领略欧洲之美的地方之一。欧洲在经历了灾难后还有力量重新开始，这真是一个奇迹。谁能相信，曾被夷为平地的明斯克和华沙，柯尼斯堡/加里宁格勒或是柏林能够再有人居住，并成为适合居住的地方。战后的欧洲曾有焦土区域和无人居住的荒凉地带。这些地方正在复苏，它们为各方面的进一步发展提供了很多灵感。

今天城堡展览的标题是"生活在真相中"。它试图展现欧洲公民各式各样的抵抗专制的行动。这里可以看到的图片有：安德烈·萨哈罗夫和赫尔穆特·詹姆斯·冯·毛奇、团结工会的斗士、《七七宪章》的签署者以及持不同政见者和前将军彼得·格里金科。我们还能看到亚切克·库仑尼（Jacek Kuroń）站在城堡楼梯上和瓦西尔·施图斯（Wassyl Stus）在劳改营放风时的照片。这都是些面孔有些类似的、光彩照人的人物。对峙始终存在：人民法院的威胁姿态，被告除了话语一无所有。这里重要的是人和人格，而不太是党派——毛奇的"志同道合者圈子"是一种超越党派的联合行动，最终起决定作用的是人能对其负责的态度，而不是人也可以有的意见。在本次展览中，20世纪欧洲自由传统的各阶段不是被并列展出的，而是作为整体的。如果愿意，人们可以从20世纪欧洲公民抵抗运动的画面中获得借鉴。

欧洲重组，重点将出现位移，东欧不再需要代言人，它会发出自己的声音。它讲述自己基于另外经验的历史，这些经验是我们——在比较幸运的西欧——不曾经历过的。我们必须学会懂得，只要不是所有人都讲述了自己的历史，就不存在对经验的垄断和对欧洲历史下定义的垄断。在这方面欧洲才刚刚起步。当从来不能讲述的历史终于可以被讲述时，从根本上说那是一种极为美好和动人的状况。但倾听这种讲述也是异常痛苦的，因为它几乎总是与某人受到的侮辱、羞辱、痛楚、暴力和暴行有关。倾听而不是告知，求真相而不是争对错，讲述历史和敢于面对历史——这需要一个空间，该空间靠信任支持和加固，其中误会也可以被接受，因为基础无疑是完好的。这里没有人陷入歇斯底里，也没有人为了党派利益搞鼠目寸光的把戏。在此同样关乎中欧民权运动的成果、他们所塑造的风格及公共领域。这个空间足够强大，可以容忍差异，因为在基本观点上没有异议。在这种受保护的空间中，人们能够悼念所失去的家园，而不会被怀疑为修正论者。这里可以谈论自己受到的创伤，而不会导致我们给他人造成的痛苦的合法化或相对化。在这个空间里人们尊重他人的尊严。这是一种新的公共文化，它把老朋友圈子中的得体举止和亲昵谈吐与开放社会的日常惯例联系在一起。这种公共空间以一定方式对媒体的爆炸性效果具有免疫力，其主要优点是镇静，它最不能容忍的是党争类争吵。中欧知识分子当年为此曾发明了一个术语——反政治，它恰恰不是说要远离政治。在政治决策前进行讨论的时代并没有结束，知识分子并未像一些人在 1989 年后认为的那样已经过时，而是他们积极参与的方式跟不上时代的要求了。

这些都是欧洲地图改观后出现的问题，对这类问题人们可以在一些有特殊意义的地方进行探讨，比如克莱绍。早就清楚的是，不只是波兰和德国的版图有变化，许多其他国家如乌克兰，它的意外出现再次导致欧洲地图的改变，还有那些从南斯拉夫血腥解体中独立出来的国家，以及一些城市，新欧洲地图上自然不能没有它们的名字：圣彼得堡、莫斯科、敖德萨和伊斯坦布尔。

对几乎所有这一切，人们在克莱绍思想先驱那里都能找到强有力的箴言，他们对法西斯后和极权后欧洲的论述强调的是每个人的独特价值，和他的"我在这里，不能不这样做"的立场以及"小家园"——mała oiczyzna——的重要性，那里是人们生活的地方和区域。他们还谈到了世界主义和胸怀世界，这总能让人脱离狭隘和地方主义，他们当然也没有忘记信仰的力量。

克莱绍/克日舒瓦在很长时间内淡出了我们的视野，现在它又回来了。几小时之内人们即可到达那里。它不仅仅只是一种念想，它是一个地方，一个充满历史掌故的地方，一个工作坊。无论在任何季节，尤其是现在这种季节，克莱绍都是一个迷人的地方。首先它是那些享有特权的交点之一，在那里人们可以重新测量欧洲——老欧洲与新欧洲。

（2005 年 6 月 15 日为庆祝新克莱绍芙蕾雅·冯·毛奇基金会创立所作演讲，芙蕾雅·冯·毛奇和德国总统霍斯特·克勒出席了大会）

同时叙事或者历史叙事性的局限

罗伯特·穆齐尔（Robert Musil）在其小说《没有个性的人》（*Der Mann ohne Eigenschaften*）中让主人公乌尔里希抱怨："这种生活的法则，人们渴望有这样的法则，因为已不堪重负，梦想生活能简单，不是别的，而是叙述的秩序！那种简单的秩序即人们可以说：'当这件事发生后，那件事发生了！'这是简单的次序，是以一维的方式反映生活之惊心动魄的多样性，就像一位数学家会表述的，这让我们感到平静。发生在空间和时间中的一切都被贯穿到一条线上，也就是那条著名的'叙事主线'，生命线也是由它组成的。那个能说'当……的时候'、'在……之前'和'在……之后'的人有福了！他可能会遇上倒霉事，或者他可能饱尝痛苦，但只要他能按照事情发生的时间顺序把它们再现出来，他就会感觉胃里舒服得像被太阳照着似的暖洋洋的。这正是长篇小说的艺术优势之所在：游子可以冒着瓢泼大雨骑着马行走在乡间公路上，或是在零下 20 摄氏度的严寒中跋涉在雪地中，把雪踩得呲呲响，读者均会感到舒适自在。如果这种永恒的文学叙事技巧——就连保姆都用讲故事的方法哄小孩入睡——这种屡试不爽的'对感知的透视性压缩'不是已经属于生活本身的组成部分，那就很难理解了。大多数人从根本上说是自己的叙事者。他们不喜爱诗歌，或只短期喜爱，若是生命线中织入了一点儿'原因'和'目的'，他们就会憎恶所有超出此界限的意识。他们偏爱秩序井然的事实，因为其中的必然性一目了然，在混乱中他们因感到自己的生活有个'过程'而觉得安全。现在乌尔里希注意到，私人生活赖以维持的这种原始的叙事性对他来说已经不复存在，虽然在公共领域一切早已无法叙述了，一切都脱离了那根线，扩散成无尽交织的平面。"[1]穆齐尔在此述及的不仅仅是叙事的一种可能的人类学起因，而且也指出了其局限，也许提出的是现代小说之局限的主题。但这也同样适用于史学。

线性和面积：关于依次对并列的优势

无论我们喜欢与否，不管我们是有意地进行掌控还是无意地顺从命运安排，在"始终在理论上仅有微弱说服力的时间的主导地位"（莱因哈特·科泽勒克［Reinhart Koselleck］语）方面变化不大。历史描述一般按时间顺序，其基本模式是编年史和年代学，无论事件持续时间的长短，均按发生的先后、过程和顺序来讲述。至于时间所占的这种主导地位的论据似乎不容置疑：连续性、顺序性、进程性，这些似乎与历史发展动力相适应的特性与叙事和书写过程本身一致；被叙述的时间①和叙述时间都同样致力于先后次序。无论自觉或不自觉，每个历史叙事都倾向于让时间性和线性与其他维度相比占据优先地位，没有这些其他维度就不会有历史，历史就不会"发生"并无法被讲述：地点、空间、现场。作为历史存在的其他维度，地点、空间、空间性的特征不是通过先后与顺序来体现的，而是通过并列、共存和同时性。这种并列和同时性显然无法通过线性的叙事顺序来体现。叙述和写作都是连续的过程。并列和同时性需要其他表达形式：面积、图像，特别是地图，它们把事件的并列、共存和同时性，或是某一时刻事件在一个地方、一个空间的进程捕捉记录下来。叙事发展的表达形式是为了展开历史事件的复杂性，而不是把它们简化和固定在一维线性叙述中。历史叙事的形式问题太悠久，常被误解为"风格"问题和文学技巧问题，甚至被当作怎样把复杂的史料用读者容易理解的方法表述出来的问题。历史叙事的问题首先不是文学性质的问题，而是认识论性质的问题。修辞的问题与"文字的优美"或"可读性"无关，而是与表达形式有关，用什么形式能把事情描述得中肯，或更尖锐地说：诚实。

历史叙事的问题像希罗多德——"希腊的第一叙事者"（瓦尔特·本雅明语）——以来的史学一样古老，但每一代显然都要重新面对它，直到"宏大叙事"被宣布结束。我

---

① 又译故事时间。——译者注

们这代历史学家几乎经历过所有自我分析和自我反思的酸浴，进行过可以想象的各式各样、各种强度的自我怀疑与自我批评，以致在该领域已经没有残留的天真原始思维了。"怀疑的时代"（娜塔丽·萨洛特［Nathalie Sarraute］语）早已进入史学。我们演练一切，变换一切：理论与叙事的关系，社会学和历史学的关系。我们为历史哲学的剩余部分可能藏身的最后避难所通了风，甚至可以说把它烧毁了，我们丢掉了所有与"叙事大师"有关的幻想，我们明白了那个警告——世界只能"局部地"被思索。所以可能出现这样的局面，历史学家们感到惭愧，他们必须为自己讲述的历史和故事而辩解，因为它们也——这一点我们不是通过海登·怀特（Hayden White）才知道——被先入为主的观点、叙事策略和修辞手段结构化了。我们当然知道，无论每一个故事如何天衣无缝，它本身就已经包含了一个或明或暗的解释。"与哲学类似，"哈拉尔德·魏因里希（Harald Weinrich）多年前说过，"随着时间的推移，史学发展也逐渐产生了一种情结，即为自己的叙事特征感到羞愧。对史学来说，真正科学的是那种历史——尽可能多地讨论，尽可能少地叙述。"[2]此后，情况出现了很大变化，像骑着旋转木马似的，我们轮流经历了语言、图像、空间等的转向，终于抵达了叙事的转向："我们生活在叙述的瞬间。叙事的转向在社会科学中已经完成。"（马利·安德烈斯语）但一种转向取代另一种转向的速度加快也可以被解释为"疯狂的静态"，这是从一种片面逃入另一种片面。实际上，历史认知应尽可能使用所有的史料资源。因此君特·布策（Günter Butzer）说得没错：

"叙述的概念是张王牌。每当史学理论与科学方法发生冲突时，人们就会打出这张牌。如果对历史之可把握性的疑虑过大，人们就貌似谦逊地退回到讲故事上去：无论是海登·怀特、保罗·韦纳（Paul Veyne）、斯蒂芬·格林布拉特（Stephen Greenblatt）还是保罗·利科（Paul Ricoeur），他们所有人都一致认为，如果史学有一个本质特征的话，那首先就是叙事。此前人们不是这么看的……"[3]

同时性与同地性：对事物的综合思考

不是"宏大叙事"已经走到了尽头，而是其形式无法驾驭叙事对象。下面的一些思考不是来自什么文化研究的元话语，而是来自对一个特定题目——莫斯科 1937 年，即"大恐怖"之年进行史学梳理时所要解决的问题。当这种尝试结束时，人们认识到，不是"宏大叙事"走到了尽头，顶多是其叙事形式不适合叙事对象。哪怕只是粗略了解一下这一年所发生的事件，那个多事之年的事情——全部发生在当地——并非都是恐怖事件：1936 年 12 月通过了新宪法，1937 年 1 月进行了人口普查，2 月举行了第二次大型摆样子公审和普希金逝世百年纪念活动，奥尔忠尼启则（Ordschonikidse）自杀，征服北极，始于 1937 年 8 月的大屠杀和苏联选举运动的展开，引起轰动的娱乐片的首映和大型建设项目的开始，等等。在这种情况下，首先要找到一种叙事形式，它能概括叙述相互并列与交织的暴力和振奋、紧急和正常状态、令人目瞪口呆的社会升迁和晴天霹雳般的灭杀、有针对性的大规模屠杀和社会混乱。这两方面的状况都是同时同地存在的，而且不是按照历史学家的回顾性结构发生，而是出现在同时代人的经验视野中，因此有大量的人证和文件资料。为了记录这种不同极端的共存，既需要立体镜－全景式概述，也需要特定的个人视角。所有的事情不光同时发生在瞬间——一年是精简压缩了的时间——而且也发生在同一个地方，几乎在视力和听力所及范围内：纪念普希金的庆祝活动和摆样子公审是在同一个地方进行的；红场上运动员入场式与群众集会游行交替举行，后者要求处死人民公敌；电影院工作室里消失的演员被揭露为间谍；国际地质大会的与会者参观了一个大型项目，那里其实是劳教营——莫斯科－伏尔加运河，一边新民主得到宣传，另一边几乎有近百万人按计划被杀戮。这些过程的特殊性，这种并列与交织要求一种特定的叙事形式。如果人们想重构同时代人——犯罪者和受害者——的经验视野，就不可避免地会体会到那些人因不同极端的同时性所遭受的困惑与麻痹。只有知道或至少能猜测到边界溶解和失去可分辨性大概是怎么回事的人，对此才有"发言权"。我们那些受纳粹恐怖所左右的敌友泾渭分明的概念——谁属于自己人，谁必须被消灭，对理解斯大林体系的任意和偶然性以及神秘性没有什么帮助，在这种体系中每个人都可能成为敌人。关键是要找到一种合适的表现形式，来展示这种自我毁灭和无从区分敌友的过程。

根本问题不是人们时常谈论的史料来源问题，也不是人们对同类所犯罪行之不可言说性，实际上真正严重的问题是表述问题。如果明摆着，这段历史只能在其发生地以同时性的方式来适当展示，才能表述清楚，那么人们又怎么能以语言叙事的方法——这种方法依靠的先后次序——来表述呢？维特根斯坦那句话——对于不可言说之物必须保持沉默——也暗示着中止全部行动和会失败的可能性。对历史学家这个职业来说，必须保持沉默是不可或缺的边界体验，一种独一无二的边界体验。

下文不是在进行自我解说或自我解释，而是在完成一种探索，作为一种工作报告它可能会引起更普遍的兴趣，因为它涉及的基本问题是动态和静态，可以把叙事和状态描述汇集到一起。几乎所有最初设想的计划都过时了，直到某一时刻事情自己"水到渠成"了。而这种"时机成熟"似乎才是可言说性和成功的标准，这时历史学家可以悄然退场，变成工具，他把自己的声音借给曾经的参与者——受害者和犯罪者，他从容不迫，也没有条条框框。但要达到这种境界事先要经历不少弯路和歧途。

现场的都市浪游（瓦尔特·本雅明）

都市浪游指的是一种闲逛方式，人们以此探索城市空间，以便对城市的概貌有全景式了解。至于浪游时得去哪些核心地点，这早就不言而喻：从前的莫斯科贵族大会大厦——摆样子公审就是在那里进行的，举行阅兵和庆典的红场，监狱和刑讯室，位于郊外的苏联内务人民委员部乡间别墅地界的射击场，沿莫斯科－伏尔加运河的劳改营营房和新建的电影院、剧院，等等。这类都市浪游很快就被证明不合时宜了。都市浪游者的行走方式已经不适合大型阅兵场了，有迹象表明，这类都市浪游者已被有组织并受到特工人员监视的旅游者所取代。都市浪游者的速度落后于事件发生的加速和运动的极端化，那年让人震惊、始料不及的消息和事件一下就令那种速度过了时。本雅明为发现"19世纪大都市"所找到的节奏不适用于1937年的莫斯科，坦率承认这一点并非易事。

打碎时间：蒙太奇（谢尔盖·爱森斯坦 [Sergei Eisenstein]）

显而易见，人们寻找一种叙事方式：其特点是尖锐的变化，没有连续性，断裂，碎片。若是人们立刻想到谢尔盖·爱森斯坦——电影蒙太奇的大师和理论家，那这并不太出人意料。所有能提供固定辨向与坐标的东西都消失了，震惊、断裂、平步青云、晴天霹雳般的灭顶之灾，这些都是这种方法让人容易想到的。在此人们还可举出其他模式和范例，比如瓦尔特·肯波夫斯基（Walter Kempowski）的《回声探测器》（Echolot）。但很快这种模式就被证明不"起作用"。蒙太奇虽然能再现碎片和不连贯的东西，但它体现不出力度和极端化的过程，这些是"1937年"的显著标志。蒙太奇让一切都处于漂浮状态，就像在太空悬浮的失重的物件组成部分，运动中止了，蒙太奇也被证明作为表现手法的复杂性不够。

城市宇宙（苏克图·梅赫塔[Suketu Mehta]：《最大城市》[Maximum City]）

作为微观与宏观世界之间的中间层，城市出类拔萃地被证明是同时性极为突出的地方，是完全不同的流程同步化的地方，也是在最狭小空间内生平和行动空间交集的地方。自从阿尔弗雷德·德布林（Alfred Döblin）的《柏林亚历山大广场》（*Berlin Alexanderplatz*）、安德烈·别雷（Andrei Bely）的《彼得堡》（*Petersburg*）、海米托·冯·多德勒（Heimito von Doderer）的《施特鲁德尔的阶梯》（*Strudlhofstiege*）、约翰·多斯·帕索斯（John Dos Passos）的《曼哈顿中转站》（*Manhattan Transfer*），当然还有苏克图·梅赫塔那本描写孟买的书以来，我就熟悉这一点。当然肯定还有很多其他作者在其作品中也涉及地点、时间、情节、同时性与同地性的题目，如詹姆斯·乔伊斯的《尤利西斯》或是穆齐尔的《没有个性的人》，这些都是描述有关抛物线和空间的书籍。在阅读城市小说的过程中，我了解到作家和诗人在进行（文学）创作时的无限优势，他们可以自由地连接故事情节、生平、地方志和杂文式反思。福尔克尔·克洛茨（Volker Klotz）在其了不起的作品《被叙述的城市》（*Die erzählte Stadt*）中展示了，如果——像在维克多·雨果，安德烈·别雷或约翰·多斯·帕索斯的作品中——空间并列与时间先后相比占了上风，会出现什么情况。"一座由生活经历体现的城市，一本由生活经历构成的小说。没有相连的情节时，这些生活经历如何表现？至少不是作为连续不断的序列，自身和相互之间都是如此。即使多斯·帕索斯认为，对象将会反抗这一点……在对不连续性和同时性的表现形式中显现出城市生活的规则，城市神秘地逃脱了那些它毫无方向跌跌撞撞一路闯过的险境。"⁴ 作为历史学家只能羡慕作家和诗人所能享有的无限自由，而我们历史学家被召唤，或是——在地上爬行着——注定得去寻找事情的蛛丝马迹，屈从于原始资料的否决权。文学那种对时间间隔的随心所欲的创造与叙述权，令我们只能望洋兴叹。但它提供了能够让我们学习的许多具体事例。

时空体（米哈伊尔·巴赫金[Michail Bachtin]）

时空体这个从语言上合并了时间和空间的术语——（Chronotop）源于米哈伊尔·巴赫金，他使该术语理论化。在《小说的时间形式与时空体形式：历史诗学研究》（*Formen der Zeit und des Chronotopos im Roman. Untersuchungen zur historischen Poetik*）一书中，巴赫金论述了文学如何处置真实的历史时间、真实的历史空间以及生活在其中的真实的历史人等问题："时间在此得到浓缩，它收紧了，并以艺术的方式变得可见；空间赢得强度，它被融入时间、主题和历史的运动中。时间的特性显露在空间中，而空间则被时间赋予意义并确定了尺寸。"⁵ 巴赫金的时空体是为小说研究——古代冒险小说、骑士小说，也包括拉伯雷的作品——发展出的术语，不是为了史学。尽管如此，人们也可以从中获得关于历史叙事的重要启发。这种启发或结论就是，历史进程和态势一方与它们的表现形式一方之间彼此会产生关联；灾难性事件的洪流需要另一种表现形式，甚至是完全不同的体裁，而不是把时间作为长久、恒定和既定的东西来处理。

偶然性和态势角色（迪特·亨利希［Dieter Henrich］）

在其研究德国唯心主义的诞生的著作中，迪特·亨利希探讨了为什么耶拿和魏玛能够成为思想史上一个重要新流派的发祥地。这种研究为人们提供了必要的信心，以及敢于参与魔法和相信偶然性的力量，在有关大流程和集体主体的话语阴影中，在逻辑或辩证法结构的主要及特殊方式中，它们很长一段时间都只能朦胧存在。偶然性，以及对各种力量的配置和态势在不同时刻的独一无二性的领会中创建出那种自由空间，舍此人们很难对所找到的历史资料进行毫无顾忌的思索。这样的演练并非不重要，只有这样才不落俗套。

最后：米哈伊尔·布尔加科夫（Michail Bulgakow）的小说——文学处理方法作为历史书写的参考

未曾预见到的是：会出现一部作品，它家喻户晓，也许是因为太著名了，以致人们根本不再试图把它当作密码去读取。在《大师和玛格丽特》（*Der Meister und Margarita*）一书中有很多值得解读的层面，下面仅简要介绍。人们所归纳的布尔加科夫的特征——魔幻现实主义、梦幻现实主义、把难以置信的事当作确实发生的事，这些与 1937 年的问题很接近：各种界限均被打破，虚构与现实、伪造和梦幻的过程、各类阴谋、充满了特工与间谍的世界，每件微不足道的小事都小题大做，每个事故都是蓄谋已久的破坏行为等，任意的断言本身成为梦幻般的现实。布尔加科夫的魔幻现实主义似乎是某种东西的文学形式，这种东西还需要一种历史叙事，其核心恰恰不是恐怖或乌托邦的历史，而是所有重要区别性的丧失，一切处于一种自我迷惘和自我毁灭的混乱无序之中，甚至分不清受害者和犯罪者。这本是最基本的分界线，它区分着善恶、友敌、真假，现在它无效了。布尔加科夫小说的主题或时空体是崩溃的各种区别和极端随意性空间的出现，那里一切皆有可能。

同样令我吃惊的是，几乎当时所有可以体验的莫斯科的具体场景都出现在小说中：合住公寓、阅兵式、送殡、行刑、摆样子公审、沃普尔吉斯之夜①、高耸入云的建筑、斯大林统治前混沌和田园诗般的老莫斯科。而且其描述方式最终给了我开启叙事秘密的钥匙：以飞行在城市上空的形式，从高处观看社会结构，一目了然，在同一个地方所发生的事件具有的同时性。这样玛格丽特的飞行就能够成为故事展开地带的车辆和导航仪。这种鸟瞰的原始形式所获得的全景式概览是居高临下的观察方式，荷马在《伊利亚特》中就已使用过这种手法。

总而言之，飞行的运动方式（不是都市浪游）、城市作为整体（以鸟瞰的角度去感知）和涉及主要行动与犯罪现场（如它们被记录在小说和事件编年史中）——大约 40 幅画面或发展阶段构成一部小说，其中并存与先后，以及各种不同东西的共存与运动的极端化走到了一起。发现布尔加科夫于我而言是无比幸运的事，因为这有助于对一个过程进行

---

① 广泛流行于中部和北部欧洲的一个传统春季庆祝活动，举办于每年的 4 月 30 日或 5 月 1 日。在这一天，人们通常组织篝火晚会及舞蹈演出。——译者注

综合思考，对其给予连续叙述，舍此项目就会失败：它或者仅仅成为（因此也就是多余的）斯大林主义的图解，或者成为一系列毫无任何内在联系的戏剧性场景。

我讲述这些，不是为了提供自我解释，而是为了给我自己——或许还有别人——概括和澄清叙事生成的过程，弄明白寻找合理的甚至是正确的形式不仅与风格或文学抱负有关，而且形式与合成才是关键问题。在这里也许那个美丽的公式仍然适用：形式服从功能。我相信，按照这种全景式立体俯视法，对所发生的事情就不可能，是的，也不允许再进行某种简化了，这类简化来自对事件的分离和隔离。人们也不再需要"体系"，不再需要思索过程的历史的逻辑，那些简单和一向存在的泾渭分明的区分标准不复存在了。对于史上发生的一些事情，我们只能试图去叙述，但不进行后来者惯有的那种吹毛求疵式的审判和道德说教。不仅对俄罗斯和斯大林主义应该如此，而且也包括由此产生的深远影响，这是不言而喻的。

初步结论如下：存在类似否决权的东西和地方特权。如果放弃对空间的感知，在这种地方共存的东西很容易被彼此隔绝；并存在这种地方的东西若是从先后角度审视则太容易被分离，会太容易被纳入一种目的论的线性；在这种地方呈现的是混合关系，对其同时和同地的感知保证了一种不可化约的复杂性。这种复杂性产生了不同的感知方式、角度和看法，这些是由空间中同时发生的事情挑起和保证的。因此这里原始史料的类型和相关资料变得重要了，它们在以编年史方式叙述的线性历史中则居次要地位：有形的、实际存在的文献能揭示行为者的彼此关系和他们的行为，这是生活在"时代家园"中行为者互相交织和彼此隔绝的生活状态造成的（伊利亚·爱伦堡语）。这里需要和训练的是一种不同的精神，它非常重视现象学的东西并认真对待表层的意义。在继承和传奇已经失去了垄断地位的地方，同时结构才终于可以亮相。现在已经不再像于尔根·施拉姆克（Jürgen Schramke）在其对现代小说理论的重要研究中所得出的结论，即关键是发展的内在联系；而是同时存在的参照关系。不仅是历史瞬间和线性发生的事件起着作用，不容忽视的还有关系网中重点水平方向排列的节点。[6]

无须标新立异：要改变历史叙事的构型

这里不是要为史学中的空间维度及其所包含的启迪可能性平反。此间发生了很多事情，许多问题业已得到澄清。伯恩哈德·瓦尔登费尔斯（Bernhard Waldenfels）再次系统地研究了空间和时间的对称性，他写道："地方/空间和时间的二重性无法逾越，也不能取消。时间和空间的任何一种等级化都会导致片面性，让人们最终从时间中导出空间，或从空间中导出时间……"[7]他还明确指出，人们常说的"空间的回归"非常不确切，就好像空间曾"缺席"或"失踪"。这里如同所有近年来所宣称的转折一样，这个单子还可任意延长——语言学转向、图像转向、空间转向、听觉转向等——甚至出现了一种新的片面性的繁荣局面，以致不断增加的对复杂性的意识和扩展历史认知渠道被轻率地当作新的片面性而未能受到应有的重视，坚持彼此分离的空间叙事只是其中的一种形式。如此看来，对各种转向的持久性声明，也是一种逃避行动，这种行为回避的是以下这个复杂的问题：在历史认知可能性无限丰富、史料庞杂得几乎无法梳理的今天，人们怎样才能讲述历史；怎样才能找到一种表现形式来表述几乎无从下手的繁复历史？如果人们认为，叙述是人们借以对世界和自己获得一种图像的手段，那么叙事即使改变形式，也没有"消失"。接下来要讨论的中心问题就是成就，能力，细腻或粗糙，造作或可信，天成或人为，或是让我们干脆说——叙事的真实性。叙事显然有适当的和不适当的，强迫和非强迫的，成功和不成功的，杜撰和可信的，巧夺天工和七拼八凑的。若是人们接受这种说法，即叙事形式首先是认识论的问题，而不是文学问题，若是人们认为，这对史学来说与事实和虚构的区分同样重要，那么人们就会感到惊奇，我们对"历史叙事的构型"——此处借用并改动一下对历史学家也有很多启发的文学经典理论家埃伯哈德·莱默特（Eberhard Lämmert）的书名——几乎没有展开什么讨论。[8]

　　叙事的问题在与此有关的学科范围内几乎不可避免地受到关注：它们是文学和文学研究，戏剧和表演艺术，以及新近兴起的传媒学。我认为，在很多方面我们要感谢出于怀疑元历史而对史学进行的——隐秘或公开的——批判性检验，特别是进一步认识到思辨仍旧是"语言形式的囚徒"，离开语言自然不可能有历史修撰。但我们同样知道，再现历史与史料有关，对这些史料我们无法随心所欲地支配，也不能发明，它们是客观存在的，我们只能找到，或者找不到。所谓的语言转向揭示了这门学科的弱点，但作为方案，它本身患的病正是它想治愈的。史学离不开语言，但它不屈从于语言，从根本上说它也不属于雄辩术范畴，它必须忠实于史料、过程和事件，这些不会消失在语言中。

在此前提下，现在再来看看档案资料、工具与方法都已完备和细化的那些学科和媒介，史学可以向它们学习很多东西，除了其与文学虚构的质的区别不可消除外。文学可以提供大多数借鉴，因为文学的核心问题也是表达方式和叙事方式。但这也以另一种方式适用于影像学，尤其是 20 世纪迅猛发展的电影，后者以其"移动的画面"似乎解决了一些不可调和的矛盾：画面与语言，静态和动态，描写和叙事。"电影艺术作品……使用多媒体介质，它既可表现时间上先后发生的事情，亦可表现空间上并列发生的事情，再加上动作、声音，最终呈现的是同步并进的多过程的同时性。"[9]

那个古老的问题，"通过叙述结构的线性介质来抓住静止与动态的同时性，其实也是叙事情节中时间上的先后与图像视觉表达中空间中的并存这对明显矛盾的问题。这还可以被看作：用语言表达的图像和将叙事语言图像化的困难"。[10]思索同时性并掌握其表现手法的尝试可谓源远流长：从荷马的阿喀琉斯之盾——描述让盾上铸着的故事栩栩如生——和穿透墙壁的视角审视那场战斗不光把整个骚乱尽收眼底，而且也令许多单个活动能够被概述；经过莱辛在《拉奥孔》（*Laokoon*）一书中详细阐述的画与诗之间分工的理论，一个的任务是描绘空间中并存的东西，另一个的任务是描述时间上先后发生的事情；直到尝试解释已成为系统的同时性，如

19 世纪卡尔·费迪南德·古茨科（Karl Ferdinand Gutzkow）的"并存小说"，他认为"新小说"应该是一种"并存小说"。"那里有整个世界！时间像是一块被拉紧的画布！国王和乞丐在那里相遇！"他想象着一个人，他一只脚站在欧洲，另一只脚站在美洲，因此"整个世界"都出现在他的"屏幕"中。[11]威廉·拉贝（Wilhelm Raabe）也不愿亦步亦趋地追随那位"老实、太懂事和清醒地遵守先后次序的缪斯"，而是希望得到"混乱女神"的垂青。对于现代小说来说，如何处理同时性成为一个永久的课题：从托尔斯泰的《战争与和平》（*Krieg und Frieden*），经约翰·多斯·帕索斯的《北纬四十二度》（*42. Breitengrad*）、德布林和乔伊斯，到小说形式的消失本身成为话题。那些在 20 世纪 80 年代参与了所谓的"德国历史学家之争"[①] 的人可能会对瓦西里·格罗斯曼完成于 20 世纪 60 年代初的时代小说《生活与命运》 （*Leben und Schicksal*）感兴趣。看了这本书他们就会知道，对"欧洲内战"的（文学）描述能让人们对这种现象有更多了解，远远胜过那些出于老德意志联邦共和国的阵营争斗需要而进行的（历史）争议。

文学研究析出了那些虽然不一定能创造出同时性但至少可以暗示它的"结构"。这些手段包括：报信人手法，穿透墙壁的视角，某一情节众多线索的汇集，诸多情节的嵌套，追述和倒叙，中断，闪回，快速场景变化和闪电式过渡，对演员

---

① 就纳粹大屠杀在世界历史上是否独一无二以及如何对待纳粹历史等问题，联邦德国在 1986～1987 年发生了著名的"历史学家之争"。——译者注

声音的复音播放，补述情节，内心独白，引进多视角，以实现视角的水平而非垂直展开。出现这种情况时，词汇也发生相应变化。不只使用"当"和"后来"，而是使用能体现并存性的词如"与此同时"、"在此期间"、总是不断——如克莱斯特——使用时间副词"刚好"、"此时"、"当……的时候"和"恰好"。

实际上只有电影能够超越叙事结构的限制，因为它可以把叙述的力度和不同场景组合到一个画面中。它是通过极端提速、迅速置换地点，也许还有地点与情节的交织、倒叙等做到这一点的，德布林将这些称为"电影风格"。

如果说话或叙事的线性令我们不得不先后讲述那些同时发生的事情，也就是说对同时性总是只能通过一种感觉和直觉来体验，那么唯一能制造同步效果的就是配置合成工作。"把线性的史诗般的时间转变为一种交织在一起的面，让单一情节线索转变为同时结构，这意味着时间上的关联不再主要发生在虚构层面（通过故事时间），而是发生在组合层面（通过叙事时间）。"[12]显而易见，组合工作不再仅仅是顺序的安排是否令人喜欢和能否增加可读性的问题，而是是否适合描述对象以及有利于其发展的问题。

史学史不仅带来了巨大的认知财富，而且其修撰形式也意义深远。其方法和手段范围之广，直接反映了其研究对象——世界的复杂性。其丰富多彩不仅体现在体裁和专题研究、个案研究和综合研究的努力中，而且还有断代史和微观研究、机构史和精神史、人物传记和社会历史，其活力还显示在视角的不断转移和对史料的重新发掘和评估上。与此相反，对历史叙事形式方面的研究一直未受到足够的重视，好像叙述什么和怎样叙述可以分开似的。与 20 世纪所发生的事情相比，难道我们的言说方式不是完完全全地远远落后了吗？当我们早就跌入 20 世纪的深渊时，难道我们不是仍旧对 19 世纪社会小说的叙事形式采取抱残守缺的态度吗？在我们经历了所有冒险和深渊后，叙事陈规不是在束缚我们找到更贴切的叙事语言吗？很多情况表明，那种坚持主要或特殊方式的趋势，那种非要渴望名正言顺的做法，不见得仅仅是出于研究逻辑的考虑，而是深深植根于需要安全感、恐惧混乱和非理性，后二者对概念或模式是不在乎也不认可的。

不存在一种唯一的叙事模式，而是有很多种叙事方法，就像历史世界有许多事件、题材和态势一样。没有标准的程序，也没有标准叙事。根据具体情况人们总是得寻找新的适宜方式。叙述人的生平与叙述某一机构或官僚主义历史的方式不同，对风起云涌的戏剧性态势的叙述与对平淡无奇的日子的叙述也完全两样。这些不是按照一种模式或理想类型就能解决的。紧急的历史情况不是一种模式的插图，而是正相反：模式是从现实中提炼出来的。我们必须相信史料的力量并放弃我们能左右过程的幻想，我们无法像设计实验那样去主宰历史。人们无须发明、设计或尝试什么。我们要勇于脱离概念和方案。我们是否在一定程度上能胜任史学任务，这不仅体现在我们撰写的历史是否反映了历史事实，而且取决于我们能否找到一种描述它的语言，或更精确地说，像做音乐一样能否找准调子。很多情况表明，对历史灾难，尤其是 20 世纪的历史灾难，如果我们不是亦步亦趋地追随那位

"老实、太懂事和清醒地遵守先后次序的缪斯",而是更相信"混乱女神"(威廉·拉贝语),我们可能会描述得更游刃有余。如果历史学家不是线性地从一段历史的结局去回溯或俯视过去,也会产生不同结果。他们将学会更谨慎、更谦恭地去使用后人了解更多史实的特权,这是他们作为后来人"不劳而获"的;他们也会对潜在的风险有所领悟,这是活在当代这个混乱和开放的时代的人所必须面对的。

(首次发表于《水星:德国欧洲思想杂志》,
2011 年 7 月,第 746 期,第 583 ~ 595 页)

| 文献与注释 |

当下欧洲！关于蚂蚁商人、廉价航空公司和其他欧洲人

1. Manifest zur Neugründung Europas von unten, initiiert von Ulrich Beck und Daniel Cohn-Bendit, Allianz-Stiftung 2012.

2. 有关在巴库举行的欧洲歌唱大赛的详细报道见各德语大众传媒。

3. 有关在波兰和乌克兰举行的欧洲足球锦标赛见：Konrad Schuller, "Euro-Volk", und Reinhard Müller, "EU-Frust", in: Frankfurter Allgemeine Zeitung vom 2. Juli 2012, S. 8。

4. Tobias Rapp, Lost and Sound: Berlin, Techno und der Easyjetset, Frankfurt/Main 2009.

5. Jadwiga Staniszkis, Poland's Self-Limiting Revolution,

Princeton NJ 1984; Hans Magnus Enzensberger, "Helden des Rückzugs. Brouillon zu einer politischen Moral der Entmachtung", in: Sinn und Form, 1990/3.

6. Eindringlich der Film von Minze Tummescheit "Jarmark Europa", Deutschland 2004.

7. Raymond Aron, Plädoyer für das dekadente Europa, Berlin/Frankfurt 1977.

给欧洲航线颁发查理曼奖!

1. Karl Schlögel, "Die Ameisenhändler vom Bahnhof Zoo", in: Die Welt vom 17. März 2009.

2. Karl Schlögel, "Ein Stück Stadtwüste lebt", in: Frankfurter Allgemeine Zeitung vom 28. Februar 1989.

3. Ursula Weber, Der Polenmarkt in Berlin. Zur Rekonstruktion eines kulturellen Kontakts im Prozess der politischen Transformation Mittel-und Osteuropas, Neuried 2002.

4. Malgorzata Irek, Der Schmugglerzug Warschau-Berlin-Warschau, Berlin 1998.

5. Karl Schlögel, "Die west-östliche Karawane. Der große Stau bei Frankfurt/Oder", in: Frankfurter Allgemeine Zeitung vom 25. Mai 1996.

测量: 一位昨日欧洲人的观察

1. 新近出版物: Katharina Kucher/Gregor Thum/Sören Urbansky (Hg.), Stille Revolutionen. Die Neuformierung der Welt seit 1989, Frankfurt/Main 2013。

2. 不同评估: Hans Magnus Enzensberger, Sanftes Monster

359

Brüssel oder die Entmündigung Europas, Frankfurt/Main 2011; Robert Menasse, "Der europäische Landbote". Die Wut der Bürger und der Friede Europas, Wien 2012。

欧洲地缘

1. 据称"边界"一词首次出现于 13 世纪托尔恩市（Thorn）的一份契据中。

2. 有关边界的文献现在已经汗牛充栋，参见 Hastings Donnan/Thomas M. Wilson, Borders. Frontiers of Identity, Nation and State, Oxford/New York 2001, S. 159 – 178。

3. Vgl. das Kapitel zu "Jefferson's Map" in: Karl Schlögel, Im Raume lesen wir die Zeit. Über Zivilisations-geschichte und Geopolitik, München 2003.

4. Vgl. die Pionierarbeiten von: Oskar Halecki, Europa. Grenzen und Gliederung seiner Geschichte, Darmstadt 1957; Kate Brown, A Biography of No Place. From Ethnic Borderlands to Soviet Heartland, Cambridge, Mass. 2004; Alexander V. Prusin, The Lands Between. Conflict in the East European Borderlands, 1870 – 1992, Oxford 2010.

5. Hans Lemberg (Hg.): Grenzen in Ostmitteleuropa im 19. und 20. Jahrhundert. Aktuelle Forschungsprobleme, Marburg 2000.

6. Mechthild Rössler/Sabine Schleiermacher (Hg.), Der "Generalplan Ost". Hauptlinien der nationalsozialistischen Planungs-und Vernichtungspolitik, Berlin 1993; Ulrike Jureit, Das Ordnen von Räumen. Territorium und Lebensraum im 19. und 20. Jahrhundert, Hamburg 2012.

7. Vgl. den Abschnitt " Kartenlesen " in: Karl Schlögel, Im Raume lesen wir die Zeit, München 2003; über "Kartenkriege" vgl. Guntram Herb, Under the Map of Germany: Nationalism and Propaganda 1918 – 1945, London 1997.

8. 这方面有代表性的著作有: Georg Simmel, "Soziologie des Raumes", in: Schriften zur Soziologie, Frankfurt/Main 1983, S. 221 – 242; Friedrich Ratzel, Anthropogeographie, Stuttgart 1899。

9. Alexander Kulischer, Kriegs-und Wanderungszüge. Weltgeschichte als Völkerbewegung, Berlin/Leipzig 1932.

10. Frederick Jackson Turner, The Frontier in American History, New York 1996.

11. Ebd. , S. 3 , 4.

欧洲城市穷途末路了吗?

1. Walter Siebel (Hg.), Die europäische Stadt, Frankfurt/Main 2004; Martina Löw, Soziologie der Städte, Frankfurt/Main 2008.

2. 此处参见我有关中欧与东欧城市的随笔: Das Wunder von Nishnij oder die Rückkehr der Städte, Frankfurt/Main 1991; Promenade in Jalta und andere Städtebilder, München/Wien 2001; Marjampole oder Europas Wiederkehr aus dem Geist der Städte, München/Wien 2005。

3. Joanna Warsza (Hg.), Stadium X. A Place That Never Was, Warszawa/Kraków 2009.

4. Architecture au-delà du Mur. Berlin-Varsovie-Moscou. Sous

la direction de Ewa Bérard et Corinne Jaquand. Préface de Krzysztof Pomian, Paris 2009; Arnold Bartetzky/Marina Dmitrieva/Alfrun Kliems (Hg.), Imaginationen des Urbanen. Konzeption, Reflexion und Fiktion von Stadt in Mittel-und Osteuropa, Berlin 2009.

5. Vgl. Bart Goldhoorn/Philipp Meuser, Capitalist Realism. New Architecture in Russia, Berlin 2007.

6. David L. Hoffmann, Peasant Metropolis. Social Identities in Moscow, 1929 – 1941, Ithaca/London 1994.

7. Dieter Hoffmann-Axthelm, Die dritte Stadt. Bausteine eines neuen Gründungsvertrages, Frankfurt/Main 1993.

马利恩邦的另一侧或个人经历的冷战

1. Walter Benjamin, Gesammelte Schriften, Bd. V/1, Das Passagen-Werk (Abschnitt Mode), Frankfurt/Main 1982.

2. Yuri Slezkine, "The USSR as a Communal Apartment, or How a Socialist State Promoted Ethnic Particularism", in: Geoff Eley/Ronald Grigor Suny (Hg.): Becoming National: A Reader, New York 1996, S. 203 – 238.

3. 新近出版物: Anne E. Gorsuch/Diane P. Koenker (Hg.), Turizm. The Russian and East European Tourist under Capitalism and Socialism, Ithaca/London 2006。

德国国歌那些事

1. 引自 August Heinrich Hoffmann von Fallersleben. Das große Lesebuch, hg. von Heinz Ludwig Arnold, Frankfurt/Main 2011; Bernt Ture von zur Mühlen, Hoffmann von

Fallersleben. Biographie, Göttingen 2010。

2. Marek Holub, Im schlesischen Mikrokosmos-August Heinrich Hoffmann von Fallersleben: eine kulturgeschichtliche Studie, Wrocław 2005.

"俄罗斯空间":空间掌控和空间扩展作为俄罗斯历史书写中的问题

1. Ryszard Kapuściński, Imperium. Sowjetische Streifzüge, zit. nach Felix Philipp Ingold, Russische Wege, München 2007, S. 40, 41.

2. 卡斯滕 · 格克属于例外, 见其文章: "Raum als Schicksal? Geographische und geopolitische Entwicklungsbedingungen in der Geschichte Rußlands", in: Karl Schlögel (Hg.), Mastering Russian Spaces. Raum und Raumbewältigung als Probleme der russischen Geschichte, München 2011, S. 27 – 46。

3. 关于合租公寓现在已有一些研究, 如: Paola Messana, Soviet Communal Living: an Oral History of the Kommunalka, London 2011; Cordula Gdaniec, Kommunalka und Penthouse. Stadt und Stadtgesellschaft im postsowjetischen Moskau, Münster 2005; Ekaterina J. Gerasimova, Sovetskaja kommunal'naja kvartira kak social'nyj institut: Istoriko-sociologičeskij analiz (na materialach Leningrada, 1917 – 1991); Sandra Evans, Sowjetisch wohnen. Literatur-Kulturgeschichte der Kommunalka, Bielefeld 2011。

4. Vgl. die Beiträge in dem Kolloquiumsband: Mastering

Russian Spaces, München 2011. Auch Emma Widdis, Visions of a New Land: Soviet Film from the Revolution to the Second World War, New Haven 2003.

5. Pjotr Tschaadajew, Apologie eines Wahnsinnigen. Geschichtsphilosophische Schriften, Leipzig 1992, S. 174.

6. 此处要提到以下地理学家的作品：A. I. Treivish, B. B. Rodoman, V. L. Cimburskij。

7. 综合性论述见：Stefan Wiederkehr, Die eurasische Bewegung. Wissenschaft und Politik in der russischen Emigration der Zwischenkriegszeit und im postsowjetischen Russland, Köln 2007, hier S. 273。

8. Ebd. , S. 236, 249, 238, 253.

9. Fedor Stepun, Das Antlitz Russlands und das Gesicht der Revolution, Berlin/Leipzig 1934.

10. 引自 Felix Philipp Ingold, Russische Wege, S. 37, 89。

11. Ebd. , S. 86, 54.

12. Ebd. , S. 98.

13. Ebd. , S. 172, 179.

14. Wassili Kljutschewski, Geschichte Russlands, Stuttgart u. a. 1925, Bd. 1, S. 35.

俄罗斯的第二次现代化

1. Theodor H. von Laue, Sergei Witte and the Industrialisation of Russia, New York 1963; Karl Schlögel, Petersburg. Das Laboratorium der Moderne 1909 – 1921, München/Wien 2002.

2. Donald Filtzer, Soviet Workers and Late Stalinism: Labour and the Restauration of the Stalinist System after World War II, Cambridge 2008; Working Class, Juri Lewada, Die Sowjetmenschen 1989 – 1991. Soziogramm eines Zerfalls, Berlin 1992; Alexander Sinowjew, Homo sovieticus, Zürich 1991.

3. Stephen Kotkin, Armageddon Averted: The Soviet Collapse, 1970 – 2000, Oxford 2000.

世纪之作——路标（1909~2009）

1. Wegzeichen-Zur Krise der russischen Intelligenz. Essays von Nikolaj Berdjaev, Sergej Bulgakov, Michail Gersenzon, Aleksandr Izgoev, Bogdan Kistjakovskij, Petr Struve und Semen Frank. Eingeleitet und aus dem Russischen übersetzt von Karl Schlögel, Frankfurt/Main 1990.

2. Leslie Chamberlain, Lenin's Private War: The Voyage of the Philosophy Steamer and the Exile of the Intelligentsia, New York 2008.

3. Michel Winock, Das Jahrhundert der Intellektuellen, Konstanz 2003.

4. Julien Benda, Der Verrat der Intellektuellen, München 1978 (Paris 1927).

5. Alexander Solschenizyn, "Intelligenzler", in: ders. u. a.; Stimmen aus dem Untergrund, Frankfurt/Main 1976, S. 225 – 272; György Konrád/Iván Szelényi, Die Intelligenz auf dem Weg zur Klassenmacht, Frankfurt/Main 1978.

6. Martin Meyer (Hg.), Intellektuellendämmerung? Beiträge

zur neuesten Zeit des Geistes, München 1992.

7. Igor Kljamkin, "Kakaja ulia vedet k chramu", in: Novyj mir, Moskva 1987, Nr. 11, S. 150 – 188.

经验的不对称性，回忆的不对称性

1. Zu Ostmitteleuropa zwischen Hitler und Stalin: Dietrich Beyrau, Schlachtfeld der Diktatoren. Osteuropa im Schatten von Hitler und Stalin, Göttingen 2000; Jörg Baberowski/ Anselm Doering-Manteuffel, Ordnung durch Terror. Gewaltexzesse und Vernichtung im nationalsozialistischen und im stalinistischen Imperium, Bonn 2006; Timothy Snyder, Bloodlands. Europa zwischen Hitler und Stalin, München 2011.

2. Es war Wassili S. Grossman, der mit seinem Roman "Leben und Schicksal", Berlin 2007, das Gesamtpanorama des europäischen Gewaltraums aufgemacht hatte.

3. Nach dem Titel des Buches von Aleida Assmann und Ute Frevert, Geschichtsvergessenheit-Geschichtsversessenheit, Stuttgart 1999.

4. Vgl. Norman Davies, Europe. A History, Oxford 1996; Geert Mak, In Europa. Eine Reise durch das 20. Jahrhundert, München 2004; Tony Judt, Postwar. Die Geschichte Europas von 1945 bis zur Gegenwart, München/ Wien 2006.

消失的地貌：欧洲经验与德国经验

1. Theodor Schieder, "Die Vertreibung der Deutschen aus dem Osten als wissenschaftliches Problem", in: Vierteljahrshefte

für Zeitgeschichte, 8. Jg., 1960, 1. H., S. 1.

2. Götz Aly, "Theodor Schieder, Werner Conze oder Die Vorstufe der physischen Vernichtung", in: Winfried Schulze/Otto Gerhard Oexle (Hg.), Deutsche Historiker im National-sozialismus, Frankfurt/Main 1999, S. 163 – 182.

3. 此间已有众多文献，如 Bernadetta Nitschke, Vertreibung und Aussiedlung der deutschen Bevölkerung aus Polen 1945 bis 1949, München 2004 (Zielona Góra 1999); Philipp Ther, Die dunkle Seite der Nationalstaaten. "Ethnische Säuberungen" im modernen Europa, Göttingen 2011; R. M. Douglas, Ordnungsgemäße Überführung. Die Vertreibung der Deutschen nach dem Zweiten Weltkrieg, aus dem Polnischen von Stephan Niedermeier, München 2012。

4. Theodor Schieder, op. cit., S. 5.

5. 迄今无出其右的全景式作品：Eugene M. Kulischer, Europe on the Move. War and Population Changes 1917 – 1941, New York 1948; Joseph B. Schechtman, European Population Transfers 1939 – 1945, New York 1946; ders., Postwar Population Transfers in Europe 1945 – 1955, Philadelphia 1962。

6. 首先描述引入边缘殖民地新做法的是汉娜·阿伦特，见 Elemente und Ursprünge totaler Herrschaft, Frankfurt/Main 1955。

7. Hans Graf von Lehndorff, Ostpreußisches Tagebuch. Aufzeichnungen eines Arztes aus den Jahren 1945 – 1947,

München 1961；Wassili Grossman/Ilja Ehrenburg，Das Schwarzbuch-Der Genozid an den sowjetischen Juden，Hamburg 1994.

8. Vejas Gabriel Ljulevicius, The German Myth of the East：1800 to the Present，Oxford 2009.

9. 在"反驱逐者中心"的埃丽卡·施泰因巴赫和彼得·格洛茨（Peter Glotz）倡议下，经过长期的争论，2008 年"避难、驱逐及和解"基金会在柏林创建。2012 年夏天通过决议，在位于柏林克罗伊茨贝格的德国大厦内文献与信息中心举办长期相关主题展览。

同时叙事或者历史叙事性的局限

1. Robert Musil，Der Mann ohne Eigenschaften，Reinbek bei Hamburg 1981，S. 650.

2. Reinhart Koselleck/Wolf-Dieter Stempel （Hg.），Geschichtsereignis und Erzählung，München 1973，S. 540.

3. Günter Butzer，"Narration-Erinnerung-Geschichte：Zum Verhältnis von historischer Urteilskraft und literarischer Darstellung"，in：Daniel Fulda/Silvia Serena Tschopp（Hg.），Literatur und Geschichte，Berlin/New York 2002，S. 148.

4. Volker Klotz，Die erzählte Stadt. Ein Sujet als Herausforderung des Romans von Lesage bis Döblin，München 1969，S. 326，327，328.

5. Michail M. Bachtin，Chronotopos. Aus dem Russischen von Michail Dewey，Frankfurt/Main 2008，S. 7，8.

6. Jürgen Schramke, Zur Theorie des modernen Romans, München 1974, S. 136, 137.

7. Bernhard Waldenfels, Ortsverschiebungen, Zeitverschiebungen. Modi leibhaftiger Erfahrung, Frankfurt/Main 2009, S. 238.

8. Eberhard Lämmert, Bauformen des Erzählens, 8. und unveränd. Aufl., Stuttgart 1991.

9. Jochen Vogt, Aspekte erzählender Prosa. Eine Einführung in Erzähltechnik und Romantheorie, 7. Aufl., Opladen 1990, S. 138.

10. A. J. Bisanz, "Linearität versus Simultaneität im narrativen Zeit-Raum-Gefüge", in: Wolfgang Haubrichs (Hg.), Erzählforschung. Theorien, Modelle und Methoden der Narrativik, Bd. 1, Göttingen 1976, S. 200.

11. Karl Ferdinand Gutzkow, Die Ritter vom Geiste, hg. von Adrian Hummel und Thomas Neumann, Frankfurt/Main 1998, Vorwort, S. 10.

12. Jürgen Schramke, Zur Theorie des modernen Romans, München 1974, S. 137.

| 译后记 |

每一本我翻译的书，背后都凝聚着许多人的心血！

首先要感谢在理解原文方面给我提供了巨大帮助的德国友人：Peter Tiefenthaler，Frank Meinshausen，Elena Karbe 和 Andreas Dahmen。他们不厌其烦地替我讲解一些背景知识，才让我对原文有了基本正确的理解；特别是来自俄罗斯的 Elena，她在跟我学汉语，很多与俄罗斯有关的问题我都请教了她。

然后要感谢我在外语学校和北大的同学们，遇到需要推敲的句子时，我总喜欢听听他们的宝贵意见。他们是史明德、徐静华、荣裕民、杨丽、李欧、朱锦阳、吴宁、郑冲和赵杭。

译后记

特别令我感动的是：一位闺蜜为了帮助我找到相应资料，居然动用了私家侦探。我想给书中提到的一位美国学者 Leslie Dienes 做个脚注，在网上却找不到他的生辰信息，于是我向这位生活在美国的闺蜜求助。她先是在网上找到这位学者的电子邮箱，直接询问，没有回音。闺蜜是个行必果的人，她后来动用了私家侦探，弄到了相关信息。我知道这么做非常破费，其实少做一个注就可以了，但已无法阻止，只好等本书出版后将其送给她以示感谢了！

在此再次衷心感谢给了我各种帮助的亲朋好友们！

特别要感谢甲骨文工作室的段其刚先生，他总是迅速回答我的任何疑问，是这些年做翻译遇到的最具亲和力的出版人！

此书作者喜欢用外来语，特别是英文、法文和拉丁文。原书中均排为斜体，在翻译过程中并未全部使用黑体，仅根据上下文的重要性部分使用了黑体，特此说明。

脚注主要参考了维基百科和百度百科。

丁　娜

2015 年 5 月，慕尼黑

图书在版编目（CIP）数据

铁幕欧洲之新生/（德）卡尔·施勒格尔著；丁娜
译. -- 北京：社会科学文献出版社，2016. 12（2018. 11 重印）
（莱茵译丛）
书名原文：Grenzland Europa：Unterwegs auf
einem neuen Kontinent
ISBN 978 - 7 - 5097 - 9642 - 9

Ⅰ. ①铁… Ⅱ. ①卡… ②丁… Ⅲ. ①欧洲 - 近代史
Ⅳ. ①K504

中国版本图书馆 CIP 数据核字（2016）第 205466 号

莱茵译丛

铁幕欧洲之新生

著　　者／〔德〕卡尔·施勒格尔
译　　者／丁　娜

出 版 人／谢寿光
项目统筹／段其刚　董风云
责任编辑／段其刚　白　雪　张　骋　沈　艺

出　　版／社会科学文献出版社·甲骨文工作室（010）59366551
　　　　　　地址：北京市北三环中路甲 29 号院华龙大厦　邮编：100029
　　　　　　网址：www. ssap. com. cn
发　　行／市场营销中心（010）59367081　59367018
印　　装／三河市尚艺印装有限公司

规　　格／开本：889mm × 1194mm　1/32
　　　　　　印　张：11.75　字　数：254 千字
版　　次／2016 年 12 月第 1 版　2018 年 11 月第 4 次印刷
书　　号／ISBN 978 - 7 - 5097 - 9642 - 9
著作权合同
登 记 号／图字 01 - 2014 - 5573 号
定　　价／58.00 元